ROLF-R. HOFFMANN

Beziehungen zwischen Investition und Finanzierung im Bereiche des Betriebs

Betriebswirtschaftliche Schriften

Heft 9

Beziehungen zwischen Investition und Finanzierung im Bereiche des Betriebs

Von

Dr. Rolf-R. Hoffmann

DUNCKER & HUMBLOT / BERLIN

Gedruckt 1962 bei Berliner Buchdruckerei Union GmbH., Berlin SW 61
Printed in Germany

Vorwort

Nachdem in neuerer Zeit die Investition in der betriebswirtschaftlichen Forschung als ein zentrales Phänomen des betrieblichen Geschehens erkannt worden ist, bei deren Gestaltung eine Vielzahl bisher isoliert betrachteter Probleme zusammentreffen, zeichnet sich mehr und mehr das Bedürfnis ab, zu einer geschlossenen, betriebswirtschaftlichen Investitionstheorie zu gelangen.

Soll es sich hierbei um eine wirklich umfassende Theorie handeln, welche alle mit der Investition im Bereiche der Einzelwirtschaft zusammenhängenden Probleme in den Griff bekommen will, so wird sich u. a. auch die Frage der Investitionsfinanzierung nicht weiter ausklammern lassen.

Im folgenden wurde daher der Versuch unternommen, zunächst einmal die bedeutendsten Beziehungen zwischen Investition und Finanzierung herauszustellen, denen in einer Theorie der Investition Rechnung getragen werden müßte.

Angesichts der Uneinheitlichkeit in den Auffassungen über das, was Investition und Finanzierung im Betrieb ausmachen, sah sich der Verfasser genötigt, in diese Untersuchung die Entwicklung einer zweckmäßigen Definition jenes Begriffspaares einzubeziehen (Erster Teil). Als zweckmäßig erschienen dabei Begriffsbestimmungen, die es ermöglichen, grundsätzlich gleichartige Zusammenhänge zwischen zwei zentralen betrieblichen Tatbeständen und die daraus resultierenden Probleme für *sämtliche* Betriebswirtschaften aufzuzeigen. Mit der bei der Erarbeitung dieser Begriffe wiedergegebenen Auffassung vom Betriebsablauf in seiner allgemeinsten Form wurde zugleich der Standpunkt dargelegt, von dem aus die Beziehungen zwischen Investition und Finanzierung hier gesehen werden.

Bei der eigentlichen Behandlung dieser Beziehungen wurde grundsätzlich unterschieden zwischen solchen, die aus der Tatsache herrühren, daß jede betriebliche Investition eine Finanzierung voraussetzt (Zweiter Teil) und solchen, welche den Einfluß der Finanzierung auf die Wirtschaftlichkeit der Investitionen betreffen (Dritter Teil).

Im ersteren Komplex führten die Betrachtungen notwendig zu einer Erörterung der betriebswirtschaftlichen Finanzierungslehre. Dabei war man jedoch bestrebt, die dort behandelten Probleme auf die eigentliche

Kernfrage der gegenseitigen Abstimmung zwischen Investition und Finanzierung zurückzuführen.

Die Untersuchung des Einflusses der Finanzierung auf die Wirtschaftlichkeit der Investitionen erstreckte sich sowohl auf erwerbswirtschaftlich orientierte als auch auf nicht zu Erwerbszwecken durchgeführte Investitionen. Entsprechend den unterschiedlichen Inhalten des ökonomischen Prinzips bei den verschiedenen Zielsetzungen ist auch der Einfluß der Finanzierung auf die jeweilige Wirtschaftlichkeit der Investitionen von unterschiedlichem Ausmaß.

Die vorliegende Arbeit wurde von der Wirtschafts- und Sozialwissenschaftlichen Fakultät der Universität zu Köln als Dissertation angenommen. Es ist dem Verfasser ein Bedürfnis, an dieser Stelle dem Seminar für Allgemeine Betriebswirtschaftslehre und für Wirtschaftsprüfung an der Universität zu Köln unter Leitung von Herrn Prof. Dr. Dr. h. c. Gutenberg seinen besonderen Dank auszusprechen für das große Entgegenkommen und die vielfältigen Anregungen, die ihm bei der Durchführung der Untersuchung zuteil wurden.

Rolf-R. Hoffmann

Inhaltsverzeichnis

Erster Teil

Entwicklung der Begriffe Investition und Finanzierung aus dem Betriebsablauf

Zweiter Teil

Die Finanzierung als Voraussetzung der Investition

Dritter Teil

Der Einfluß der Finanzierung auf die Wirtschaftlichkeit der Investitionen

Erster Teil

Entwicklung der Begriffe Investition und Finanzierung aus dem Betriebsablauf

Die Aufdeckung der Beziehungen zwischen Investition und Finanzierung im Bereiche des Betriebs erfordert zunächst eine klare Bestimmung dieser Begriffe selbst. Die Auffassungen über ihren Inhalt, speziell den des Investitionsbegriffes, sind in den Wirtschaftswissenschaften sehr unterschiedlich[1]. Wir möchten auf eine Wiedergabe der verschiedenen Definitionen hier jedoch verzichten und vielmehr zunächst versuchen, über eine kurze Betrachtung des betrieblichen Geschehens in seiner allgemeinsten Form zu Begriffsbestimmungen zu gelangen, die die uns wesentlich erscheinenden Merkmale bestimmter Vorgänge umfassen.

Auf diese Weise glauben wir, der Forderung Euckens[2] entsprechen zu können, der die Definition an den Schluß einer wissenschaftlichen Untersuchung verweist, zum anderen entgehen wir der Gefahr, daß durch nicht eindeutige Klarheit der Begriffe die weitere Untersuchung gehemmt wird[3].

Die Darstellung des Betriebsablaufs wird darüber hinaus bereits wesentliche Beziehungspunkte zwischen Investition und Finanzierung im Bereiche des Wirtschaftsbetriebes erkennen lassen.

A. Die Aufgabe der Betriebe in der Gesamtwirtschaft

I. Produktions- und absatzwirtschaftliche Aufgaben

Das betriebliche Geschehen, soweit es hier zur Ableitung des Investitions- und Finanzierungsbegriffes interessiert, wird am ehesten

---

[1] Vgl. E. Heinen, Zum Begriff und Wesen der betriebswirtschaftlichen Investition, in: Betriebswirtschaftliche Forschung und Praxis (im folgenden BFuP abgek.), 9. Jg. (1957), S. 16 ff. u. S. 85 ff.; L. Pack, Betriebliche Investition, Wiesbaden 1959, insbes. S. 16 ff.

[2] Vgl. W. Eucken, Kapitaltheoretische Untersuchungen, 2. Aufl. Tübingen-Zürich 1954, S. 11 ff.

[3] Vgl. W. Schramm, Die betrieblichen Funktionen und ihre Organisation,

ersichtlich, wenn man es von der Aufgabe her betrachtet, die den Betrieben als Organe der Volks- bzw. Weltwirtschaft zukommt.

Als solche obliegt ihnen, ganz gleich in welche Wirtschaftsordnung sie eingegliedert sind, zunächst die Erstellung wirtschaftlicher Güter, die geeignet sind, entweder direkt oder indirekt der Bedürfnisbefriedigung der Wirtschaftssubjekte zu dienen. Direkt dann, wenn es sich bei den erstellten Gütern bereits um konsumreife Güter („Güter erster Ordnung") handelt, indirekt in dem Falle, da diese Güter bei der Erstellung konsumreifer Güter Verwendung finden („Güter höherer Ordnung")[4]. Man spricht auch von Konsumgütern einerseits und von Produktivgütern andererseits.

In der heutigen, arbeitsteiligen Verkehrswirtschaft wird die Erstellung von Gütern weitgehend von Wirtschaftssubjekten betrieben, die nicht selbst diese Güter konsumieren bzw. zur Erstellung von Konsumgütern verwenden. Im Gegensatz zu den Haushaltswirtschaften, die vorwiegend im Dienste der Konsumtion stehen, andererseits aber auch selbst Güter für den eigenen Bedarf erstellen können, ist es ein Merkmal der Betriebe oder Betriebswirtschaften, daß sie grundsätzlich *für andere* produzieren. Nur so kann auch von einer gesamtwirtschaftlichen Aufgabe der Betriebe gesprochen werden, da die Einzelwirtschaften, die Güter nur für den eigenen Bedarf erstellen, von den übrigen Wirtschaftssubjekten — jedenfalls was ihre Leistung anbetrifft — isoliert sind. Auf diesen Unterschied zwischen Betrieben (oder Erwerbswirtschaften, wie er diese auch nennt) und Haushalten weist Preiser hin, wenn er sagt: „Natural-ökonomisch gesehen sind sie gleichartig, weil sie beide ‚Leistungen' erstellen; sozial-ökonomisch aber ist ihr Charakter völlig verschieden[5]."

Wenn bisher von der Erstellung von Gütern oder der Produktion die Rede war, so handelt es sich nicht um die Erstellung materieller, also sog. Sachgüter allein, sondern in gleicher Weise um die Erstellung von immateriellen Gütern oder, wie man dann besser sagt, um das Erbringen von Dienstleistungen oder einfach Diensten. Entsprechend unterscheidet man Sachleistungs- und Dienstleistungsbetriebe.

Bei den Sachleistungsbetrieben kann es sich entweder um Gewinnungsbetriebe, um Veredelungsbetriebe oder um Fertigungs-, Fabri-

---

Berlin-Leipzig 1936, S. 3.

[4] C. Menger, Grundsätze der Volkswirtschaftslehre, 2. Aufl. Wien-Leipzig 1923, S. 21 f. Vgl. auch J. Schumpeter, Theorie der wirtschaftlichen Entwicklung, 5. Aufl. Berlin (1952), S. 19.

[5] E. Preiser, Gestalt und Gestaltung der Wirtschaft, Tübingen 1934, S. 18. Von „natural-ökonomischer Betrachtungsweise" spricht Preiser (a.a.O., S. 11), wenn man „den Kampf des Einzelnen oder der ganzen Wirtschaftsgesellschaft mit der Natur" im Auge hat, von „sozialökonomischer Betrachtungsweise" dann, wenn es sich handelt um „die Beziehungen der Menschen untereinander, die sich beim Wirtschaften ergeben".

kations- oder Produktionsbetriebe[6] handeln, je nachdem ob die Sachgüter (dann meist Rohstoffe) in den Betrieben durch sog. Urproduktion gewonnen werden, ob die Güter durch Bearbeitung von Rohstoffen oder Fabrikaten ohne wesentliche Form- oder Substanzveränderung entstehen oder ob die Betriebe aus einem oder verschiedenen Grundstoffen, die Rohstoffe und (oder) Fabrikate sein können, Güter herstellen, die sich von den verwendeten Grundstoffen wesentlich unterscheiden[7].

Zu den Dienstleistungsbetrieben zählt man hingegen Handelsbetriebe, deren Tätigkeit „den Austausch von Gütern zwischen Wirtschaftsgliedern, letzten Endes zwischen Produzenten und Konsumenten herbeiführt"[8], Bankbetriebe, deren Leistung in der Gewährung von Krediten, also der Überlassung von Kaufkraft besteht, ferner Versicherungsbetriebe, die sich die Gewährung von Versicherungsschutz zur Aufgabe gemacht haben, sowie Transportbetriebe, die Personen oder Güter befördern. Als weitere Beispiele für die Vielzahl von unterschiedlichen Dienstleistungsbetrieben seien noch Treuhandgesellschaften und Vertreterbetriebe genannt. Die Dienste der ersteren bestehen „in der Übernahme revisionstechnischer, organisatorischer und steuerrechtlicher Betreuung"[9], während letztere der Vermittlung von Geschäften im weitesten Sinne dienen.

Aus der Aufgabe der Betriebe, Güter *für andere* zu erstellen, ergibt sich die Notwendigkeit, diese Güter auch den Wirtschaftssubjekten zuzuführen bzw. zugänglich zu machen, die sie selbst ver- oder gebrauchen oder aber anderen Wirtschaftssubjekten zur Verwendung zuführen wollen, mit anderen Worten: Die Güter müssen abgesetzt werden. Sofern die Betriebe in ein total-planwirtschaftliches Wirtschaftssystem eingegliedert sind, wird diese Aufgabe weitgehend von außerbetrieblichen Planstellen erfüllt. Den Betrieben obliegen als absatzwirtschaftliche Aufgabe[10] in diesem Falle praktisch nur das

---

[6] Hier hat der Begriff Produktion die (enge) Bedeutung von Sachgüterherstellung unter Verwendung von Werkstoff. Vgl. E. Gutenberg, Grundlagen der Betriebswirtschaftslehre, 1. Bd.: Die Produktion, 2. Aufl., Berlin-Göttingen-Heidelberg 1955 (im folgenden zitiert: Produktion, 2. A.), S. 3.

[7] Vgl. E. Gutenberg, Grundlagen der Betriebswirtschaftslehre, 1. Bd.: Die Produktion, 3. Aufl. Berlin-Göttingen-Heidelberg 1957 (im folgenden zitiert: Produktion, 3. A.), S. 1 f.

[8] R. Seyffert, Wirtschaftslehre des Handelns, 2. überarbeitete und erweiterte Aufl., Köln und Opladen 1955, S. 3.

[9] Gutenberg, Produktion, 3. A., a.a.O., S. 1.

[10] Wir fassen die absatzwirtschaftliche Aufgabe der Betriebe hier enger, als es etwa Schäfer (Vgl. E. Schäfer, Die Aufgabe der Absatzwirtschaft, 2. Aufl. Köln und Opladen o. J., S. 13.) tut, der dieser Aufgabe auch das Einkaufswesen der Betriebe unterordnet, was unter dem von ihm gewählten überbetrieblichen Gesichtspunkt auch berechtigt erscheint.

Bei uns steht jedenfalls grundsätzlich der Einzelbetrieb, wenn auch in seiner volkswirtschaftlichen Verflechtung, im Mittelpunkt der Betrach-

„Ab-liefern"[11] der Güter an von außerbetrieblichen Stellen zugewiesene Abnehmer und die damit verbundenen Tätigkeiten.

Anders hingegen bei Betrieben, die unter marktwirtschaftlichen Bedingungen arbeiten. Sie haben sich um die Abnehmer der von ihnen angebotenen Güter ausschließlich selbst zu bemühen und die potentiellen Kunden zum Kauf der Güter anzuregen. Bei ihnen umfaßt die Absatztätigkeit einen ungleich weiteren Bereich als in total-planwirtschaftlich verwalteten Betrieben, sie wird, um mit Gutenberg[12] zu sprechen, zur „Leistungsverwertung", die als zweiter großer Teilbereich betrieblicher Betätigung neben die „Leistungserstellung" tritt. Auch Lohmann[13] hat diesen Betriebstyp im Auge, wenn er sagt: „Die Produktion ist ein Zwischen- nicht das Endziel des Unternehmens. Dieses ist vielmehr der erfolgreiche Absatz, der die Produktionsstruktur der gewerblichen Wirtschaft mit der Bedarfsstruktur der Volkswirtschaft verbindet, sie ihr angleicht." Dabei will Lohmann den Produktionsbegriff natürlich im weiten, nicht rein technischen Sinne verstanden haben als „das durch Gewinnung, Veredlung, Verarbeitung, Verteilung von Wirtschaftsgütern und Dienstleistungen erbrachte Ergebnis der im Unternehmen geleisteten Arbeit"[14]. Offensichtlich ist also der Umfang der betrieblichen Absatzfunktion weitgehend abhängig von dem Grad der Autonomie, die das jeweils herrschende Wirtschaftssystem den einzelnen Betrieben bezüglich der „Leistungsverwertung" beläßt. Dies gibt Gutenberg[15] auch die Berechtigung, „den Absatzbereich grundsätzlich den systembezogenen Tatbeständen zuzurechnen".

Unbeschadet der absatzwirtschaftlichen Differenziertheit der einzelnen Betriebe läßt sich dennoch generell sagen, daß allen Betrieben der modernen Verkehrswirtschaft neben der produktionswirtschaftlichen Aufgabe, der Erstellung von Sachgütern oder der Übernahme

---

tung. Wir neigen daher dazu, das Einkaufswesen des Betriebes, jedenfalls insoweit es sich mit der Beschaffung von Gütern für die Produktion befaßt, dem produktionswirtschaftlichen Bereich des Betriebes zuzuordnen. Werden die Güter hingegen zur Erfüllung absatzwirtschaftlicher Aufgaben benötigt, so rechnen auch wir das darauf ausgerichtete Einkaufswesen dem absatzwirtschaftlichen Betriebsbereich zu. Insofern kommt man für den einzelnen Betrieb zu einer funktionellen Aufgliederung des Einkaufswesens entsprechend den betrieblichen Funktionsbereichen, denen es dient. Vgl. dazu auch E Gutenberg, Grundlagen der Betriebswirtschaftslehre, 2. Bd.: Der Absatz, 2. Aufl. Berlin-Göttingen-Heidelberg 1956 (im folgenden zitiert: Absatz), S. 3.

[11] Vgl. Gutenberg, Absatz, a.a.O., S. 4.

[12] Gutenberg, Produktion, 3. A., a.a.O., S. 2.

[13] M. Lohmann, Einführung in die Betriebswirtschaftslehre, 2. Aufl. Tübingen 1955 (im folgenden zitiert: Einführung, 2. A.), S. 26.

[14] Lohmann, Einführung, 2. A., a.a.O., S. 26. Vgl. auch Preiser, Gestalt und Gestaltung der Wirtschaft, a.a.O., S. 33 u. S. 47.

[15] Gutenberg, Absatz, a.a.O., S. 6.

von Diensten, auch eine absatzwirtschaftliche Aufgabe obliegt. Eine Besonderheit ergibt sich bei den Dienstleistungsbetrieben gegenüber den Betrieben, die Sachgüter erstellen, jedoch insofern, als bei ersteren aufgrund der Nicht-Speicherbarkeit ihrer (immateriellen) Güter der eigentliche Absatzakt „als die Schlußphase des gesamtbetrieblichen Umsatzprozesses"[16] notwendigerweise stets mit der Erstellung der Güter, also der Übernahme von Diensten zeitlich zusammenfällt. Oder umgekehrt: Die Güter können hier im Gegensatz zu den Sachleistungsbetrieben „nur in engem Zusammenhang mit dem Absatz erstellt werden"[17]. Dennoch läßt sich einzelwirtschaftlich gesehen der betriebliche Leistungsvollzug auch hier funktionell trennen in die Aktionen, die die Dienstleistung bewirken (Produktion), und in solche, die auf die Abnahme der Dienstleistung (Absatz) hinzielen.

Indem die Betriebe produktions- und absatzwirtschaftliche Aufgaben erfüllen, erbringen sie *eine* Leistung für die Gesamtwirtschaft, weshalb man diese Tätigkeitsbereiche auch zu einem sog. leistungswirtschaftlichen Bereich zusammenfassen kann. Wenn von *einer* Leistung und nicht von Leistungen gesprochen wurde, so soll damit zum Ausdruck kommen, daß Produktion und Absatz (beides im weitesten Sinne) nur zusammen eine gesamtwirtschaftliche Leistung begründen können. Produzierte und nicht abgesetzte Güter stellen gesamtwirtschaftlich noch keine Leistung dar, während umgekehrt der abstrakte Absatz ohne erstellte Sachgüter oder Dienste überhaupt nicht denkbar ist.

Die hier bezeichnete gesamtwirtschaftliche Leistung deckt sich mit der „Leistung im wirtschaftsrechtlichen Sinne" von Bredt[18], während Walther[19] diesbezüglich einfach von „*wirtschaftlicher* Leistung" im Gegensatz zu „technischer Erzeugung" spricht. Versteht man mit Nicklisch[20] unter Leistung „das Ergebnis des Leistens", eines Vorgangs,

---

[16] Gutenberg, Absatz, a.a.O., S. 2.

[17] Lohmann, Einführung, 2. A., a.a.O., S. 78. Vgl. auch A. Walther, Einführung in die Wirtschaftslehre der Unternehmung, 1. Bd.: Der Betrieb, Zürich 1947, S. 240 f.

[18] O. Bredt, Die Krise der Betriebswirtschaftslehre, Düsseldorf 1956, S. 63. Nach Bredt „ist es der Lieferakt, in dem auf Grund der Abnahme (Kontrolle) die Leistung verwirklicht wird" (a.a.O., S. 63).

[19] Walther, a.a.O., S. 4 u. S. 14. Eine „wirtschaftliche Leistung, die mit der Beschaffung beginnt und erst abgeschlossen ist, wenn sie von *Dritten*, von außerhalb des ‚Geschäfts' Stehenden übernommen worden ist" (a.a.O., S. 4). Vgl. auch E. Schäfer, Die Unternehmung, Einführung in die Betriebswirtschaftslehre, Köln und Opladen 1956, S. 33. Th. Beste, Was ist Leistung in der Betriebswirtschaftslehre? Zeitschrift für handelswissenschaftliche Forschung (im folgenden abgek.: ZfhF) 38. Jg. (1944), S. 1 ff., hier S. 1.

[20] Art. Leistung (H. Nicklisch). Handwörterbuch der Betriebswirtschaft (im folgenden abgek.: Hdwb. d. BW.), 2. Aufl., Stuttgart, Bd. 2 (1939), Sp. 867 ff., hier Sp. 867.

„der bewußt auf ein Ziel gerichtet ist“, so kann man natürlich auch bezüglich der Erstellung eines Gutes allein von Leistung[21] sprechen, jedoch nicht im wirtschaftlichen Sinne, da hier ein weiteres Ziel gesteckt ist, sondern eher im technischen Sinne. Das gleiche gilt dann aber auch für den Absatz im weitesten Sinne, also das, was Gutenberg „Leistungsverwertung“ nennt, denn auch hier werden technische Leistungen im Dienste einer wirtschaftlichen Gesamtleistung erbracht, was sich wohl am deutlichsten darin zeigt, daß die meisten Handelsbetriebe[22] gesamtwirtschaftlich betrachtet den vorgelagerten Produktionsbetrieben oder auch Handelsbetrieben einen mehr oder minder großen Teil ihrer Absatztätigkeit abnehmen und sie „sozusagen hauptamtlich“ zu ihrer eigenen leistungswirtschaftlichen Aufgabe machen[23].

Es ist daher nur verständlich, wenn in der volkswirtschaftlichen Theorie der Absatzbereich der Betriebe mit zur Produktion zählt und beispielsweise Röpke[24] sagt: „(Es) ist zu beachten, daß diese Verteilung der materiellen Güter gleichsam zur Produktion gehört, da sie eine besondere und bezahlte Leistung darstellt.“ In der Betriebswirtschaftslehre lassen jedoch die im Vordergrund stehenden einzelwirtschaftlichen Probleme eine Trennung des Betriebsgeschehens in den (engeren) Produktionsbereich und den Absatzbereich zweckmäßig erscheinen.

II. Die Aufgabe „wirtschaftlicher“ Mittelverwendung im Sinne einer optimalen Güterversorgung

Die Erfüllung der vorgenannten gesamtwirtschaftlichen Aufgaben der Betriebe, also die Erstellung und der Absatz wirtschaftlicher Güter, erfordert in den Betrieben selbst wieder den Einsatz bzw. Verbrauch wirtschaftlicher Güter, sei es in Form von Sachgütern oder in Form von Dienstleistungen. Denn auch hier gilt das Gesetz, daß der Mensch aus dem Nichts nichts zu schaffen vermag[25]. Der gesamt-

---

[21] Über die Vielzahl von unterschiedlichen Deutungen, die der Leistungsbegriff darüber hinaus in der Betriebswirtschaftslehre erfahren hat, gibt Beste (Was ist Leistung . . .? a.a.O.) einen ausführlichen Überblick. Vgl. auch E. Schmalenbach, Grundlagen dynamischer Bilanzlehre, Leipzig 1925, S. 92; M. Lohmann, Besprechung von „Leistungswirtschaft“. Festschrift für Fritz Schmidt. Hrsg. v. F. Henzel, Berlin-Wien 1942, ZfhF, 37. Jg. (1943), S. 71 ff., hier S. 72.

[22] Außer denen, die ihre Güter — meist Rohprodukte oder Altwaren — vom Konsumenten beziehen.

[23] Vgl. Schäfer, Die Unternehmung, a.a.O., S. 11.

[24] Röpke, W., Die Lehre von der Wirtschaft, 6. Aufl. Erlenbach-Zürich 1951, S. 163. Vgl. auch H. v. Stackelberg, Grundlagen der theoretischen Volkswirtschaftslehre, 2. Aufl. Bern-Tübingen 1951, S. 31.

[25] So sagt Schumpeter (a.a.O., S. 16): „Technisch wie wirtschaftlich betrachtet ‚schafft‘ die Produktion nichts im naturgesetzlichen Sinne. Sie kann in beiden Fällen nur vorhandene Dinge und Vorgänge — oder ‚Kräfte‘ —

betriebliche Leistungsvollzug kann also letztlich nur in der Umformung, Umwandlung und Kombination[26] von Stoffen und Leistungen zu neuen Sachgütern und Dienstleistungen bestehen.

Da die in den Betrieben zum Einsatz kommenden materiellen Güter und Dienstleistungen nur beschränkt verfügbar, also knapp sind, andererseits die menschlichen Bedürfnisse keine Grenzen haben, ergibt sich für den Betrieb über die bisher dargestellten leistungswirtschaftlichen Funktionen hinaus eine weitere Aufgabe: Sie müssen Entscheidungen über die Verwendung von knappen Mitteln treffen[27], und zwar in der Weise, daß mit diesen knappen Mitteln nach Umformung, Umwandlung und Kombination zu neuen „konsumnäheren" Gütern[28] ein Höchstmaß an Bedürfnisbefriedigung[29] bei den Wirtschaftssubjekten ermöglicht wird.

---

beeinflussen, lenken." Vgl. auch Röpke, a.a.O., S. 161; O. v. Zwiedineck-Südenhorst, Allgemeine Volkswirtschaftslehre, 2. Aufl. Berlin-Göttingen-Heidelberg 1948, S. 76; W. Waffenschmidt (Produktion, Meißenheim 1955, S. 12.

[26] Da bei der Umformung und Umwandlung von Gütern stets mehrere Faktoren zusammenwirken müssen, kann man den betrieblichen Leistungsvollzug auch einfach als Kombinationsprozeß dieser produktiven Faktoren auffassen, so wie es Gutenberg (Produktion, 2. A., a.a.O., S. 2 f.) tut. Ebenso Schumpeter (a.a.O., S. 17): „Technisch wie wirtschaftlich betrachtet heißt also Produktion, die in unserem Bereich vorhandenen Dinge und Kräfte kombinieren." Vgl. hierzu auch E. v. Böhm-Bawerk, Kapital und Kapitalzins, 2. Abt.: Positive Theorie des Kapitals, 1. Bd. 4. Aufl. Jena 1921, S. 111; E. Schneider, Theorie der Produktion, Wien 1934, S. 1 ff.; v. Stackelberg, Grundlagen der theoretischen Volkswirtschaftslehre, a.a.O., S. 32. Wenn wir daneben noch die Umformung und Umwandlung erwähnen, so nur zur näheren Erläuterung des Kombinationsprozesses, der in der Regel nicht nur in einem einfachen, additiven Zusammenfügen von Produktionsfaktoren besteht. (Vgl. E. Schmalenbach, Kapitel, Kredit und Zins in betriebswirtschaftlicher Beleuchtung, Leipzig 1933, S. 40; Röpke, a.a.O., S. 161.). Es sei noch erwähnt, daß wir hier den Kombinationsprozeß nicht nur auf den Bereich der eigentlichen Gütererstellung beschränken, sondern in gleicher Weise auch den zweiten, o. a. absatzwirtschaftlichen Leistungsbereich auffassen [So auch Gutenberg, Einführung in die Betriebswirtschaftslehre (Die Wirtschaftswissenschaften, Hrsg.: E. Gutenberg, Reihe A. 1. Beitrag — im folgenden zitiert: Einführung —), Wiesbaden (1958), S. 23].

[27] Vgl. E. Schneider, Einführung in die Wirtschaftstheorie, I. Teil: Theorie des Wirtschaftskreislaufs, 2. durchges. Aufl. (im folgenden zitiert: Einführung I), Tübingen 1950, S. 11. Schneider sagt in diesem Zusammenhang: *„Diese fortgesetzt zu treffenden Entscheidungen über die Verwendung knapper Mittel machen den Sinn wirtschaftlichen Handelns* aus. Nur mit im Verhältnis zu den zu befriedigenden Bedürfnissen knappen Mitteln muß in diesem Sinne gewirtschaftet werden. Nur bei knappen Mitteln bedarf es eines Wählens, d. h. einer Überlegung, wie die Mittel — letzten Endes zur Erstellung von Konsumgütern — im Rahmen des Produktionsprozesses Verwendung finden sollen." Vgl. auch Zwiedineck-Südenhorst, a.a.O., S. 9; Röpke, a.a.O., S. 24; v. Stackelberg, a.a.O., S. 3.

[28] Vgl. v. Stackelberg, a.a.O., S. 31.

[29] Das „Höchstmaß an Bedürfnisbefriedigung" ist hier nicht absolut aufzufassen etwa derart, daß bei allen Wirtschaftssubjekten nur gleich intensive Bedürfnise befriedigt werden sollen — ein solches Ziel wäre selbst bei

Diese Entscheidungen betreffen einmal die Art, wie die sachlichen und persönlichen Produktivkräfte zur Erstellung und zum Absatz *bestimmter* Güter technisch kombiniert werden sollen, und zum anderen richten sie sich auf die Art der bereitzustellenden Güter selbst. Die letztgenannten Entscheidungen entfallen jedoch in den Betrieben, denen die Art der bereitzustellenden Güter von staatlichen, also außerbetrieblichen Stellen vorgeschrieben wird, was insbesondere für die Betriebe zutrifft, die in ein total-planwirtschaftliches Wirtschaftssystem eingegliedert sind.

1. Das Prinzip der Wirtschaftlichkeit als systemindifferente Maxime betrieblichen Handelns

Bezüglich der Art des Kombinationsprozesses müssen die Betriebe in Verfolgung des vorgenannten gesamtwirtschaftlichen Zwecks ihre leistungswirtschaftliche Aufgabe mit dem geringstmöglichen Aufwand an Gütern erfüllen oder, wenn man von der Begrenztheit dieser verfügbaren sachlichen und persönlichen Produktivkräfte ausgeht, sie müssen mit den unter den jeweils gegebenen Umständen verfügbaren Mitteln die größtmögliche Menge an neuen konsumnäheren, wirtschaftlichen Gütern erstellen und absetzen. Verfahren die Betriebe nämlich nicht nach diesem Prinzip, so werden knappe Güter verschwendet, die zur Erstellung einer zusätzlichen Menge von neuen Gütern verwendet werden könnten. Das bedeutet aber, daß menschliche Bedürfnisse unberücksichtigt bleiben müssen, die im anderen Falle Befriedigung finden könnten.

---

vollkommen gleicher Einkommensverteilung niemals erreichbar (Vgl. Zwiedineck-Südenhorst, a.a.O., S. 37; F. A. Lutz, Bemerkungen zum Monopolproblem, in: ORDO, Jahrbuch für die Ordnung von Wirtschaft und Gesellschaft. Hrsg. v. F. Böhm, F. A. Lutz, F. W. Meyer, Bd. 8, Düsseldorf und München 1956, S. 24.) —, vielmehr handelt es sich hier um die Deckung des aus der unterschiedlichen Kaufkraft der Wirtschaftssubjekte und ihren individuellen Bedürfnisskalen resultierenden wichtigsten *wirksamen* Bedarfs nach Gütern. „,Wichtig' ist dabei im Sinne von ,zahlungskräftig' zu verstehen". [Gutenberg, Produktion, 3. A., a.a.O., S. 348. Vgl. auch K. Hax, Betriebswirtschaftlicher Erfolg und Wirtschaftlichkeitsmessung, „Wirtschaftsprüfung", Bd. 1 (1948), S. 4 ff., hier S. 9; A. Moxter, Methodologische Grundfragen der Betriebswirtschaftslehre, Köln und Opladen 1957, S. 66 f.]. Es ist daher im Rahmen der gemeinwirtschaftlichen Aufgaben der *Betriebe* auch kein Raum für eine soziale, von irgendwelchen wirtschaftstranszendenten Gerechtigkeitsidealen bestimmte Verteilung der Güter, die nur über eine diesen Idealen entsprechende Kaufkraftverteilung erfolgen kann. Hierfür kann nur die staatliche Wirtschafts- und Sozialpolitik zuständig sein. Vgl. hierzu H. Albert, Der Trugschluß der Lehre vom Gütermaximum, Zeitschrift für Nationalökonomie, Bd. 14 (1953), S. 90 ff.; Preiser, Gestalt und Gestaltung der Wirtschaft, a.a.O., S. 80; Hax, Betriebswirtschaftlicher Erfolg ..., a.a.O., S. 9.

Es handelt sich bei dem genannten Prinzip um eine Form des sog. Rationalprinzips oder auch „Prinzips des kleinsten Mittels“[30], „das für alles menschliche Handeln schlechthin Gültigkeit besitzt“[31] und in seiner allgemeinsten formalen Fassung etwa lautet: Handele so, daß mit gegebenen Mitteln ein Höchstmaß an Nutzen erzielt wird oder, was das gleiche bedeutet, daß ein bestimmter, erstrebter Nutzen mit dem geringstmöglichen Einsatz an Mitteln erreicht wird.

Im Bereich wirtschaftsbezogenen Handelns bezeichnet man dieses Prinzip auch als ökonomisches oder wirtschaftliches Prinzip, das zunächst ebenfalls nur formalen Charakter hat[32], sofern der wirtschaftsbezogene Zweck nicht näher bestimmt ist. In der Fassung, wie es oben als betriebliche Maxime dargestellt wurde, erhält es materiellen Charakter, und zwar im „einzelwirtschaftlich-technischen Sinne“[33], da es primär nur auf die technische Seite des betrieblichen Leistungsvollzuges abstellt. In dieser Form ist es dann ein Prinzip, das alle Betriebe, ganz gleich, in welche Wirtschaftsordnung sie eingegliedert sind, in Erfüllung ihrer organschaftlichen Aufgabe be-

[30] Vgl. Zwiedineck-Südenhorst, a.a.O., S. 8.

[31] H. Koch, Das Wirtschaftlichkeitsprinzip als betriebswirtschaftliche Maxime, ZfhF, N. F. 3. Jg. (1951), S. 160 ff., hier S. 161.

[32] Gutenberg [Zur neueren Entwicklung der Wirtschaftlichkeitsrechnung, Zeitschrift für die gesamte Staatswissenschaft (ZfgSt), Bd. 108 (1952), S. 630 ff., hier S. 630.] bezeichnet dieses Prinzip als „formales Regulativ“. „Formal in dem Sinne, daß das Prinzip als solches inhaltlich unbestimmt, leer ist. Es kann deshalb mit Inhalten ganz verschiedener Art versehen werden. ‚Regulativ‘ in dem Sinne, daß es die Art dieses Prinzips ist, ‚Mittel‘ auf ‚Zwecke‘ hinzuordnen“. Bezüglich der verschiedenen Formen und der Problematik des ökonomischen Prinzips sei daneben insbesondere verwiesen auf:
H. Halberstaedter, Die Problematik des wirtschaftlichen Prinzips, Berlin und Leipzig 1925; M. R. Lehmann, Der Begriff der Wirtschaftlichkeit in Volkswirtschaft, Betrieb und Haushalt, Zeitschrift für Betriebswirtschaft (im folgenden abgek. ZfB), 3. Jg. (1926), S. 165 ff.; ders., Die Wirtschaftlichkeit des Betriebes und der Unternehmung, Nürnberg 1928; Preiser, Gestalt und Gestaltung der Wirtschaft, a.a.O., insbes. S. 66 ff.; ders., Das Rationalprinzip in der Wirtschaft und in der Wirtschaftspolitik, Jahrbücher für Nationalökonomie und Statistik (im folgenden abgek. JbfNuSt), Bd. 158 (1943), S. 3 ff.; A. Hertlein, Zur Problematik der Wirtschaftlichkeit, in: Festschrift zum 25jährigen Bestehen des Oskar von Miller-Polytechnikums. Hrsg. v. F. Westrich, München 1949, S. 357 ff.; J. Grunau, Rationalprinzip, Wirtschaftsrechnung und Wirtschaftssystem, Weltwirtschaftliches Archiv, Bd. 64 (1950 I), H. 2; Koch, Das Wirtschaftlichkeitsprinzip . . ., a.a.O., S. 160 ff.; H. Seischab, Über Wirtschaftlichkeit und Wirtschaftlichkeitsrechnung, in: Aktuelle Betriebswirtschaft. Festschrift für K. Mellerowicz, Berlin 1952, S. 103 ff.; Moxter, a.a.O., S. 60 ff.

[33] Gutenberg, Produktion, 3. A., S. 349, Anm. 2. Prion (W. Prion, Die Lehre vom Wirtschaftsbetrieb. 3. Buch: Der Wirtschaftsbetrieb als Betrieb (Arbeit), Berlin 1936, S. 191 ff.) bezeichnet die Eigenschaft, diesem Prinzip zu entsprechen, mit „Betriebs-Wirtschaftlichkeit“ im Gegensatz zur „Unternehmungs-Wirtschaftlichkeit“ und der „gesamtwirtschaftlichen Wirtschaftlichkeit“, während Lehmann (Der Begriff der Wirtschaftlichkeit . . ., a.a.O., S. 171) diesbezüglich von „technischer Produktivität“ spricht.

folgen oder zumindestens befolgen sollten. Das bedeutet nun aber nicht, daß dieses Prinzip stets in absolut gleicher (und vollkommener) Weise realisiert wird oder realisiert werden soll, vielmehr können andere Daten und Prinzipien, die durch die jeweilige Wirtschaftsordnung bestimmt sind, eine unterschiedliche Verwirklichung dieses Prinzips durchaus bedingen. Immer aber werden die Betriebe bestrebt sein müssen, ihre Güter mit dem *unter den jeweils gegebenen Umständen* geringstmöglichen Aufwand an Mitteln zu erstellen und abzusetzen. Insofern kann das einzelwirtschaftlich-technische Wirtschaftlichkeitsprinzip daher auch als „systemindifferentes" Prinzip aufgefaßt werden[34].

2. Auswahl der zu erstellenden Güter nach dem systembezogenen Prinzip der Gewinnmaximierung durch die Unternehmungen

Innerhalb einer marktwirtschaftlichen Wirtschaftsverfassung gilt es nun für die privatwirtschaftlich geleiteten Betriebe, noch ein weiteres Prinzip zu beachten, wollen sie im Sinne einer optimalen Güterversorgung der Gesamtheit wirken. Es betrifft die Auswahl der Güter, die sie erstellen und absetzen wollen. Diese Auswahl müssen sie so treffen, daß mit den bereitgestellten Gütern jeweils der dringendste Bedarf[35] der Gesamtheit nach Gütern gedeckt wird, womit die Abnehmer in die Lage versetzt werden, ihre jeweils dringendsten Bedürfnisse zu befriedigen. „Es darf kein Verlangen befriedigt werden, keine Mittelverwendung in den Wirtschaftsplan aufgenommen werden, wenn mit den Mitteln bei anderer Verwendung ein höherer Nutzen erzielt werden könnte[36]."

Die Dringlichkeit des Bedarfes nach Gütern und damit der Grad ihres Nutzeffektes äußert sich aber in der Spanne zwischen dem Preis, den die Abnehmer der Güter auf dem Markt zu zahlen bereit sind, einerseits und dem Preis der bei der Bereitstellung dieser Güter

---

[34] Der systemindifferente Charakter des einzelwirtschaftlich-technischen Wirtschaftlichkeitsprinzips wird besonders von Gutenberg (Produktion, 3. A., S. 10 u. S. 349, insbes. Anm. 2) betont. Gutenberg legt ausführlich dar, wie dieses Prinzip mit übergeordneten, aus der jeweiligen Wirtschaftsordnung entspringenden Prinzipien, etwa dem erwerbswirtschaftlichen Prinzip oder dem Prinzip „plandeterminierter Leistungserstellung" Verbindungen eingeht und wie es niemals aufgehoben wird, sich wohl aber unter verschieden günstigen Bedingungen realisieren muß (ebenda, S. 352 ff.). Vgl. in diesem Zusammenhang auch E. Sieber, Wirtschaftlichkeit und Wirtschaftlichkeitsmessung, in: Die Unternehmung im Markt. Festschrift für W. Rieger, Stuttgart und Köln 1953, S. 170 ff., hier insbes. S. 181 ff.

[35] „Dringend" i. S. von „zahlungskräftig". Vgl. oben Anm. 29.

[36] Zwiedineck-Südenhorst, a.a.O., S. 6. Es sei dies „die Vernunftsmaxime im Wirtschaften", die das „Ordnungsprinzip für den Wirtschaftsplan" abgebe, bemerkt Zwiedineck-Südenhorst an dieser Stelle weiter.

aufgewandten Mittel andererseits. Ist diese Spanne maximal, so ist auch der gesamtwirtschaftliche Bedarfsdeckungseffekt[37] maximal, da die Produktionsfaktoren, also die aufgewandten Mittel, in eine Produktion gelenkt wurden, wo ihnen vom Markt her in dem fertigen Gut die größte Bedeutung beigemessen wird[38]. Auf jeden Fall aber darf der Preis, den ein Gut auf dem Markt erzielt, bei wirtschaftlichem Leistungsvollzug nicht unter dem Gesamtpreis der aufgewandten Mittel liegen[39], da dies eine Fehlleitung von knappen Produktionsfaktoren bedeuten würde, würden doch die eingesetzten Mittel in dieser Verwendung geringer bewertet als in einer anderen Verwendungsart, was sich ja im Preis der Faktoren auf dem Beschaffungsmarkt widerspiegelt[40]. Der Preis der aufgewandten Mittel sind die Kosten des abgesetzten Gutes, der Marktwert desselben schlägt sich im Erlös nieder, so daß man sagen kann, die gesamtwirtschaftlich optimale Bedarfsdeckung mit wirtschaftlichen Gütern werde in diesem System erreicht, wenn alle Betriebe die Spanne zwischen Erlös und Kosten, also den Gewinn zu maximieren suchen.

Dieses sogenannte Prinzip der Gewinnmaximierung — eine zweite Form des formalen wirtschaftlichen Prinzips — wird von den privatwirtschaftlich geleiteten Betrieben in der Regel in höchst eigenem Interesse verfolgt, da der Gewinn der Unternehmung zufließt und gewissermaßen Erwerb der am Betrieb Beteiligten darstellt. Unter diesem Aspekt spricht man daher auch vom „erwerbswirtschaftlichen Prinzip“[41]. Gutenberg[42] weist in diesem Zusammenhang darauf hin, daß in marktwirtschaftlichen Systemen die Gewinnerzielung, volkswirtschaftlich gesehen, nur der Sekundäreffekt betrieblicher Betätigung im Dienste der primär erstrebten Güterversorgung der Gesamtheit ist, während, privatwirtschaftlich betrachtet, die Gewinnerzielung

---

[37] Der Bedarfsdeckungseffekt hat hier nicht die Bedeutung, die Koch diesem Begriff beimißt, wenn er sagt: „In dem Wert des Produktes auf dem Absatzmarkt wird daher der Bedarfsdeckungseffekt gemessen . . .“ (Koch, Das Wirtschaftlichkeitsprinzip . . ., a.a.O., S. 165). Vielmehr stellen wir hier auf die Spanne ab.

[38] Vgl. Sieber, a.a.O., S. 183; Koch, Das Wirtschaftlichkeitsprinzip . . ., a.a.O., S. 167; Preiser, Gestalt und Gestaltung der Wirtschaft, a.a.O., S. 84 f.; E. Schmalenbach, Grundlagen dynamischer Bilanzlehre, ZfhF, 13. Jg. (1919), S. 1 ff., hier S. 3 f.

[39] Mit v. Stackelberg (Grundlagen der theoret. VWL., a.a.O., S. 25) gesprochen, es muß mindestens das „Kostengesetz“ befolgt sein.

[40] Gutenberg [Die Unternehmung als Gegenstand betriebswirtschaftlicher Theorie, Berlin-Wien 1929 (im folgenden zitiert: Die Unternehmung), S. 34] spricht daher in diesem Zusammenhang auch von einer „regulativen Funktion der *Preise*“, die darin zum Ausdruck kommt, „daß sie der Schlüssel zur Verarbeitung der Güter sind“.

[41] Vgl. Gutenberg, Produktion, 3. A., a.a.O., S. 347.

[42] Ders., a.a.O., S. 352; vgl. auch Sieber, a.a.O., S. 183.

den Primäreffekt darstellt und die Leistungserstellung diesem Zweck untergeordnet wird.

Das Prinzip der Gewinnmaximierung kann die oben genannte gesamtwirtschaftliche Lenkungsfunktion jedoch nur erfüllen, wenn die Preise sowohl auf dem Produktivgüter- als auch auf dem Konsumgütermarkt auch tatsächlich die Wertschätzungen der kaufkräftigen Nachfrager im Hinblick auf die entsprechenden Güter widerspiegeln, wenn die Preise also unter dem Gesichtspunkt der Begrenztheit aller wirtschaftlichen Güter die relativen[43] Knappheitsgrade[44] dieser Güter zum Ausdruck bringen. Diese Voraussetzung wäre in vollkommener Weise erfüllt, wenn auf allen Märkten der unrealistische Zustand der vollständigen Konkurrenz herrschen würde[45]. Das bedeutet nun aber nicht, daß unter weniger „vollkommenen" und wirklichkeitsnäheren Bedingungen das gewinnmaximale Prinzip seiner gesamtwirtschaftlichen Lenkungsfunktion enthoben wäre, vielmehr kann es diese Funktion auch dann — wenn auch weniger vollkommen — erfüllen, sofern nur die Preise annähernd die Knappheitsverhältnisse der Güter erkennen lassen[46]. Hierfür zu sorgen, ist Aufgabe der staatlichen Wirtschaftspolitik, die in einer Marktwirtschaft den Rahmen zu setzen hat, innerhalb dessen die Betriebe bei Verfolgung des Prinzips der Gewinnmaximierung eine optimale Güterversorgung gewährleisten[47].

Das erwerbswirtschaftliche oder gewinnmaximale Prinzip kann von den Betrieben unter gewissen Umständen auch in Wirtschaftssystemen

---

[43] „Relativ", weil die gegenüber dem Bedarf an wirtschaftlichen Mitteln einerseits und ihrem Bestand andererseits empfundene Knappheit absolut nicht meßbar ist und diese daher auf andere Güter bzw. in der „Geldwirtschaft" auf den Knappheitsgrad des allgemeinen Tauschmittels Geld bezogen ist. Vgl. Koch, Das Wirtschaftlichkeitsprinzip . . ., a.a.O., S. 164.

[44] W. Eucken (Die Grundlagen der Nationalökonomie, 5. Aufl. Godesberg 1947, S. 333 f.) spricht von dem Preis als „Knappheitsmesser, der notwendig ist, um das wirtschaftliche Prinzip objektiv zu verwirklichen". Vgl. auch Gutenberg, Produktion, 3. A., a.a.O., S. 358; Koch, Das Wirtschaftlichkeitsprinzip . . ., a.a.O., S. 164.

[45] Vgl. Koch, ebenda, S. 164 u. S. 167; Moxter, a.a.O., S. 67; Lutz, Anmerkungen zum Monopolproblem, a.a.O., S. 29; Sieber, a.a.O., S. 183.

[46] Koch (Das Wirtschaftlichkeitsprinzip . . ., a.a.O., S. 168) spricht hier von dem „‚Gesetz der Approximation', das für die Verifizierung theoretischer Deduktionen von größter Bedeutung ist" und das „für die Übertragung der Ergebnisse betriebswirtschaftlicher Theorie ganz allgemein (gilt)". Vgl. auch Gutenberg, Zur neueren Entwicklung der Wirtschaftlichkeitsrechnung, a.a.O., S. 642. Ders., Produktion, 3. A., a.a.O., S. 348; Sieber, a.a.O., S. 183. Lutz (Anmerkungen zum Monopolproblem, a.a.O., S. 32) möchte gern auf die „Schlafmützenkonkurrenz" der vollständigen Konkurrenz zugunsten einer monopolistischen Konkurrenz verzichten, sofern nur die freie Konkurrenz und damit „richtige" Preisbildung gewährleistet ist.

[47] Vgl. Sieber, a.a.O., S. 184. Zu den verschiedenen Maßnahmen der staatlichen „Ordnungspolitik" in marktwirtschaftlichen Wirtschaftssystemen siehe insbesondere W. Eucken, Grundsätze der Wirtschaftspolitik, Bern-Tübingen 1952, S. 241 ff.

mehr planwirtschaftlichen Charakters befolgt werden. Niemals aber wird man in einem solchen System den gesamtwirtschaftlichen Ablauf allein dem Prinzip der Gewinnmaximierung überantworten, vielmehr werden außerbetriebliche Planungs- und Lenkungsinstanzen, sei es über Preisfixierungen, Zuteilung von Produktionsfaktoren oder Aufgaben von Produktionssolls nach irgendwelchen Plänen den betrieblichen Leistungsvollzug und damit den Ablauf in der Volkswirtschaft steuern[48]. Das Prinzip der Gewinnmaximierung kann hier — sofern es überhaupt noch zu verwirklichen ist — niemals als Regulativ i. S. einer optimalen Güterversorgung der Gesamtheit wirken, da der dazu erforderliche freie Preismechanismus in der Planwirtschaft ausgeschaltet ist[49].

Im Gegensatz zum systemindifferenten Prinzip der Wirtschaftlichkeit — einzelwirtschaftlich-technisch gedacht —[50], das für Betriebe in allen Wirtschaftssystemen Geltung besitzt, handelt es sich also bei dem Prinzip der Gewinnmaximierung um ein „systembezogenes"[51] Prinzip, das — in Verbindung mit dem erstgenannten Prinzip — nur in marktwirtschaftlich orientierten Wirtschaftssystemen eine optimale Güterversorgung der Gesamtheit gewährleistet. Nur solchen Wirtschaftssystemen ist das Prinzip der Gewinnmaximierung notwendig inhärent, und nur hier kann die Befolgung dieses „systembezogenen" Prinzips zur gesamtwirtschaftlichen Aufgabe der Betriebe werden.

Den Betriebstyp, dem diese Aufgabe innerhalb einer Marktwirtschaft zufällt, bezeichnen wir mit Gutenberg[52] als privatwirtschaftlich-erwerbswirtschaftlich-kapitalistischen Betrieb oder auch als Unternehmung. Neben dem erwerbswirtschaftlichen Prinzip als oberste Leitmaxime seines Wirkens ist dieser Betriebstyp in seiner reinen Form dadurch gekennzeichnet, daß die Eigentümer an den Produktionsmitteln bzw. die Beauftragten der Eigentümer in ihren betrieblichen Dispositionen von anderen, außer- oder innerbetrieblichen Stellen unabhängig sind. Es gilt für sie grundsätzlich das „Autonomieprinzip" und das „Prinzip der Selbstbestimmung"[53]. Gewisse Ein-

[48] Vgl. Gutenberg, Produktion, 3. A., a.a.O., S. 357. An die Stelle des erwerbswirtschaftlichen Prinzips ist hier das „Prinzip plandeterminierter Leistungserstellung", wie Gutenberg dieses Lenkungsprinzip nennt, getreten.

[49] Wir schließen uns hier der Meinung von Eucken (Grundlagen ..., a.a.O., S. 334) an: „... die Festsetzung von Preisen, welche die Knappheitsrelationen der Güter richtig zum Ausdruck bringen soll, kann ... nicht gelingen." Siehe auch ebenda, S. 398 f., Anm. 32; derselbe, Grundsätze ..., a.a.O., S. 61 ff.; Sieber, a.a.O., S. 200.

[50] Vgl. oben Abschn. 1.

[51] Vgl. Gutenberg, Produktion, 3. A., a.a.O., S. 351.

[52] Vgl. ebenda, S. 351 und S. 400 ff.

[53] Vgl. ebenda, S. 401. Der entsprechende reine Betriebstyp total-planwirtschaftlicher Prägung ist gekennzeichnet durch das „Prinzip plandeterminierter Leistungserstellung" sowie das „Organprinzip" als sytembezogene

schränkungen in der Geltung dieser Prinzipien, beispielsweise durch die Gewährung von Mitbestimmungsrechten an die Belegschaft bezüglich betrieblicher Teilfragen, heben zwar die Reinheit dieses Betriebstyps auf, lassen aber den Betriebstyp der Unternehmung mit den genannten gesamtwirtschaftlichen Aufgaben grundsätzlich bestehen.

Neben den privatwirtschaftlich ausgerichteten „Unternehmungen" gibt es in dem grundsätzlich nach dem Prinzip der Gewinnmaximierung organisierten Wirtschaftssystem der Marktwirtschaft auch Betriebe, für die dieses Prinzip keine Bedeutung hat. Es handelt sich hierbei in der Regel um Einrichtungen der öffentlichen Hand, die mehr nach sozialen Gesichtspunkten betrieben werden, wie etwa öffentliche Schulen, Krankenhäuser oder Versorgungsbetriebe. Diese Betriebe wirtschaften entweder nur nach dem Kostendeckungsprinzip, oder sie werden durch öffentliche Zuschüsse aufrechterhalten. Eine Auswahl der zu erbringenden Leistungen entfällt für die Betriebe selbst, und insofern sind sie keine Unternehmungen, sondern entsprechen mehr den gelenkten Betrieben einer Planwirtschaft.

III. Zusammenfassung

Will man die gesamtwirtschaftlichen Aufgaben der Betriebe — im Sinne einer optimalen Güterversorgung — kurz zusammenfassen, so muß man also zunächst unterscheiden zwischen Betrieben in mehr planwirtschaftlichen Wirtschaftssystemen und solchen in mehr marktwirtschaftlich-kapitalistischen Systemen. Letztere sind wiederum zu trennen in privatwirtschaftlich geleitete Betriebe, hier Unternehmungen genannt, und in jene, die nicht nach erwerbswirtschaftlichen, sondern mehr sozialen Gesichtspunkten von der öffentlichen Hand betrieben werden.

All diesen Betrieben ist gemeinsam die Aufgabe der Erstellung und des Absatzes wirtschaftlicher Güter unter Berücksichtigung des wirtschaftlichen Prinzips, wobei die Absatzfunktion je nach dem Ausmaß der staatlichen Lenkung mehr oder minder begrenzt ist.

Die für die Marktwirtschaft typischen Unternehmungen haben darüber hinaus die Aufgabe der Auswahl der bereitzustellenden Güter, wobei ihnen als Kriterium das Prinzip der Gewinnmaximierung dient. Von den beiden Prinzipien ist das der Gewinnmaximierung das weitergehende. Es setzt den Rahmen, innerhalb dessen sich in marktwirt-

---

Kategorien. (Vgl. ebenda, S. 345 und S. 357.) Dazwischen liegt eine Vielzahl von Mischformen, die je nach Datenstellung mehr dem Betriebstyp der Unternehmung oder mehr dem planwirtschaftlich ausgerichteten Betrieb zuzurechnen sind.

schaftlich orientierten Betrieben das Prinzip der (einzelwirtschaftlich-technischen) Wirtschaftlichkeit zu realisieren hat. Andererseits dient das Prinzip wirtschaftlicher Mittelverwendung wiederum der Verwirklichung des gewinnmaximalen Prinzips. Gutenberg[54] spricht daher auch von einer „kategorialen Umklammerung“ des wirtschaftlichen Prinzips durch das Prinzip der Gewinnmaximierung im Betriebstyp der Unternehmung. Es sei das Merkmal des kapitalistischen Betriebstyps, daß er das Prinzip der Wirtschaftlichkeit gewissermaßen als Instrument sparsamster Mittelverwendung benutzt und dennoch den Betrieb letztlich nicht ihm, sondern vielmehr dem weitergehenden Prinzip der Gewinnmaximierung überantwortet.

Haben mehr planwirtschaftlich orientierte Betriebe noch die Freiheit der Güterwahl — etwa dann, wenn der Staat nur über Preisfixierungen in den Wirtschaftsablauf eingreift —, so fehlt diesen Betrieben selbst ein entsprechendes Kriterium der Auswahl[55] im Sinne einer optimalen Güterversorgung der Gesamtheit, was nicht ausschließt, daß sie ebenfalls eine Auswahl nach dem gewinnmaximalen Prinzip treffen können. Diese Auswahl ist jedoch letztlich über Preisfixierungen vom Staat gelenkt und kann nicht zu einer optimalen Güterversorgung der Gesamtheit führen[56], weshalb wir sie in diesem System auch nicht als gesamtwirtschaftliche Aufgabe der Betriebe postulieren können.

B. Die Elemente des betrieblichen Leistungsvollzuges

Wir haben oben[1] festgestellt, daß die Betriebe ihre produktions- und absatzwirtschaftliche Aufgabe nur erfüllen können, indem sie wirtschaftliche Güter nach bestimmten Prinzipien kombinieren und daß der gesamte betriebliche Leistungsvollzug praktisch einen kontinuierlichen Kombinationsprozeß dieser sogenannten produktiven Güter darstellt.

Alle in einem Betrieb zusammenwirkenden produktiven Güter lassen sich nunmehr zurückführen auf gewisse Produktivgüter, die der Betrieb nicht selbst erstellt, sondern von „außerhalb“ bezogen hat. Diese, aus den sogenannten Beschaffungsmärkten entnommenen und im Betrieb eingesetzten produktiven Güter stellen somit gewissermaßen „Ausgangsstoffe“ des betrieblichen Wirkens dar, weshalb wir sie hier als die produktiven Elemente des betrieblichen Leistungsvollzuges bezeichnen möchten.

---

[54] Gutenberg, Produktion, 3. A., S. 356; vgl. auch Sieber, a.a.O., S. 182.
[55] Vgl. dieserhalb Eucken, Grundlagen ..., a.a.O., S. 333.
[56] Vgl. oben Abschn. II., 2.
[1] Vgl. Abschn. II.

Nun gibt es bestimmte betriebliche Aufgaben, die neben dem Gebrauch von Produktivgütern auch noch den Einsatz von Gütern erfordern, die selbst keinen direkten oder indirekten produktiven Beitrag zur betrieblichen Gesamtleistung erbringen, die jedoch mit dem betrieblichen Leistungsvollzug untrennbar verbunden sind. Auch diese Güter, auf die wir unten[2] noch näher eingehen werden, werden hier als Elemente des betrieblichen Leistungsvollzuges angesehen. Zum Unterschied von den vorgenannten produktiven Elementen seien sie jedoch als nicht-produktive Elemente gekennzeichnet. Kriterium dafür, ob ein im Betrieb eingesetztes — materielles oder immaterielles — Gut hier als Element des betrieblichen Leistungsvollzugs angesehen wird, ist also nicht eine produktive Eigenschaft dieses Gutes, sondern allein die Tatsache, daß dieses Gut als Ganzes von dem Betrieb aus dem Markt — also von außerhalb — entnommen wurde und demnach innerhalb des einsetzenden Betriebes nicht mehr in weitere Elemente zu zerlegen ist. Dabei wird hier unter *Einsatz* von Gütern nicht ihre technische, sondern allein ihre wirtschaftliche Einbeziehung in den Betrieb verstanden, d. h., die Güter müssen in das wirtschaftliche Eigentum[3] des Betriebes übergegangen sein.

Insoweit sind die Elemente des betrieblichen Leistungsvollzuges von großer Bedeutung für gewisse hier interessierende Erscheinungen des Betriebsablaufs, weshalb wir im folgenden die Elemente selbst kurz darstellen wollen.

I. Die produktiven Elemente (Produktionsfaktoren)

Betrachtet man zunächst die in den Betrieben eingesetzten *produktiven* Güter, so kann man dort unterscheiden zwischen materiellen oder sogenannten Sachgütern und immateriellen Gütern in Form von menschlichen Arbeitsleistungen oder Dienstleistungen. In den Betrieben findet also ein ständiges Zusammenwirken von Menschen und Dingen statt, das nach Lehmann[4] die Voraussetzung jeder Art von zweckmäßigem Wirtschaften überhaupt ist. Rößle[5] bezeichnet die beiden Faktoren „Arbeit und Kapital oder Mensch und Werkzeug (im

---

2 Siehe den folgenden Abschn.

3 Vgl. Gutenberg, Einführung, a.a.O., S. 103 f.

4 M. R. Lehmann, Allgemeine Betriebswirtschaftslehre, 3. Aufl. Wiesbaden 1956, S. 52.

5 K. Rößle, Allgemeine Betriebswirtschaftlehre, 3. Aufl. Stuttgart 1953, S. 13. Vgl. auch Art. Produktionsprozeß, betriebswirtschaftlicher [K. Schmaltz und A. Richter — Hdwb. d. BW, Stuttgart, Bd. 4 (1928), Sp. 599 ff., hier Sp. 610], wo diesbezüglich von den Elementen „Leistungswert" und „Stoffwert" gesprochen wird.

weiteren Sinne)“ als „die Aufbaubestandteile einer Betriebswirtschaft“.

Unter der hier gewählten Zielsetzung erscheint es jedoch zweckmäßig, eine weitere Differenzierung dieser Aufbaubestandteile vorzunehmen. Wenden wir uns zunächst den sachlichen Produktivgütern zu.

In nahezu allen Betrieben findet man Sachgüter, die in Verbindung mit anderen persönlichen und (oder) sachlichen Produktivgütern an der Erstellung neuer Güter gewissermaßen „aktiv“ mitwirken, indem sie Leistungen in den Prozeß der Produktion und des Absatzes geben oder aber diese Leistungen ermöglichen. Bei diesen sogenannten Betriebsmitteln[6] handelt es sich vor allem um die im Betrieb eingesetzten Werkzeuge, die maschinellen Anlagen, die Gebäude sowie die Betriebsstoffe.

Darüber hinaus haben wir es in Sachleistungsbetrieben mit sachlichen Produktivgütern zu tun, die im betrieblichen Leistungsvollzug eine mehr passive Rolle einnehmen, indem sie der Einwirkung anderer Produktionsgüter ausgesetzt werden. Sie gehen, nachdem sie entweder eine einfache Bearbeitung oder aber eine Form- oder Substanzveränderung erfahren haben, als materielle Bestandteile in das fertige Sachgut ein. Zu diesen produktiven Gütern zählen die Rohstoffe sowie bereits (in anderen Betrieben!) vorgefertigte Teile aller Art. Man faßt sie unter dem Begriff Werkstoffe[7] oder einfach Stoffe[8] zusammen.

Die in den Betrieben eingesetzten immateriellen, produktiven Güter können einmal reine Arbeitsleistungen sein, indem Menschen ihre geistigen und körperlichen Kräfte in den Dienst des Betriebes stellen, oder aber es sind „produzierte“ Leistungen, die von Einzelpersonen, Behörden oder auch Betrieben erbracht werden. Diese Leistungen sind in der Regel schon das Ergebnis des Zusammenwirkens von betriebsfremden Arbeitsleistungen und Betriebsmitteln, doch stellen sie für den Betrieb, der sie in Anspruch nimmt, genau so wie die bezogenen Betriebsmittel, die auch bereits — in anderen Betrieben — produziert sind, selbständige Produktivgüter dar, die nicht in weitere betriebseigene Faktoren zu zerlegen sind. Zu dieser Art von produktiven Leistungen sind beispielsweise zu rechnen die Bearbeitung von in einem Betrieb erstellten Zwischenprodukten durch andere Betriebe (z. B. tex-

---

[6] Prion (Der Wirtschaftsbetrieb als Betrieb, a.a.O., S. 21) bezeichnet sie auch als Hilfsmittel, während Waffenschmidt (Produktion, a.a.O., S. 14) in Anlehnung an die volkswirtschaftliche Terminologie von Kapital spricht.

[7] So beispielsweise Gutenberg, Produktion, 3. A., a.a.O., S. 3.

[8] So Prion (Der Wirtschaftsbetrieb als Betrieb, a.a.O., S. 21 ff.) und Waffenschmidt (Produktion, a.a.O., S. 14). Lohmann (Einführung 2. Aufl., a.a.O., S. 43 f.) spricht in diesem Fall von Roh- und Hilfsstoffen, wovon letztere im Fertigprodukt nur unwesentliche Bestandteile darstellen.

tile Ausrüstung im Lohnverfahren), die Verkaufs- und Einkaufsvermittlung durch selbständige Vertreter, die Überlassung von Patenten, Lizenzen und ähnlichen Rechten, die Kapitalüberlassung sowie die Leistungen der öffentlichen und privaten Transportbetriebe.

Zum Unterschied von den reinen Arbeitsleistungen bezeichnet man diese Art von immateriellen Produktivgütern als Dienstleistungen. Sie stellen zusammen mit den Gütern Arbeit, Betriebsmittel und Werkstoffe die Elemente des betrieblichen Leistungsvollzugs dar[9].

Sämtliche in allen Betrieben eingesetzten produktiven wirtschaftlichen[10] Güter lassen sich auf diese vier Elemente betrieblichen Leistungsvollzugs zurückführen. Das besagt jedoch nicht, daß in allen Betrieben alle vier Elemente zusammenwirken müssen. So wird man in einem Dienstleistungsbetrieb vergeblich nach dem produktiven Element „Werkstoff" suchen, ebenso wie es Betriebe gibt, die bei dem Erbringen ihrer Leistung durchaus ohne fremde Dienstleistungen auskommen können, sieht man einmal von der stets erforderlichen Überlassung von Kapitalnutzungen ab[11].

Wegen ihrer produktiven Funktion[12] bei der Erfüllung betrieblicher Aufgaben kann man die dargestellten Elemente auch als Produktionsfaktoren[13] oder produktive Faktoren[14] des Betriebes bezeichnen. Es sei jedoch ausdrücklich darauf hingewiesen, daß diese Faktoren nicht nur die Elemente der Produktion, also der Erstellung materieller und immaterieller Güter darstellen, sondern daß sie ebenfalls (bis auf den Faktor „Werkstoff") im absatzwirtschaftlichen Bereich der Betriebe zusammenwirken. Darauf weist auch Gutenberg[15] hin, wenn er bezüglich des Faktors „Arbeits- und Betriebsmittel" sagt: „Man findet diesen Faktor auch im Bereiche der betrieblichen Leistungsverwertung und des Finanzwesens." Das gleiche trifft naturgemäß auch auf die Faktoren Arbeits- und Dienstleistungen zu.

---

9 Dies gilt nach unserer obigen Definition der Elemente des betrieblichen Leistungsvollzugs jedoch nur für die fremdbezogenen sachlichen Güter und Dienste. Von den selbsterstellten produktiven Gütern wird hier also zunächst abgesehen. (Siehe dazu den folgenden Abschn. C. II.)

10 Daneben können auch noch freie Güter, wie beispielsweise Naturkräfte bei dem betrieblichen Leistungsvollzug mitwirken, da sie jedoch nichts kosten, bleiben sie bei der betriebswirtschaftlichen Betrachtung als selbständige Faktoren außer acht. Ihr produktiver Beitrag wird den übrigen wirtschaftlichen Gütern zugerechnet. (Vgl. Waffenschmidt, Produktion, a.a.O., S. 13.)

11 Vgl. unten S. 46.

12 „Alle Faktoren sind um ihrer Funktion willen eingesetzt", (W. Waffenschmidt, Technik und Wirtschaft der Gegenwart, Berlin-Göttingen-Heidelberg 1952, S. 78).

13 Vgl. Waffenschmidt, Produktion, a.a.O., S. 14.

14 Vgl. Gutenberg, Produktion, 3. A., a.a.O., S. 3.

15 Ebenda.

Die hier herausgestellten Produktionsfaktoren decken sich inhaltlich nicht mit den in der volkswirtschaftlichen Theorie gebräuchlichen Produktionsfaktoren Arbeit, Boden und produzierte Produktionsmittel oder Kapital[16]. Der Boden, der als selbständiger Produktionsfaktor in der Betriebswirtschaftslehre weniger interessant ist, zählt hier zu den Betriebsmitteln. Andererseits ist der Faktor „Werkstoffe" hier als selbständiger Produktionsfaktor aus den produzierten Produktionsmitteln ausgegliedert. Daneben kennen wir dann noch den Faktor „Dienstleistungen", der sich *volkswirtschaftlich gesehen* aus den übrigen Produktionsfaktoren zusammensetzt.

Waffenschmidt[17] geht bei seiner Analyse des Produktionsprozesses von den betriebswirtschaftlichen Produktionsfaktoren Arbeit, Kapital und Stoff aus, die sich inhaltlich mit den hier entwickelten Elementen Arbeit, Betriebsmittel und Werkstoff decken. Den Faktor „Dienstleistungen" als selbständigen produktiven Faktor im Betrieb kennt er nicht.

In Gutenbergs „Produktion"[18] finden wir ein System von sechs Produktionsfaktoren. Gutenberg kommt dazu, indem er den Faktor „Arbeitsleistungen" aufgliedert in „objektbezogene" und „dispositive" Arbeitsleistungen. Bei den dispositiven Arbeitsleistungen unterscheidet er wiederum den originären Faktor Betriebs- und Geschäftsleitung sowie die davon abgeleiteten Faktoren Planung und Betriebsorganisation. Diese drei Faktoren stellen die „dispositiven Faktoren" dar, denen die Faktoren objektbezogene Arbeit, Betriebsmittel und Werkstoffe als sogenannte „Elementarfaktoren" gegenüberstehen[19]. Auch bei Gutenberg stellen die im Betrieb eingesetzten Dienstleistungen keine selbständige produktive Faktorgruppe dar.

Mellerowicz[20] kennt die Produktionsfaktoren Arbeit, Kapital („die Sachmittel für die Produktion"[21]) und Organisation. Im Faktor Kapital faßt er neben den im Betrieb vorhandenen flüssigen Mitteln, die

---

16 Vgl. Zwiedineck-Südenhorst, a.a.O., S. 76. Da die produzierten Produktionsmittel letzlich wieder aus dem Zusammenwirken von Arbeit und Boden entstehen, wird dieser Faktor verschiedentlich in der ökonomischen Theorie nicht als (originärer) Produktionsfaktor angesehen. Die Vertreter dieser Auffassung kennen nur die Produktionsfaktoren Arbeit und Boden, bzw. Natur. Vgl. dazu W. Eucken, Kapitaltheoretische Untersuchungen, a.a.O., S. 58 ff.; K. Diehl, Theoretische Nationalökonomie, 2. Bd.: Die Lehre von der Produktion, Jena 1924, S. 41; Schumpeter, a.a.O., S. 20 f.; Böhm-Bawerk, Positive Theorie des Kapitals, a.a.O., S. 109 f. u. S. 131 f.

17 Waffenschmidt, Produktion, a.a.O., S. 14.

18 Vgl. Gutenberg, Produktion, 3. A., a.a.O., S. 2 ff.

19 Vgl. Gutenberg, Produktion, 3. A., a.a.O., S. 8.

20 K. Mellerowicz, Allgemeine Betriebswirtschaftslehre, 7. Aufl. Berlin 1952, Bd. 1, S. 87 sowie „Eine neue Richtung in der Betriebswirtschaftslehre?" ZfB, 22. Jg. (1952), S. 145 ff., hier S. 156.

21 Mellerowicz, Allgemeine Betriebswirtschaftslehre, a.a.O., S. 87.

unseres Erachtens nicht Elemente des betrieblichen Leistungsvollzugs darstellen[22], Betriebsmittel und Werkstoffe zusammen[23]. Auf der anderen Seite sehen wir in der Organisation als einen im Betrieb zusammengesetzten Faktor nicht mehr ein produktives *Element* des betrieblichen Leistungsvollzugs. Die im Betrieb verbrauchten Dienstleistungen stellt Mellerowicz[24] zwar als Kostenfaktor nicht aber als Produktionsfaktor dar.

Demgegenüber führt Lohmann[25] die Dienstleistungen als Produktionsfaktoren an. Bei seiner Einteilung der Produktionsfaktoren nach betriebswirtschaftlichen Kostengruppen ergibt sich jedoch eine weitere Aufgliederung der Dienstleistungen und teilweise Zusammenfassung mit anderen *materiellen* Produktionsfaktoren[26], der wir hier nicht folgen wollen.

II. Die nicht-produktiven Elemente (Handelswaren)

Wie oben bereits angedeutet wurde, ist mit bestimmten betrieblichen Aufgaben auch ein Einsatz an nicht-produktiven Gütern im Betrieb verbunden. Zu denken ist hier an den Warenhandel, dem die Sammlung oder Verteilung von Sachgütern in der Gesamtwirtschaft obliegt. Da diese Aufgabe von den Handelsbetrieben „in eigener Regie" durchgeführt wird, sie also nicht — wie etwa die Vertreterbetriebe — nur den Güteraustausch zwischen Wirtschaftssubjekten *vermitteln,* sind sie genötigt, sich die sogenannten Handelswaren, die volkswirtschaftlich sowohl Produktiv- wie auch Konsumgüter sein können, zunächst selbst zu beschaffen. Die Güter werden also im Handelsbetrieb *eingesetzt*[27]. Dieser Einsatz erfolgt jedoch nicht — wie bei den sogenannten Produktivgütern — wegen eines produktiven Beitrags, den diese Güter zur betrieblichen Leistungserstellung erbrin-

[22] Bezüglich der Stellung der flüssigen Mittel im Betrieb vgl. unten Dritter Teil, C., II.

[23] Mellerowicz (Eine neue Richtung in der Betriebswirtschaftslehre? a.a.O., S. 156) „scheint (es) nicht wesentlich und nicht einmal praktisch, Werkstoff von den produzierten Produktionsmitteln zu trennen und damit einen neuen Produktionsfaktor aufzustellen". — Wegen der angeführten unterschiedlichen Wesensmerkmale und der daraus resultierenden speziellen betriebswirtschaftlichen Probleme erscheint es uns jedoch zweckmäßig, hier der Auffassung von Gutenberg zu folgen, der Betriebsmittel und Werkstoffe jeweils als besonderen Produktionsfaktor hervorhebt.

[24] Mellerowicz, Allgemeine Betriebswirtschaftslehre, a.a.O., Bd. 2, S. 31 f.

[25] Lohmann, Einführung, 2. A., a.a.O., S. 28.

[26] So erfaßt Lohmann (ebenda, S. 28) die Nutzung von Patenten und ähnlichen Rechten, die wir hier zu den Dienstleistungen rechnen, zusammen mit bestimmten Betriebsmitteln unter der Faktorgruppe „Gebrauchsgüter", der als Kostengruppe die Abschreibungen entsprechen.

[27] Vgl. oben, S. 26.

gen, d. h., sie werden nicht selbst materieller oder immaterieller Bestandteil der betrieblichen Gesamtleistung. Zwar liefert der Handelsbetrieb letztlich Sachgüter, doch diese Sachgüter wurden nicht von ihm, sondern von anderen — eben den Sachleistungsbetrieben — erstellt und seine Aufgabe besteht nur darin, diese Güter dem Verbraucher zuzuführen oder näherzubringen[28]. Die Handelswaren, die ja im Leistungsprozeß der Handelsbetriebe keine Veränderung erfahren[29], stellen also gewissermaßen Objekte der betrieblichen Leistungserstellung dar und sind als solche untrennbar mit dieser verbunden. Das Gleiche trifft beispielsweise auch auf die Güter zu, die sich zum Zwecke der Beförderung im Gewahrsam von Transportbetrieben befinden. Da diese Güter jedoch nicht Eigentum des leistenden Betriebes sind, kann hier nicht von einem — wirtschaftlichen! — Einsatz dieser Güter im Transportbetrieb gesprochen werden, womit sie als Elemente des betrieblichen Leistungsvollzugs ausscheiden.

Demgegenüber liegt es im Wesen der Handelswaren, daß sie — zumindest wirtschaftlich[30] — Eigentum des einsetzenden Handelsbetriebs werden, womit sie, wie sich noch zeigen wird, genau so wie die *produktiven* Elemente des betrieblichen Leistungsvollzugs Bedeutung für die betriebliche Investition und Finanzierung gewinnen.

C. Der Zeitfaktor im Prozeß der betrieblichen Leistungserstellung

Verfolgt man die in einem Betrieb eingesetzten Elemente des betrieblichen Leistungsvollzugs auf ihrem Weg, so wird man feststellen, daß stets eine mehr oder minder lange Zeit verstreicht, bis diese Güter, entweder unverändert oder aber kombiniert mit anderen Gütern, beim Absatz des Endproduktes den Betrieb verlassen. Diese Zeit vom Eintritt der wirtschaftlichen Güter in den Betrieb bis zu ihrer Übernahme durch andere Betriebe oder Haushalte — sei es in unveränderter Form (Handelswaren), sei es als wirtschaftlicher Teil neuer Güter (Produkte im weitesten Sinne) —, die Zeit also während

---

[28] Darum ist es auch durchaus berechtigt, die Handelsbetriebe nicht zu den Sachleistungsbetrieben, sondern zu den Dienstleistungsbetrieben zu rechnen. Vgl. Gutenberg, Produktion, 3. A., a.a.O., S. 1; Walther, a.a.O., S. 3.

[29] Vgl. Prion, Der Wirtschaftsbetrieb als Betrieb, a.a.O., S. 13: „Hieraus ergibt sich, daß die Arbeit im Handelsbetrieb keine Arbeit an den Gütern selbst ist."

[30] Juristisch gesehen können die Waren im Eigentum des Lieferanten bleiben, da dieser den Übergang des Eigentums beispielsweise nach geltendem deutschen Recht von der Bezahlung der Ware durch den Abnehmer abhängig machen kann. Vgl. Gutenberg, Einführung, S. 103 f.

der die Elemente an eine bestimmte Aufgabe im Betrieb als Träger dieser Aufgabe gebunden sind, ist ein Faktor, ohne den die Phänomene der betrieblichen Investition und Finanzierung undenkbar wären.

Es ist daher unumgänglich, zunächst diesem Zeitaufwand und seinen Ursachen selbst nachzugehen, will man das Wesen von Investition und Finanzierung sowie die Beziehungen zwischen beiden erfassen.

I. Im Leistungsprozeß selbst begründete Zeiten

1. Technisch bedingte Zeiten

Die Bindungszeit der im Betrieb eingesetzten Güter kann nun einmal begründet liegen in dem *Prozeß* der Leistungserstellung selbst, oder aber sie geht zurück auf eine Eigenschaft bestimmter im Leistungsprozeß eingesetzter produktiver Faktoren.

Bei der durch den eigentlichen Leistungsprozeß verursachten Güterbindung läßt sich unterscheiden zwischen Zeiten, die mehr technisch bedingt und gewissermaßen unabänderlich[1] sind und solchen, die von wirtschaftlichen Erwägungen abhängig und insofern dispositionsbestimmt sind.

Im ersteren Falle handelt es sich beispielsweise um die Zeiten des Einsatzes von Faktoren, die auf die Beschaffung von Elementen des betrieblichen Leistungsvollzugs ausgerichtet sind. Da die Beschaffung selbst Zeit erfordert — sei es, daß die Güter erst in anderen Betrieben erstellt oder aber von anderen Betrieben angeliefert werden müssen —, sind auch die zur Beschaffung eingesetzten produktiven Faktoren über diese Zeit an den Betrieb gebunden. Diesen Zeiten entsprechen auf der Absatzseite des Betriebes die Bindungszeiten der auf den Absatz ausgerichteten Produktivfaktoren vom Zeitpunkt ihrer Inanspruchnahme an bis zum Zeitpunkt der Übernahme der betrieblichen Endleistung durch einen anderen Betrieb oder Haushalt.

Als technisch bedingt im Hinblick auf die Erfüllung betrieblicher Aufgaben sind ferner anzusehen die Zeiten, während derer sich die im Betrieb eingesetzten Elemente bzw. daraus erstellte Güter auf dem Weg zum Ort ihrer Verwendung befinden. Dazu rechnen alle direkten[2]

[1] Nicht der Einsatz des Gutes selbst muß im Hinblick auf die beabsichtigte Endleistung unabänderlich sein, vielmehr kann dieser durchaus auf wirtschaftliche Überlegungen zurückgehen; ist jedoch der Einsatz eines Gutes erfolgt, so treten *Zeiten* auf, die zur „Nutzung" des Gutes unbedingt erforderlich sind.

[2] „Direkt", zum Unterschied von Transportzeiten, die durch irgendwelche wirtschaftlich bedingten „Umwege", beispielsweise über Vorratsläger, verursacht sind. Vgl. hierzu Abschn. 2: Wirtschaftlich bedingte Zeiten.

Transportzeiten von Gütern, sofern sie sich im wirtschaftlichen Eigentum[3] des Betriebes befinden.

Wesentlich sind die Zeiten, die unmittelbar durch die produktive Verwendung eingesetzter Elementarfaktoren oder daraus erstellter Güter verursacht werden. Das sind die Zeiten während der eigentlichen Nutzung der produktiven Kräfte bei der Erstellung betrieblicher Leistungen oder, um mit Menger[4] zu sprechen, während der Umwandlung von Gütern „höherer Ordnung" in solche niedriger Ordnung. Hierhin gehören auch die Zeiten, die auf die Gewährung von Güternutzungen über eine vereinbarte Zeit (z. B. Raum- und Kapitalnutzungen) zurückzuführen sind. Die betriebliche Leistung kann hier nur im Zeitablauf in Anspruch genommen werden, und sie ist entsprechend auch erst nach Ablauf der vereinbarten Zeit vom Betrieb erbracht.

Bei den im Betrieb eingesetzten Handelswaren — die ja keine produktive Leistung abgeben — sind entsprechend die Lagerzeiten als technisch bedingt anzusehen, die sich aus der Aufgabe der Handelsbetriebe ergeben. So ist einerseits die Verteilung eines größeren Postens von Gütern in kleineren Mengen oder Einzelstücken an die Abnehmer („distribuierender Handel") und andererseits das Sammeln einzelner Güter oder kleinerer Mengen zu größeren Posten („kollektivierender Handel"[5]) notwendig mit einer mehr oder minder langen Lagerzeit der einzelnen Güter verbunden.

Da die betriebliche Gesamtleistung in den meisten Fällen das Ergebnis einzelner oder vieler Teil- oder Elementarleistungen[6] darstellt, die häufig stufenweise aufeinander folgen, kumulieren sich die in den einzelnen Leistungsbereichen auftretenden Zeiten der Güterbindung zur Gesamtbindungszeit der einzelnen produktiven Elemente. Diese ist naturgemäß am längsten für die in der ersten Leistungsstufe eingesetzten Güter und wird immer kürzer, je näher die Leistungsstufe, in denen ihr Einsatz erfolgt, an der Stufe der Vollendung der betrieblichen Gesamtleistung liegt.

Carl Menger[7] hat dem Zeitmoment im Prozeß der Gütererstellung besondere Aufmerksamkeit entgegengebracht. Zur Begründung der

---

[3] Dieses erlangt der verwendende Betrieb am vereinbarten Ort der Lieferung, beispielsweise „ab Werk", „frei Empfangsstation X", „frei Waggon längsseits Schiff".

[4] Menger, a.a.O., S. 21 f.

[5] Vgl. Seyffert, a.a.O., S. 575.

[6] Vgl. Bredt, Die Krise der Betriebswirtschaftslehre, a.a.O., S. 62.

[7] Menger, a.a.O., S. 28. Ebenso Böhm-Bawerk (a.a.O., S. 316 ff.), der den Zeitaufwand zum tragenden Element seiner Zinstheorie macht. Vgl. auch E. Schneider, Einführung in die Wirtschaftstheorie. II. Teil: Wirtschaftspläne und wirtschaftliches Gleichgewicht in der Verkehrswirtschaft, 2. verb. Aufl. Tübingen 1953 (im folgenden zitiert: Einführung II), S. 190: „Das

vorgenannten, im Leistungsprozeß unvermeidbaren Zeiten verweist er auf das Kausale, das diesem Prozeß innewohnt. Wörtlich sagt er: „Der Prozeß, durch welchen die Güter höherer Ordnung stufenweise in solche niederer und erster Ordnung umgestaltet und diese schließlich der Befriedigung menschlicher Bedürfnisse zugeführt werden, ist das Ergebnis menschlicher Zwecktätigkeit, indes zugleich ein Kausalprozeß. Die Idee der Kausalität ist aber unzertrennlich von der Idee der Zeit. Ein jeder Wandlungsprozeß bedeutet ein Entstehen, ein Werden, und ein solcher ist nicht anders denkbar als in der Zeit. Die Zeiträume, welche die einzelnen Phasen dieses Prozesses beanspruchen, mögen in manchen Fällen noch so kurz erscheinen, und die Fortschritte in der Technik und im Verkehrswesen immerhin die Tendenz haben, dieselben mehr und mehr abzukürzen — *eine zeitlose Produktion ist undenkbar*[8].

Für v. Stackelberg[9] ist nur die Produktion zeitraubend, „die eine Umformung von Naturgaben erfordert". Daneben kennt er noch die „Momentanproduktion"[10], die keinen Zeitverlust erfordert. Als solche sieht er die Nutzung „originärer" Produktionsfaktoren an, zu der er beispielsweise die Leistungen eines Gepäckträgers, eines Arztes, eines Rechtsanwaltes aber auch die Nutzung eines Flusses beim Baden oder einer schönen Gegend beim Spaziergang rechnet[11]. Diese Meinung kann hier nicht geteilt werden. Abgesehen davon, daß es zweifelhaft erscheint, die Leistungen eines Arztes oder Rechtsanwaltes volkswirtschaftlich als *originäre* Produktionsfaktoren anzusehen[12], ist die Nutzung der genannten Leistungen, vom Leistenden her gesehen, die Erstellung der vereinbarten Gesamtleistung — die Produktion — nur im Zeitablauf möglich[13]. Das trifft auch auf die Darbringung der Nutzung eines Flusses beim Baden oder einer schönen Gegend beim

---

wirtschaftliche Geschehen im Rahmen einer gegebenen Wirtschaftsordnung vollzieht sich in der Zeit." Siehe ferner Gutenberg, Produktion, 3. A., a.a.O., S. 108; Bredt, a.a.O., S. 26.

8 Hervorhebung vom Verfasser.

9 v. Stackelberg, Grundlagen der theoretischen Volkswirtschaftslehre, a.a.O., S. 83.

10 Ebenda, S. 84.

11 Vgl. ebenda, S. 83 f.

12 Selbst unter der — sehr unrealistischen — Annahme, daß die Leistungen ohne Zuhilfenahme irgendwelcher Betriebsmittel (z. B. Stethoskop, Gesetzesbücher, Auto) erbracht werden, da es sich hier weitgehend um den Einsatz bereits ausgebildeter — „produzierter" — Arbeit handelt. Vgl. Schneider, Einführung I, a.a.O., S. 3 f.

13 So setzt sich die Gesamtleistung eines Gepäckträgers: Beförderung eines Gepäckstückes von einem Ort zu einem anderen Ort, aus einer Vielzahl von in einzelnen Zeitabschnitten „eingesetzten" Teilleistungen zusammen. Je kleiner der betrachtete Zeitabschnitt ist, je kleiner wird die Teilleistung, gemessen an der verlangten Gesamtleistung. Wird die Zeit O, so muß auch die Leistung O sein.

Spaziergang zu. Sofern es sich dabei jedoch um freie Güter handelt, sind sie nicht Gegenstand der Produktion.

Auch Eucken[14] hebt das Zeitphänomen in der Produktion hervor, wenn er sagt: „Die Erfahrung lehrt, daß eine zeitlose Produktion *unmöglich* ist[15].“ Eucken[16] verwirft im Anschluß an diese Feststellung die häufige Annahme der Forscher von einer zeitlosen Produktion, weil es sich hierbei nicht nur um eine unwirkliche, sondern um eine unmögliche Annahme handele. Wenn auch letztere Meinung nicht für alle Gebiete der volks- und betriebswirtschaftlichen Forschung unwidersprochen sein wird[17], so ist doch das Zeitphänomen für die hier zu behandelnde Investition und Finanzierung so bedeutend, daß uns die Annahme einer zeitlosen Produktion den Zugang zum Verständnis dieser Erscheinungen geradezu versperren würde.

2. *Wirtschaftlich bedingte Zeiten*

Bei den bisher erwähnten, im betrieblichen Leistungprozeß selbst begründeten Zeiten der Bindung von produktiven oder nicht-produktiven Gütern an den Betrieb handelt es sich um solche Zeiten, die, nachdem der Einsatz der Elemente grundsätzlich entschieden ist, unter den gegebenen technischen Bedingungen nicht zu verkürzen oder gar zu beseitigen sind, sollen die einzelnen Güter überhaupt die für ihren Einsatz bestimmende Aufgabe erfüllen können.

Die tatsächliche Bindungszeit der eingesetzten Elemente an den Betrieb geht nun im allgemeinen über die technisch bedingte Mindestzeit hinaus. Diese zusätzlichen Zeiten der Güterbindung sind im Gegensatz zu den genannten, technisch bedingten Zeiten von den Entscheidungen der für den Betriebsablauf verantwortlichen Personen abhängig. Sie sind gewissermaßen manipuliert, jedoch grundsätzlich[18] nicht nach zufälligen Eingebungen, sondern nach rationalen Gesichtspunkten. Es ist das Streben nach *wirtschaftlicher* Leistungserstellung[19], das unter anderem in diesen Zeiten ihren Ausdruck findet, weshalb

---

14 Eucken, Kapitaltheoretische Untersuchungen, a.a.O., S. 20.

15 Hervorhebung vom Verfasser.

16 Vgl. Eucken, Kapitaltheoretische Untersuchungen, a.a.O., S. 21.

17 So hat beispielsweise die statische Produktions- und Kostentheorie trotz Ausklammerung des Zeitfaktors wesentliche einzel- und gesamtwirtschaftliche Erscheinungen zu erklären vermocht. Vgl. u. a. Gutenberg, Produktion, 3. A., a.a.O., Kap. 3 und 4; Schneider, Theorie der Produktion, a.a.O., insbes. Vorwort; H. v. Stackelberg, Grundlagen einer reinen Kostentheorie, Wien 1932.

18 d. h., wenn ein sinnhaftes Handeln zugrunde liegt, was man im wirtschaftlichen Bereich allgemein annehmen kann. Vgl. H. Möller, Die Rationalität der wirtschaftlichen Handlungen, JbfNuSt., Bd. 156 (1942), S. 246 ff., hier S. 247 ff.

19 Vgl. Abschn. A., II.

sie hier zur Unterscheidung von den technisch bedingten Zeiten als *wirtschaftlich bedingte Zeiten* bezeichnet werden. Dabei ist es nicht entscheidend, ob diese Zeitdispositionen auch zu einem *objektiv* wirtschaftlichen Erfolg führen, oder ob ein wirtschaftlicher Erfolg damit *objektiv* rational[20] bewirkt wird. Es genügt, wenn diese Zeiten *subjektiv* wirtschaftlichen Erwägungen entspringen, und als solche sind im Betrieb als *Wirtschaftssubjekt* alle Zeiten anzusehen, die über die technisch bedingten Zeiten der Güterbindung hinausgehen[21].

Dazu rechnen einmal die in den Betrieben auftretenden Lagerzeiten produktiver Elemente des betrieblichen Leistungsvollzugs sowie daraus erstellter Zwischen- oder Endprodukte, sofern nicht die Güter während dieser Lagerzeiten einen Reifeprozeß durchmachen[22]. Es sind dies die Zeiten, während derer sich die im Betrieb eingesetzten produktiven Elemente des Leistungsvollzugs in den Vorratslägern, erstellte Zwischenprodukte in Zwischenlägern und Fertigerzeugnisse in Fertigwarenlägern befinden. Diese Läger sind eine Folge des Bestrebens der Betriebe, einmal Kostendegressionen sowohl bei der Beschaffung als auch der Kombination der eingesetzten Güter auszunutzen, zum anderen Kostenprogressionen, die sich auf Grund von Störungen im Betriebsablauf ergeben können, zu vermeiden. Sie haben im Gegensatz zu den „Reifelägern" nur die „ökonomische Funktion"[23] des „mengenmäßigen und zeitlichen Ausgleichs"[24].

So ist es in der Regel — bezogen auf das einzelne Stück — billiger, die im Betrieb zum Einsatz kommenden Sachgüter in größeren Mengen zu beziehen (Mengenrabatte, sinkende Transportkosten). Die bezogenen Mengen können dann größer sein als die laufend im eigentlichen Produktionsprozeß benötigten Mengen, so daß sich ein Vorrats-

---

20 Im Sinne der „actions logiques" von Pareto (V. Pareto, Traite de Sociologie General, Vol., I, Paris-Lausanne, 1917, S. 67): Vom Standpunkt dessen aus, der im Zeitpunkt des Handelns über das auf diesem Gebiet größte Wissen verfügt. Vgl. dazu Möller, a.a.O., S. 250 f.; Grunau, a.a.O., S. 261.

21 Wir schließen uns hier der Meinung Möllers an, wonach jedes sinnhafte Handeln rational ist, woraus folgt, daß auch jedes Handeln im wirtschaftlichen Bereich — zumindest subjektiv — *wirtschaftlich* ist. Nach Möller setzt jedes sinnhafte Handeln ein subjektives Ziel voraus. Dieses subjektive Ziel genüge aber als Kriterium für ein Handeln nach dem Rationalprinzip. Vgl. Möller, a.a.O., S. 250; Koch, Das Wirtschaftlichkeitsprinzip ... a.a.O., S. 161.

22 In diesem Falle würde es sich um technisch bedingte Lagerzeiten als Teil des eigentlichen produktiven Prozesses der Leistungserstellung handeln, der „sich gewissermacken nur der Lagerung als Produktionsmethode bedient". (P. Riebel, Die Elastizität des Betriebes, Köln und Opladen 1954, S. 107.) „Echte", wirtschaftlich bedingte Lagerhaltung hingegen „unterbricht tatsächlich den Leistungsprozeß." (Ebenda, S. 106.) Vgl. auch Th. Beste, Das Zwischenlager, ZfhF, 37. Jg. (1943), S. 82 ff., hier S. 83.

23 Riebel, a.a.O., S. 107.

24 Ebenda, S. 106.

lager bildet, das die Rolle eines „Staubeckens“ spielt, indem es „zeitweilig große (Bestell-)Mengen aufnehmen und diese fortwährend in kleinen Dosen (Aufträgen) abgeben kann“[25].

Die umgekehrte Funktion kann das Fertigwarenlager erfüllen, wenn es „fortwährend viele kleine Mengen aufnimmt und davon wenige Großaufträge speist“[26]. Darüber hinaus ermöglicht das Fertigwarenlager den Betrieben mit Sorten- und Serienfertigung die Ausnutzung von Kostensenkungen, indem es die in größeren Auflagen billiger erzeugten Gütermengen mit den vom Markt laufend benötigten kleineren Mengen synchronisiert. Bei Massenfertigung kann das Fertigwarenlager einen Ausgleich zwischen schwankenden Absatzmengen und einer kontinuierlichen, kostengünstigeren (als bei schwankender Fertigung) Produktion herbeiführen.

„Wirtschaftliche“ Zwischenläger ergeben sich dort, wo auf einzelne Produktionsstufen größere Mengen an Zwischenprodukten erstellt werden, als sie die nächstfolgende Produktionsstufe aufnehmen kann. Das kann beispielsweise dann der Fall sein, wenn in einem betrieblichen Fertigungsbereich verschiedene Sorten von Zwischenprodukten erstellt werden können, die in jeweils folgenden Produktionsstufen noch weiterverarbeitet werden. Auf diese Weise wird dann ein häufiger kostensteigernder Sortenwechsel in der vorgelagerten Fertigungsstufe vermieden.

Sowohl die Läger von bezogenen Roh-, Hilfs- und Betriebsstoffen als auch die Zwischenläger haben außerdem noch vielfach die wichtige Funktion, zeitliche Verzögerungen von Güteranlieferungen zu den verschiedenen Produktionsstufen, die zu unwirtschaftlichen Betriebsunterbrechungen führen können, zu überbrücken. Diese Verzögerungen können durch außerbetriebliche Umstände (z. B. Terminüberschreitungen von Lieferanten) oder aber auch durch innerbetriebliche Störungen (z. B. Maschinenschaden auf einer Produktionsstufe)[27] bedingt sein, und indem dieses Risiko durch Lagerhaltung abgefangen wird, erfolgt die zusätzliche Bedingungszeit der entsprechenden Güter aus wirtschaftlichen Gründen.

Es würde über den Rahmen dieser Arbeit hinausgehen, wollten wir hier auf die verschiedenen Ursachen, die eine „wirtschaftliche“ Lagerhaltung bedingen können, sowie die Bestimmung der günstigen Lager-

---

[25] G. Mayer, Die Auftragsgröße in Produktions- und Absatzwirtschaft, Leipzig 1941, S. 9.

[26] Ebenda.

[27] Läger von Betriebsmitteln, die einen schnellen Ersatz defekter Betriebsmittel ermöglichen sollen, rechnen ebenfalls zu den wirtschaftlich bedingten, während hingegen die Lagerzeiten von Gütern, die als Folge von Betriebsstörungen bei Stauungen auftreten, eindeutig technisch bedingt und unter gegebenen Umständen unvermeidlich sind.

zeiten näher eingehen[28]. Erwähnt sei nur noch, daß bei den — nicht produktiven — Handelswaren nur die Lagerzeiten als wirtschaftlich bedingt anzusehen sind, die über die zur Erfüllung der eigentlichen Handelsfunktion erforderlichen Lagerzeiten[29] hinausgehen. Es ist naturgemäß schwer, hier die Grenze zwischen beiden Zeiten eindeutig festzulegen. Auf jeden Fall aber würden spekulative Lagerzeiten als wirtschaftlich bedingte anzusehen sein.

Zu den wirtschaftlich bedingten Zeiten sind neben den im Zusammenhang mit den Lagerzeiten auftretenden zusätzlichen Transportzeiten (wegen eventueller Umwege über die Läger) auch noch alle dispositionsbestimmten Zeiten des produktiven Einsatzes von Faktoren zu rechnen, die über die technisch bedingte Mindestzeit hinausgehen. Es gibt im Bereich der Betriebe häufig Kombinationsprozesse, deren Geschwindigkeit unter gegebenen technischen Bedingungen in mehr oder minder weiten Grenzen variabel sein kann. Unter diesen verschiedenen möglichen Produktionsgeschwindigkeiten[30] kann es nun solche geben, die im Hinblick auf die Erstellung einer Leistung (Teilleistung) kostengünstiger sind als die technisch mögliche Höchstgeschwindigkeit[31]. Wird unter diesen Umständen in einem Betrieb die Produktionsgeschwindigkeit auf einer Höhe fixiert, die unter der Höchstgeschwindigkeit liegt, so handelt es sich bei der entsprechend längeren Produktionsdauer — von der „technischen" Mindestzeit bis

---

[28] Näheres hierzu siehe u. a.: Gutenberg, Produktion, 3. A., a.a.O., S. 78 ff., S. 143 ff., S. 160 ff., S. 337 ff.; E. Schmalenbach, Kostenrechnung und Preispolitik, 7. Aufl. Köln u. Opladen 1956, S. 40 ff.; Riebel, a.a.O., S. 106 ff.; E. Kosiol, Die Beziehungen zwischen Kostengestaltung und Betriebsgröße im Warenhandel, „Die Betriebswirtschaft", 23. Jg. (1930), S. 331 ff.; Th. Beste, Die optimale Betriebsgröße als betriebswirtschaftliches Problem, Leipzig 1933; ders. Das Zwischenlager, a.a.O.; Mayer, a.a.O.; E. Schneider, Wirtschaftlichkeitsrechnung, Bern-Tübingen 1951, S. 119 ff.

[29] Vgl. oben, S. 33.

[30] Vgl. v. Stackelberg, Grundlagen einer reinen Kostentheorie, a.a.O., S. 5: „Wir messen die Produktionsgeschwindigkeit eines Betriebes durch die jeweils in der Zeiteinheit vom Betrieb produzierte Menge einer bestimmten Produktart." Vgl. auch O. Bredt (Produktion, Beschäftigung, Leistung und Kapazität, „Technik und Wirtschaft", 36. Jg. (Berlin 1943), S. 89 ff., S. 105 ff., S. 121 ff., S. 134 ff., S. 141 ff., hier S. 111), der in diesem Zusammenhang von „Arbeitstempo" oder „Arbeitsgeschwindigkeit" spricht, sowie Riebel (a.a.O., S.10), der für die Produktionsgeschwindigkeit auch den Begriff „Leistungsintensität" gebraucht.

[31] Das heißt, der Verbrauch an Faktoreinsatzmengen liegt hier bezogen auf die Leistungseinheit niedriger als bei höheren Geschwindigkeiten, was nur der Fall sein kann, wenn dieser Verbrauch keine lineare Funktion der Leistungsmenge pro Zeiteinheit ist, sondern ab einer bestimmten Leistungsgeschwindigkeit überproportional ansteigt. Vgl. hierzu Gutenberg, Produktion, 3. A., a.a.O., S. 217 ff., S. 240 ff. Es handelt sich hier gewissermaßen um die Umkehrung des von Gutenberg dargestellten Problems der „intensitätsmäßigen Anpassung". Siehe auch Schmalenbach, Kostenrechnung und Preispolitik, a.a.O., S. 113 f.; v. Stackelberg, Grundlagen einer reinen Kostentheorie, a.a.O., S. 20 ff.

zur kostengünstigeren „Optimalzeit" — ebenfalls um eine wirtschaftlich bedingte Zeit der Güterbindung.

II. Die Unteilbarkeit von Produktionsfaktoren als Zeitkomponente

Bei bestimmten, im Betrieb eingesetzten produktiven Elementen geht die Zeit der Bindung an den Betrieb über die im eigentlichen Leistungsprozeß begründeten Zeiten hinaus. Die Ursache hierfür liegt in der Eigenschaft dieser Elemente oder daraus erstellter produktiver Faktoren.

Unter den im Betrieb zusammenwirkenden produktiven Faktoren gibt es solche, die sich mit einem einmaligen produktiven Beitrag in den betrieblichen Kombinationsprozeß verbrauchen, und zum anderen solche, die im Stande sind, gleichartige oder unterschiedliche Nutzleistungen über eine mehr oder minder lange Zeit hinweg in die Produktion zu geben. Zu den Gütern der ersten Art, die auch als „Verbrauchsgüter"[32] bezeichnet werden, rechnen beispielsweise Betriebsstoffe, Wirkstoffe und Arbeitsleistungen. Güter der zweiten Art sind vor allem die dauerhaften Produktionsmittel, wie Werkzeuge, Maschinen, Gebäude, aber auch bestimmte immaterielle Güter[33], wie etwa die Überlassung von Patenten oder eines Firmenwertes sowie die Gewährung einer Konzession. Da sie während einer gewissen Zeitdauer gebraucht werden, tragen sie die Bezeichnung „dauerhafte Güter" oder auch „Gebrauchs"- oder „Nutzungsgüter"[34].

Dauerhafte Güter können Träger einer begrenzten Anzahl von Nutzleistungen sein, wie beispielsweise eine Maschine, oder aber sie sind in der Lage, eine unendliche Anzahl von Nutzleistungen abzugeben, wie etwa der Boden als Standort. Unter diesem Gesichtspunkt kann man dann von verbrauchbaren und unverbrauchbaren, dauerhaften Gütern sprechen[35]. Nach Eucken[36] „bieten *dauerhafte* Produktionsmittel

---

[32] Siehe Menger, a.a.O., S. 12 Anm. 2; Schneider, Einführung I, a.a.O., S. 9; v. Stackelberg, Grundlagen der theoretischen Volkswirtschaftslehre, a.a.O., S. 6; Lohmann, Einführung, 2. A., a.a.O., S. 28.

[33] Vgl. Lohmann, ebenda, S. 38. Nicht so v. Stackelberg (Grundlagen der theoretischen Volkswirtschaftslehre, a.a.O., S. 5 f.), der diese Unterscheidung nur auf Sachgüter glaubt beziehen zu können.

[34] Vgl. Menger, a.a.O., S. 19, Anm. 2; E. Schmalenbach, Dynamische Bilanz, 12. Aufl. Köln und Opladen 1956, S. 85; Schneider, Einführung I, a.a.O., S. 9; v. Stackelberg, Grundlagen der theoret. Volkswirtschaftslehre, a.a.O., S. 6; Lohmann, Einführung, 2. A., S. 28.

[35] Vgl. Menger, a.a.O., S. 19. H. Ruchti (Die Abschreibungen, Stuttgart 1953, S. 25) bezeichnet letztere Güter in Anlehnung an H. Sommerfeld (Der Unternehmer als Verwalter von Volksvermögen, Hamburg 1934, S. 17) auch als „Fundierungsgüter".

[36] Eucken, Kapitaltheoretische Untersuchungen, a.a.O., S. 78.

zahlreiche Nutzleistungen dar und sind bei der Herstellung eines Stromes von Konsumgütern mitbeteiligt". Andererseits sieht Eucken solche Produktionsmittel, die zwar mehrere Nutzleistungen abgeben, sich aber in einer Produktionsperiode verbrauchen, noch als „verbrauchliche Güter" an. Seine Auffassung kann hier nicht geteilt werden. Nicht in der Länge der Nutzungsdauer eines Produktionsmittels oder einer Dienstleistung, sondern allein in der Tatsache, ob ein Gut mehrere gleiche oder verschiedene Nutzleistungen hintereinander — während einer unbestimmten Zeitspanne — darbringt, sehen wir das Kriterium dafür, ob ein Produktionsmittel zu den dauerhaften zu zählen ist oder nicht.

Es sind auch nicht „Vorräte von Nutzungen" allein, die unseres Erachtens dauerhafte Produktionsmittel ausmachen, so wie v. Stackelberg[37] diese sieht, der demzufolge auch Vorräte an Verbrauchsgütern den dauerhaften Gütern zurechnet. Man kann zwar die dauerhaften Güter, wie beispielsweise Maschinen, Werkzeuge, Gebäude und den Grund und Boden als einen Vorrat an Nutzleistungen ansehen[38], ein wesentliches Merkmal solcher Güter ist jedoch, daß sie als Träger von mehr als einer Nutzleistung eine technisch unteilbare Einheit bilden. Ein Vorrat an Verbrauchsgütern stellt demgegenüber nur eine gedankliche oder räumliche Zusammenfassung selbständiger Güter dar, deren potentielle Nutzleistung nur an das einzelne Gut nicht aber an den Vorrat solcher Güter geknüpft ist.

Die Unmöglichkeit, dauerhafte Güter als Träger einer Vielzahl von potentiellen Nutzleistungen in Träger einzelner Nutzleistungen zu zerlegen, läßt uns von der *Unteilbarkeit*[39] solcher Produktionsfaktoren sprechen. Wird also ein dauerhaftes Gut im Betrieb eingesetzt, so werden damit sogleich eine Vielzahl von produktiven Leistungen an den Betrieb gebunden, die erst im Zeitablauf durch die produktive Verwendung des Leistungsträgers verbraucht werden. Das bedeutet nun nicht, daß jeder Betrieb, der die Nutzleistungen eines dauerhaften

---

[37] v. Stackelberg, Grundlagen der theoretischen Volkswirtschaftslehre, a.a.O., S. 6.

[38] Gutenberg (Produktion, 3. A., a.a.O., S. 217) spricht in diesem Zusammenhang von einem „Bündel von Leistungen". Vgl. auch Schneider, Einführung I, a.a.O., S. 38; Eucken, Kapitaltheoretische Untersuchungen, a.a.O., S. 254.

[39] Die Unteilbarkeit der dauerhaften Produktionsfaktoren wird hier nur im Hinblick auf die im Zeitablauf hintereinander frei werdenden Nutzleistungen gesehen. Nicht gemeint ist hier eine andere Unteilbarkeit, die sich auf die Leistungsbreite („Leistungsquerschnitt" — Gutenberg, Produktion, 2. A., a.a.O., S. 249) eines Nutzungsgutes in der Zeiteinheit bezieht, worauf beispielsweise Gutenberg im Zusammenhang mit dem Problem der Harmonisierung von Betriebseinheiten (vgl. ebenda, S. 250) sowie der Fixkosten (vgl. Gutenberg, Offene Fragen der Produktions- und Kostentheorie, ZfhF, N.F. 8. Jg. (1956), S. 429 ff., hier S. 435) hinweist.

Gutes in Anspruch nehmen will, auch stets die „Nutzungsquelle“[40] selbst im Betrieb *einsetzen*, d. h. zum Eigentum erwerben muß. Zwar erfordert — jedenfalls bei den dauerhaften Produktionsmitteln — die technische Gebundenheit der einzelnen potentiellen Nutzleistungen an den Träger derselben beim Verbrauch der Nutzleistungen („Faktoreinsatzmengen“)[41] auch die räumlich-technische Bindung des dauerhaften Gutes an den Betrieb selbst. Es ist aber durchaus denkbar und auch häufig der Fall, daß von einem Betrieb nur die einzelnen Nutzleistungen „bezogen“ werden, die Nutzungsquelle jedoch im Eigentum eines Anderen verbleibt, ein Einsatz derselben im hier verstandenen, wirtschaftlichen Sinne[42] also nicht stattfindet. Als Beispiel hierfür sei der Kauf eines Hauses einerseits und der Erwerb der Hausnutzungen (durch Miete) andererseits genannt. Diese Möglichkeit kann auch bei dauerhaften Dienstleistungen gegeben sein. So kann beispielsweise ein Betrieb ein Patent von Dritten erwerben, womit er sich das Recht (den Träger) der alleinigen und vielfachen Nutzung der Dienstleistung sichert, während er beim Erwerb von Lizenzen auf dieses Patent nur die jeweils in Anspruch genommene Nutzleistung aus dem Patent an den Betrieb bindet. Im letzteren Falle beschränkt sich dann die Zeit der Güterbindung im Betrieb auf die im eigentlichen Produktionsprozeß begründeten Zeiten.

Erwirbt hingegen der Betrieb das Eigentum an dauerhaften Gütern, so ergibt sich aus der Unteilbarkeit dieser Güter eine zeitliche Bindung der potentiellen Nutzleistungen und damit auch des Produktionsfaktors selbst, die erhebliche Ausmaße annehmen kann. Ist beispielsweise eine Maschine in der Lage, bei einer bestimmten Leistungsintensität und zeitlichen Inanspruchnahme („Einsatzdauer je Zeiteinheit“)[43] zehn Jahre lang Nutzleistungen in den Produktionsprozeß zu geben, so ist die letzte Nutzleistung zehn Jahre in der Maschine und damit an den Betrieb gebunden, bevor sie produktiv wirksam wird[44]. Die jeweils früher verbrauchten Nutzleistungen — man kann sie als Teile der Maschine auffassen — sind eine entsprechend kürzere Zeit an den Betrieb gebunden. Bei den unverbrauchlichen produktiven Gütern (Grund und Boden) ergibt sich nur insofern eine Besonderheit,

---

[40] Menger, a.a.O., S. 19. — Menger weist auf die Wichtigkeit der Unterscheidung „der *Nutzungsquellen* und ihrer zeitlich begrenzten *Nutzungen*“ hin. Ferner hebt er die in unserem Zusammenhang bedeutende Tatsache hervor, „daß zeitlich begrenzte Nutzungen bestimmter Güter ihrerseits wieder als Güter erfaßt und solcherart zu selbständigen Wirtschaftsobjekten werden“.

[41] Gutenberg, Produktion, 3. A., a.a.O., S. 227.

[42] Vgl. oben S. 26.

[43] Riebel, a.a.O., S. 10.

[44] Vgl. N. G. Polak, Grundzüge der Finanzierung mit Rücksicht auf die Kreditdauer. Aus dem Holl. übers. von R. Philips, Berlin-Wien 1926, S. 43.

als sie wegen ihres — zeitlich — unbegrenzten Leistungsvermögens solange an den Betrieb gebunden bleiben, wie der Betrieb diese Nutzleistungen in Anspruch zu nehmen wünscht. Überall dort, wo dauerhafte produktive Güter im Betrieb eingesetzt sind, erfordert die Unteilbarkeit dieser Güter eine mehr oder minder lange Zeit der Bindung der in ihnen enthaltenen und noch nicht in Anspruch genommenen Nutzleistungen an den Betrieb. Jede, auf die erste verbrauchte Nutzleistung folgende, Nutzleistung und damit auch das dauerhafte Gut als Träger derselben unterliegt dieser „Wartezeit", der Zeit nämlich, während der die vorhergehenden Nutzleistungen im Zeit-erfordernden, produktiven Prozeß wirksam sind[45].

Handelt es sich bei den Nutzungsgütern eines Betriebes um selbsterstellte Güter, so wirkt die Unteilbarkeit derselben hier verlängernd auf die Bindungszeit der zur Erstellung dieser dauerhaften „Zwischengüter" eingesetzten produktiven Faktoren. Wird zum Beispiel von einer Zuckerfabrik „in eingener Regie" ein Zuckersilo errichtet, so werden dazu eine Vielzahl von produktiven Faktoren (Arbeitskräfte, Werkzeuge, Maschinen, Steine usw.) im Betrieb eingesetzt und ihre Nutzleistungen verbraucht. Diese Nutzleistungen werden damit wirtschaftliche Bestandteile des erbauten Silos bzw. der in diesem enthaltenen potentiellen Nutzleistungen. Die Zeit vom Einsatz der produktiven Elemente für den Bau des Zuckersilos bis zur Fertigstellung des Gebäudes ist im Leistungsprozeß selbst oder aber in der Unteilbarkeit der verwandten dauerhaften Güter begründet. Die verbrauchten Nutzleistungen bleiben aber nun — und zwar zu immer kleineren Teilen — weiter so lange im Betrieb gebunden, als der Zuckersilo selbst nicht alle in ihm enthaltenen potentiellen Nutzleistungen abgegeben hat. Es ist die Unteilbarkeit der erstellten produktiven Güter, die mit der zeitlichen Bindung der potentiellen Nutzleistungen letztlich eine Bindung der zu diesen Nutzleistungen transformierten produktiven *Elemente* des Leistungsvollzuges an den Betrieb bedingt. Grundsätzlich die gleiche Erscheinung findet man unter anderem auch bei im Betrieb entwickelten Patenten, deren Nutzleistungen der Betrieb selbst wieder über eine mehr oder minder lange Zeit in Anspruch nimmt.

Damit glauben wir, die wesentlichen Ursachen für die zeitliche Bindung der Elemente des betrieblichen Leistungsvollzugs an den Be-

---

45 Unter dem Gesichtspunkt der von Horn (A. Horn, Betriebsgröße und Kapitalbedarf, Frankfurt a. M., 1957, S. 37) entwickelten Umsatzphasen befinden sich die dauerhaften Güter während dieser Wartezeit ebenso wie die Materialvorräte während ihrer Lagerzeit in der „Bereitschaftsphase der Kostengüter". Die Ursachen für diese Zeiten sind jedoch, wie wir gezeigt zu haben glauben, von sehr unterschiedlicher Art. Siehe auch ebenda, S. 39.

trieb aufgezeigt zu haben, und es gilt im folgenden nun, bestimmten Konsequenzen dieser Erscheinungen im Betriebsablauf nachzuspüren.

D. Kapital und Kapitalbindung im Betrieb

I. Kapitalverfügung als Voraussetzung für die betriebliche Leistungserstellung

1. Der betriebliche Umsatzprozeß

Indem die Betriebe zum Zwecke ihrer Leistungserstellung wirtschaftliche Güter einsetzen, nehmen sie die Leistungen anderer Wirtschaftssubjekte in Anspruch. Diese wirtschaftlichen Leistungen sind abhängig von einer Gegenleistung des einsetzenden Betriebes an den Lieferer der Leistung, womit der Leistende einen Wertersatz für die gelieferten wirtschaftlichen Güter erfährt. So sagt Bredt[1]: „Jede wirtschaftliche *Leistung* ist unlösbar verknüpft mit einer, sie wertmäßig abgeltenden, *Gegenleistung,* die — ganz gleich, ob sie nun in natura oder in Gestalt einer Zahlung in anerkanntem Geld erfolgt — erst den Gesamtvorgang wirtschaftlich zum Abschluß bringt (Grundsatz des Tausches)". In den modernen, arbeitsteiligen Verkehrswirtschaften, die sich des Geldes als anerkanntem Tauschmittel bedienen, erfolgt die Abgeltung (Gegenleistung) einer wirtschaftlichen Leistung grundsätzlich in Form dieser Geldmittel. Mithin bedarf ein Betrieb zum Erwerb der benötigten Elemente seines Leistungsvollzugs des Geldes als Zahlungsmittel.

In der gleichen Weise, wie der einsetzende Betrieb sich die benötigten Güter nur durch „Bezahlung" beschaffen kann, macht er die Lieferung seiner Leistung von der Gegenleistung seines Abnehmers abhängig, die grundsätzlich ebenfalls in Geldmitteln erfolgt. Mit diesen Geldmitteln erhält der Betrieb den Ersatz für die zur Beschaffung der verarbeiteten Elemente des Leistungsvollzuges „verbrauchten" Geldmittel. Dabei wird unterstellt, daß der Betrieb die eingesetzten Güter so wirtschaftlich verwendet, daß der erstellten Leistung auf dem Absatzmarkt mindestens der Wert beigemessen wird, der für die Gesamtheit der zur Erstellung der Leistung verwendeten Güter auf dem Beschaffungsmarkt abgegolten werden mußte[2]. Ist das nicht der Fall, so erfolgt kein oder zumindest kein voller Ersatz der aufgewandten Mittel, was einen Verlust an Geldmitteln bedeutet.

Der leistende Betrieb gewinnt seinen Anspruch auf Gegenleistung mit dem Moment, da die vereinbarte Leistung „geliefert", das ver-

[1] Bredt, Die Krise der Betriebswirtschaftslehre, a.a.O., S. 63.
[2] Vgl. oben Abschn. A., II., 2.

langte Gut also in das wirtschaftliche Eigentum des Abnehmers übergegangen ist. Die Bezahlung der Leistung, der Akt also, durch den der Anspruch auf Gegenleistung befriedigt wird, fällt jedoch häufig nicht zeitlich zusammen mit der Lieferung der Leistung. Er kann sowohl vor als auch nach dem Lieferakt erfolgen. In einem solchen Fall ist mit dem eigentlichen Geschäft — Sachgut oder Dienstleistung gegen Geld — eine weitere, sogenannte Kreditleistung verbunden, wonach entweder der Lieferant dem Empfänger der Grundleistung den wegen dieser Leistung zu beanspruchenden Geldbetrag für eine gewisse Zeit zur Nutzung überläßt (Verkauf auf Ziel)[3], oder aber der Empfänger der Grundleistung dem Lieferanten derselben die Gegenleistung in Geld früher erbringt, als sie aus der — noch nicht erfolgten — Lieferung beansprucht werden kann (Anzahlung, Vorauszahlung). Die Gegenleistung für diese Nebenleistungen, wie wir die Geldüberlassung hier einmal nennen wollen, drückt sich dann in einem entsprechend höheren, respektive niedrigeren Kaufpreis für die Grundleistung aus[4].

Unabhängig von diesen finanziellen Nebenleistungen, d. h. unabhängig davon, wann die Bezahlung der beanspruchten Leistung erfolgt, werden zu dem Zeitpunkt, da ein wirtschaftliches Gut in einem Betrieb eingesetzt wird, stets uno actu Geldmittel in Höhe des Wertes dieses Gutes an die betriebliche Leistungserstellung gebunden. Woher diese Geldmittel stammen, ob sie dem Betrieb von Betriebseignern, Banken oder Kunden zur Verfügung gestellt wurden oder ob der Lieferant des eingesetzten Gutes sie selbst vorübergehend dem Betrieb überlassen hat, ist dabei zunächst eine sekundäre Frage. Gibt der Betrieb dann die eingesetzten Güter bei Lieferung seiner Leistung unverändert oder nach Transformation und Kombination mit anderen Gütern an Dritte weiter, so lösen sich damit für den Betrieb die gebundenen Geldmittel wieder von diesen Gütern, sie werden mit dem Anspruch auf Bezahlung gegenüber dem Abnehmer frei von der Bindung an den mit dieser Lieferung abgeschlossenen Leistungsprozeß. Wird die „Ware" auf Kredit geliefert, so schließt sich an diesen — *realen* — Leistungsprozeß ein weiterer — *finanzieller* — Leistungsprozeß an, der sein Ende mit der Rückgabe des in dem *Kredit* gebundenen, von der gelieferten Grundleistung losgelösten Geldbetrages findet.

---

[3] Vgl. E. Preiser, Der Kapitalbegriff und die neuere Theorie, in: Die Unternehmung im Markt. Festschrift für W. Rieger, Stuttgart-Köln 1953, S. 14 ff., hier S. 20.

[4] Vgl. E. Thiess, Kurz- und mittelfristige Finanzierung („Die Wirtschaftswissenschaft", Herausg.: E. Gutenberg, Reihe A, 24. Beitrag), Wiesbaden (1958), S. 55 ff.

Jedem betrieblichen Leistungsprozeß ist diese wechselseitige Bindung und Freisetzung von Geldmitteln eigen. Von der Geldseite her kann man daher den gesamten Betriebsablauf als einen kontinuierlichen Prozeß von Geldausgabe, Kombination von Güterwerten und Geldeinnahme[5] ansehen. Wegen der verschiedenen Umwandlungsphasen: Geld in Güterwerte — Güterwerte in andere Güterwerte — Güterwerte in Geld — bezeichnet man diesen Prozeß als den betrieblichen Umsatzprozeß[6]. Er stellt gewissermaßen den in Werten gedachten Prozeß der betrieblichen Leistungserstellung dar oder, um mit Gutenberg zu sprechen, die „Kapitalbewegungen in den drei betrieblichen Teilabschnitten: Beschaffung, Produktion und Absatz", wobei wir unter Kapital hier die in jedem Teilabschnitt des betrieblichen Leistungsprozesses durch den Einsatz von wirtschaftlichen Gütern gebundene Kaufkraft verstehen möchten.

2. *Die Synchronisationsfunktion des Kapitals*

Wie oben[7] ausgeführt wurde, ist der Prozeß der betrieblichen Leistungserstellung nur unter Zeitaufwand durchzuführen, d. h. zwischen dem Eintritt der produktiven und nicht produktiven Elemente der Leistungserstellung in den Betrieb und ihrem Absatz bzw. dem Absatz der daraus erstellten Leistungen liegt eine mehr oder minder lange Zeitspanne. Mithin ist auch der betriebliche Umsatzprozeß nur im Zeitablauf möglich, da er sich, wie wir gesehen haben, zeitlich mit dem betrieblichen Leistungsprozeß deckt. Daraus resultiert die für den Betriebsablauf bedeutsame Erscheinung, daß die mit Beginn des Umsatzprozesses durch die Beschaffung der eingesetzten Güter gebundenen Geldmittel erst nach einer mehr oder minder langen Zeit beim Absatz der betrieblichen Endleistung wieder frei werden, die „eingesetzten" Geldmittel also über eine Zeitdauer im betrieblichen Leistungsprozeß gebunden bleiben. „Jeder Werteinsatz, etwa die Anschaffung von Maschinen oder Material, die Bezahlung von Löhnen, die Gewährung von Ziel, bindet Kapital für eine bestimmte Zeit. Diese Zeit ist zu messen als zeitlicher Abstand zwischen Einsatz

---

5 Es sei noch einmal darauf hingewiesen, daß Geldausgabe und Geldeinnahme nichts mit Geldüberführung, also mit Geld*auszahlung* resp. *-einzahlung*, zu tun hat. „Sie bezeichnen nur die monetären Äquivalente von Einkäufen und Verkäufen. Im gleichen Augenblick, wo die Unternehmung Güter empfängt (abgibt), entsteht eine Ausgabe (Einnahme). Nur bei Kauf bzw. Verkauf gegen Barzahlung fallen Ausgabe und Auszahlung, bzw. Einnahme und Einzahlung zusammen." (Schneider, Einführung I, a.a.O., S. 31 f. Vgl. auch ders., Wirtschaftlichkeitsrechnung, a.a.O., S. 6 f.)

6 Vgl. Gutenberg, Absatz, a.a.O., S. 2; Ruchti, Die Abschreibung, a.a.O., S. 24 ff.

7 Siehe Abschn. C; vgl. auch A. Schnettler, Der Zins im Wirtschaftsbetrieb, Stuttgart 1939, S. 11 f.

(Investition) und Freisetzung (Liquidation)[8]." Es genügt also nicht, daß der Betrieb nur zum Zeitpunkt des Einsatzes der Elemente des betrieblichen Leistungsvollzuges über die entsprechende Menge an Kaufkraft verfügt, sondern diese Kaufkraft muß er über die ganze Zeit der Bindung der wirtschaftlichen Güter an den Leistungsprozeß *nutzen* können, da mit diesen Gütern auch die in sie „hineingesteckten" Geldmittel gebunden bleiben[9]. Mit anderen Worten: Jede betriebliche Leistungserstellung erfordert wegen ihres Zeitaufwandes eine *Nutzung von Geldkapital* (Kaufkraft) *über die Zeit*[10]. Steht einem Betrieb dieses Kapital nicht von Beginn bis zum Ende des Umsatzprozesses zur Verfügung, so ist ihm eine Erstellung wirtschaftlicher Güter für andere *unmöglich*. Damit wird die Kapitalnutzung neben den unmittelbar produktiven Gütern zu einem für jede betriebliche Leistungserstellung unentbehrlichen, mittelbar produktiven Gut, weshalb wir sie auch zu den produktiven Elementen des betrieblichen Leistungsvollzugs rechnen[11].

Mit Hilfe des Kapitals ist es den Betrieben möglich, die im Prozeß der betrieblichen Leistungserstellung auftretenden Zeiten der Güterbindung und damit die Zeiten vom Einsatz[12] der Geldmittel bis zu ihrer Wiedergewinnung zu überbrücken. „Das Kapital setzt dank

---

[8] Horn, Betriebsgröße und Kapitalbedarf, a.a.O., S. 41.

[9] Es ist also die *Kapitalanlage* als zweidimensionale Quantität von Geldmenge und Überlassungsdauer, die die Kapitalnutzung bedingt. Sie ist zu unterscheiden von dem Kapital als eindimensionale Größe einer bestimmten Summe Geldes, worauf schon Jevons (W. St. Jevons, Die Theorie der politischen Ökonomie. Aus d. Engl. (4. Aufl.) übertr. v. O. Weinberger, Jena 1924, S. 216) hingewiesen hat. Vgl. auch M. R. Lehmann, Liquidität und Liquiditätsbilanz, Annalen der Betriebswirtschaft, Bd. 1 (1927), S. 329 ff. und S. 480 ff., hier S. 337; ders., Allg. Betriebswirtschaftslehre, a.a.O., S. 166 f.; Horn, Betriebsgröße ..., a.a.O., S. 34 ff.

[10] Vgl. K. Schwantag, Zinsen als Kostenfaktor, ZfB, 23. Jg. (1953), S. 483 ff., hier S. 483 f.

[11] Vgl. oben Abschn. B., I. Siehe auch M. R. Lehmann, Das Wesen des Kapitals als Produktionsmittel, ZfB, 6. Jg. (1929), S. 401 ff.; G. Cassel, Theoretische Sozialökonomie, 4. Aufl. Leipzig 1927, S. 178 ff.; K. Schwantag, Zins und Kapital in der Kostenrechnung, Frankfurt a. M. o. J., S. 37 f. Im Hinblick auf das Verständnis für die später folgenden Definitionen von Investition und Finanzierung und die Art, wie die Beziehungen zwischen beiden Phänomenen hier gesehen werden, kann nicht deutlich genug auf diese Auffassung von der *produktiven Eigenschaft der Kapitalnutzungen als wirtschaftliche Güter* (Dienstleistungen) hingewiesen werden.

[12] „Einsatz" hat hier nicht die diesem Begriff oben (vgl. S. 26) gegebene Bedeutung im Sinne von „Überführung in das wirtschaftliche Eigentum eines Betriebes". Unter diesem Aspekt könnte nur von einem Einsatz der Kapital*nutzungen* gesprochen werden, da das Kapital selbst niemals zum Eigentum des Betriebes erworben werden kann (vgl. Lehmann, Allg. Betriebswirtschaftslehre, a.a.O., S. 167 f.), sondern von den Geldgebern nur eine mehr oder minder lange Zeit zur Verfügung gestellt wird. Wenn wir dennoch hier von Geld- oder Kapital*einsatz* sprechen, so folgen wir dem allgemeinen Sprachgebrauch im Sinne von „Kapitalbindung an Sachgüter und Leistungen".

seiner synchronisierenden Leistung Einkauf (Geld-Ware) und Verkauf (Ware-Geld) gleichzeitig"[13] oder, wie Clark[14] es ausdrückt, „,Capital' is the absolute synchroniser of labor and its fruits[15]." Wir können daher von einer *Synchronisationsfunktion*[16] sprechen, die dem Kapital im Prozeß der betrieblichen Leistungserstellung zukommt. Die Funktion, „sämtliche zeitlichen Zwischenräume im Betrieb aufzuheben und jedes leistende Glied, ungeachtet seiner Leistungs- und Einsatzstelle wertsystematisch auf die Reifestufe des Verkaufs bzw. des Erlöseinganges heraufzuheben"[17], erfüllt das dem Betrieb zur Verfügung stehende Kapital grundsätzlich, ohne sich selbst zu verbrauchen. Findet ein Kapitalverzehr statt, so ist das nicht auf diese Funktion, sondern vielmehr auf Unwirtschaftlichkeiten im Prozeß der betrieblichen Leistungserstellung zurückzuführen. Gleichwohl erfordert die *Nutzung* des Geldkapitals im betrieblichen Leistungsprozeß, da es im Verhältnis zu den nützlichen Verwendungsmöglichkeiten knapp ist, eine Gegenleistung seitens des Betriebes an die Wirtschaftssubjekte, die dieses Geldkapital zur Verfügung stellen. Die Gegenleistung besteht in der Zahlung des sogenannten Kapitalzinses, den man als den Kaufpreis für die Gewährung von Kapitalnutzungsmöglichkeiten — für die Überlassung von Kaufkraft — ansehen kann[18].

Auch der Einsatz von Kapitalnutzungen kann über die Verpflichtung zur Gegenleistung (Zins) selbst wieder Kapital an den Betrieb binden. Das ist dann der Fall, wenn bei einem betrieblichen Gütereinsatz die Verpflichtung zur Zinszahlung für das in diesen Gütern gebundene Kapital — vereinbarunggemäß — früher entsteht, als ein Ersatz dieser Zinsaufwendungen beim Verkauf der betrieblichen Endleistung er-

---

13 Horn, Betriebsgröße und Kapitalbedarf, a.a.O., S. 74.

14 J. B. Clark, The Distribution of Wealth, New York 1924, S. 311.

15 Diese Funktion des Kapitals hat auch Jevons (W. St. Jevons, The Theory of Political Economy, 4th. ed. London 1924, S. 224) im Auge, wenn er sagt.: „The single and all-important function of capital is to enable the labourer to await the result of any long-lasting work, to put an interval between the beginning and the end of an enterprise." Lehmann (vgl. das Wesen des Kapitals als Produktionsmittel, a.a.O., S. 407; ders., Die Produktivität der Arbeit und deren Messung als betriebswirtschaftliches, wirtschaftspolitisches und sozialpolitisches Problemgebiet, ZfB, 27. Jg. (1957), S. 321 ff., S. 385 ff., S. 629 ff., S. 678 ff., hier S. 324), der hier auf Cassel (vgl. Theoretische Sozialökonomie, a.a.O., S. 171 ff.) fußt, spricht in diesem Zusammenhang von dem Kapital als „Wartekraft", die das Warten auf das Produktionsergebnis ermögliche. Vgl. auch Horn, Betriebsgröße und Kapitalbedarf, a.a.O., S. 34; ders., Das Zeitmoment in der Wert- und Einkommensbildung, JbfNuSt., Bd. 167 (1955), S. 359 ff., hier S. 362; Waffenschmidt, Technik und Wirtschaft . . ., a.a.O., S. 179 f.

16 Vgl. Horn, Betriebsgröße und Kapitalbedarf, a.a.O., S. 45.

17 Ebenda, S. 33.

18 Vgl. E. Kosiol, Kalkulatorische Buchhaltung (Betriebsbuchhaltung), 5. Aufl. Wiesbaden 1953, S. 99: „Zinsen stellen *echten* Wertverzehr im Sinne der Kapitalnutzung (oft sogar nur der Nutzungsmöglichkeit) dar."

folgt. Diese Bindung von Zinsbeträgen bedingt dann als Gegenleistung wiederum einen Zinsaufwand für diese zusätzlich in Anspruch genommenen Kapitalnutzungen, eine Erscheinung, die unter der Bezeichnung „Zinseszins" geläufig ist.

Auch bezüglich der Inanspruchnahme von Kapitalnutzungen bedarf es also unter Umständen der Kapitalverfügung als synchronisierenden Elements zwischen Zinseinsatz und Zinsfreisetzung[19], so daß auch in dieser Hinsicht grundsätzlich kein Unterschied besteht zwischen dem produktiven — weil zeitüberbrückenden — Element der Kapitalnutzungen und anderen im Prozeß der betrieblichen Leistungserstellung eingesetzten Dienstleistungen.

II. Kapitalüberlassung als betriebliche Leistung

Wir haben festgestellt, daß das Kapital bzw. die Kapitalnutzung ein unentbehrliches Element der betrieblichen Leistungserstellung ist. Außer von Betrieben werden Kapitalnutzungen aber auch von Haushalten in Anspruch genommen. Diese Haushalte beschaffen sich Kapitalnutzungen, um Konsumgüter zu einem Zeitpunkt zu kaufen und zu verbrauchen, da sie noch nicht in der Lage sind, diese Güter mit eigenen, später verfügbaren Mitteln zu bezahlen. Sie setzen also die Kapitalnutzungen im Gegensatz zu den Betrieben nicht produktiv, sondern konsumtiv ein, weshalb man auch bei der Inanspruchnahme von Kapitalnutzungen durch Betriebe von Produktivkrediten und bei solcher durch Haushalte von Konsumtivkrediten spricht[20].

Das von den Betrieben oder Haushalten genutzte Kapital wird entweder dadurch aufgebracht, daß andere Haushalte die durch die produktiven Leistungen ihrer Träger erworbenen Geldeinkommen nicht konsumtiv verwenden, also sparen, oder aber es entsteht durch die sogenannte Geldschöpfung des Bankensystems. Da nur im ersteren Falle mit der Kapitalbildung ein unmittelbarer Konsumverzicht — nämlich auf die hinter dem Einkommen stehenden Güter — verbunden ist, spricht man hier von „natürlichem oder echtem Kapital", während

---

[19] Es bedürfte daher u. E. in dem von Waffenschmidt entwickelten System der „Fonds" neben dem Lohnfonds, dem Kapitalfonds („Kapital" hier im Sinne von dauerhaften Gütern) und dem Stoffonds — außer dem Fonds für die übrigen produktiven Dienstleistungen — noch eines „Kapitalnutzungsfonds", will man *alle* laufenden „Fondsaufwendungen", also auch die Zinseszinsen im System erfassen können. Vgl. Waffenschmidt, Technik u. Wirtschaft, a.a.O., S. 179 f.

[20] Vgl. v. Stackelberg, Grundlagen der theoretischen Volkswirtschaftslehre, a.a.O., S. 301. v. Stackelberg sieht in der Inanspruchnahme von Konsumtivkrediten eine „Umwandlung künftiger Einkommen in gegenwärtige Konsumeinkommen". Vgl. auch Lehmann, Allg. Betriebswirtschaftslehre, a.a.O., S. 179 f.; Polak, Grundzüge, a.a.O., S. 37 ff.

das im Bankensystem geschöpfte Kapital demgegenüber „künstliches oder unechtes Kapital“ darstellt[21]. Betriebe können selbst niemals Kapital zum Eigentum haben, da nicht sie Bezieher von Einkommen sind, sondern nur die Träger oder Eigentümer der in ihnen kombinierten Produktivfaktoren, sofern diese nicht selbst wieder Betriebe sind. Auch können sich Betriebe niemals „Eigenkapital“ durch Geldschöpfung beschaffen, denn diese ist nur eine gesamtwirtschaftliche Erscheinung des auf Giralgeld basierenden Bankensystems als ganzem innerhalb dessen die einzelne Bank stets nur über fremdes Kapital verfügt[22]. Daraus resultiert, daß alle Betriebe sowie die Haushalte, die Konsumtivkredite in Anspruch nehmen wollen, darauf angewiesen sind, das benötigte Kapital von den Einkommensbeziehern oder den geldschöpfenden Banken zu erhalten. Indem nun die Träger der Haushalte und die Banken das gesparte bzw. im Bankensystem erzeugte Geld *anderen* Wirtschaftssubjekten zur produktiven (Betriebe) oder konsumtiven (Haushalte) Verwendung überlassen, erbringen sie genau so wie die Wirtschaften, welche beispielsweise Sachgüter für andere erstellen, eine *betriebliche* Leistung. Sie werden zu Betrieben, die — zumindest — Arbeitsleistungen und Kapitalnutzungen zu der Leistung „Kaufkraftüberlassung an andere Wirtschaftssubjekte“ kombinieren.

Unter den Wirtschaftssubjekten, die das Kapital von den Kapitaleignern — deren Betrieben — sowie den Banken zur Nutzung erhalten, gibt es nun solche, die dieses Kapital nicht (nicht ausschließlich) selbst zur Beschaffung von Realgütern ausgeben und auf diese Weise in ihrem Betrieb einsetzen, sondern es (es auch) wiederum an andere Wirtschaftssubjekte zur produktiven oder konsumtiven Nutzung weitergeben. Damit wird auch für diese Wirtschaftssubjekte die Überlassung von Kaufkraft zur betrieblichen Leistung. Das kann Hauptzweck der betrieblichen Tätigkeit sein, wie es vorwiegend bei Banken der Fall ist, oder aber die Kapitalleistung wird im Zusammenhang mit der Erstellung anderer Güter erbracht (finanzielle Nebenleistung)[23]. Erfolgen die finanziellen Nebenleistungen auf der Absatzseite der Betriebe, indem die Gegenleistungen für abgesetzte Güter eine Zeitlang gestundet werden (Verkauf auf Ziel), so spricht man von *Warenkrediten*, denen die übrigen Kapitalüberlassungen als sogenannte *Finanzkredite* gegenüberstehen[24].

---

[21] Vgl. Lehmann, Allg. Betriebswirtschaftslehre, a.a.O., S. 181.

[22] Näheres hierzu siehe u. a. bei E. Schneider, Einführung in die Wirtschaftstheorie III. Teil: Geld, Kredit, Volkseinkommen und Beschäftigung, 3. umgearb. u. erw. Aufl. Tübingen 1955 (im folgenden zitiert: Einführung III), S. 14 ff.; G. Schmölders, Geld und Kredit, Leipzig (1938), S. 77 ff.

[23] Vgl. oben S. 44.

[24] Vgl. Lehmann, Allg. Betriebswirtschaftslehre, a.a.O., S. 179 ff. Es decken sich also nicht finanzielle Nebenleistungen und Warenkredite einerseits sowie Finanzkredite und finanzielle „Hauptleistungen“ andererseits. Viel-

Innerhalb der Betriebe, die die von ihren Trägern oder anderen Betrieben erhaltenen Kapitalnutzungen wieder an Betriebe oder Haushalte weitergeben, erfolgt häufig eine Zusammenfassung und (oder) Transformation der in Anspruch genommenen Kapitalnutzungen zu anderen in Kapitalmenge und Überlassungsdauer unterschiedlichen Kapitalanlagen. Dies ist insbesondere die Aufgabe der Geschäftsbanken, die auf diese Weise weitgehend zur Versorgung der Betriebe und Haushalte mit den benötigten Kapitalnutzungen beitragen[25].

So sind also die Güterbewegungen in der gesamten Wirtschaft mit einem Netz von Kapitalleistungen umspannt. Da Kapitalnutzungen nur im Zeitablauf gewährt werden können, erfordern die Finanzleistungen von Betrieben selbst wieder eine Bindung von Kapital an diese Betriebe. Indem sie Kredite geben, binden sie Kapital, das erst nach einer gewissen Zeit wieder verfügbar wird. Auch hier hat das Kapital — genauso wie bei der Erstellung sonstiger Güter — die Funktion, Geldeinsatz (Kreditgewährung) und Geldwiedergewinnung (Kreditrückzahlung) zu synchronisieren, nur daß hier keine Bindung des Kapitals in Realgütern, sondern in *Forderungen* erfolgt. *Unter dem Gesichtspunkt der Kapitalbindung an den Betrieb sind also die betrieblichen Leistungen der Kapitalüberlassung von nicht geringerem Interesse als die Leistungen, welche die Erstellung anderer Güter beinhalten.*

III. Die Investition

1. Definition der Investition

Die bisherige Betrachtung des Betriebsablaufes hat uns zu einer Erscheinung geführt, die — wie sich noch zeigen wird — von ganz erheblicher Bedeutung für das betriebliche Geschehen ist und die auch im Mittelpunkt der hier beabsichtigten Untersuchung stehen wird. Es ist dies die Tatsache, daß keine betriebliche Leistungserstellung möglich ist, ohne daß Geldmittel (Kaufkraft) eine gewisse Zeitlang an wirtschaftliche Güter oder Forderungen gebunden werden, oder, positiv ausgedrückt: *jede* Erfüllung betrieblicher Aufgaben erfordert die

---

mehr können auch finanzielle Nebenleistungen Finanzkredite darstellen, wie das beispielsweise bei geleisteten Vorauszahlungen auf der Beschaffungsseite von Betrieben der Fall ist. Zum Unterschied von den übrigen Finanzkrediten entsteht nur mit der Überlassung des Kapitals hier keine Forderung in Geld, sondern in Realleistungen.

[25] Vgl. E. Schmalenbach, Die Finanzierung der Betriebe, Bd. 1: Kapital, Kredit und Zins in betriebswirtschaftlicher Beleuchtung, 3. verb. Aufl. (Im folgenden zitiert: Kapital, Kredit u. Zins, 3. Aufl.), S. 139 ff.; Lehmann, Allg. Betriebswirtschaftslehre, a.a.O., S. 196.

„Einkleidung" (= Investition) von Geldmitteln in wirtschaftliche Güter oder Forderungen für eine gewisse Zeit[26].

Etymologisch gesehen liegt hier der Ursprung des Begriffes „Investition"[27], was jedoch nicht ausschließt, daß diesem Begriff in der wirtschaftswissenschaftlichen Literatur die verschiedensten Inhalte gegeben werden[28]. Einmal, weil der Begriff häufig nicht aus dem Wortursprung, sondern aus dem allgemeinen Sprachgebrauch erklärt wird, zum anderen, weil der Begriff „investieren" (= einkleiden) — wenn man etymologisch vorgeht — durchaus noch offen läßt, was oder in was nun „eingekleidet" wird[29].

Wir lassen uns bei der Bestimmung des Begriffes „Investition" und später auch des Begriffes „Finanzierung" allein von Gesichtspunkten der Zweckmäßigkeit leiten, welche sich bereits nach den oben angestellten Betrachtungen des Betriebsablaufes aufdrängen. Danach verstehen wir unter einer betrieblichen Investition

> die Bindung von Kaufkraft an wirtschaftliche Güter und Forderungen, die der Leistungserstellung für andere zu dienen bestimmt sind.

Wenn wir also von einer Investition ganz allgemein sprechen, so haben wir damit *jegliche* — zeitliche — Bindung von Geldkapital in Realgütern und Finanzleistungen im Auge, deren ein Betrieb zur Erfüllung seiner Aufgabe — Leistungserstellung *für andere* — bedarf, unabhängig davon, welche der verschiedenen oben dargestellten Ursachen im einzelnen für die Kapitalbindung verantwortlich ist. Zu eng erscheint daher unter diesem Aspekt der Investitionsbegriff, der, wie es beispielsweise bei Ballmann[30] der Fall ist, die Bindung von Geld-

---

[26] Waffenschmidt (Technik und Wirtschaft ..., a.a.O., S. 178) drückt es so aus: „Man braucht dann zur Herstellung der Produktmenge m die Geldsumme g_x für die Arbeit x, g_y für die Kapitalbeschaffung y und g_z für die Stoffbeschaffung z. Hier bildet sich das Sach- und Geldvermögen der Unternehmung. Hier sitzt die Investierung."

[27] Vgl. u. a. Investment oder „Investiv"?, Zeitschrift für das gesamte Kreditwesen (im folgenden abgek. ZfdgK), 11. Jg. (1958 I), S. 223 ff., hier S. 223.

[28] Vgl. Gutenberg (Zur neueren Entwicklung der Wirtschaftlichkeitsrechnung, a.a.O., S. 643), der dazu u. a. sagt: „Aber die Ausdrucksweise der Praxis ist unbestimmt, und die Betriebswirtschaftslehre hat sich mit dem Investitionsproblem bisher so gut wie gar nicht befaßt. Ihre Terminologie ist auf diesem Gebiet genau so unbestimmt wie die der Praxis."

[29] Vgl. Heinen, Zum Begriff und Wesen der betriebswirtschaftlichen Investition, a.a.O., S. 94 f.

[30] Vgl. W. Ballmann, Beitrag zur Klärung des betriebswirtschaftlichen Investitionsbegriffes und zur Entwicklung einer Investitionspolitik der Unternehmung, Diss. Mannheim 1954, S. 5. Siehe auch A. Walther, Einführung in die Wirtschaftslehre der Unternehmung, Bd. 2: Die Unternehmung, Zürich 1953, S. 252; H. Brandt, Investitionspolitik des Industriebetriebes, Wiesbaden 1959, S. 11.

mitteln nur an das materielle Anlagevermögen beinhaltet, während das Einkleiden von Geldkapital in immaterielles Anlagevermögen und das gesamte Umlaufvermögen außerhalb der Investition liegen. Allerdings steht bei Ballmann weniger die Kapitalbindung im Vordergrund als vielmehr das „Einkleiden der Unternehmungsidee in den Betriebskörper zwecks Verwirklichung derselben ...", „die Umformung der transzendenten Unternehmungsidee in die reale Gestalt der Betriebsapparatur", die er eben nur in der „Kombination von materiellen Anlagegütern" sieht[31].

Wir haben festgestellt, daß es letztlich der Zeitfaktor im Prozeß der betrieblichen Leistungserstellung ist, der eine Bindung von Geldkapital im Betrieb bedingt[32]. Es ist natürlich möglich und gegebenenfalls zweckmäßig, eine Unterscheidung zu treffen zwischen den Bindungen von Kaufkraft an den Betrieb, die durch den Einsatz unteilbarer Produktionsfaktoren (Anlagevermögen) und der daraus resultierenden Zeit der Güterbindung verursacht sind, und solchen, die auf die im Leistungsprozeß selbst begründeten technisch und wirtschaftlich bedingten Zeiten der Güterbindung (Umlaufvermögen) zurückgehen. Doch erscheinen uns die Gleichartigkeit der Phänomene von Geldkapitalbindung sowohl im Anlagevermögen als auch im Umlaufvermögen sowie die sich daraus ergebenden, grundsätzlich gleichartigen, einzelwirtschaftlichen Probleme unter der hier gewählten Zielsetzung Grund genug, diese Erscheinungen zu einem Begriff zusammenzufassen[33]. Diese Handhabung dürfte auch der Gutenbergschen Auffassung entsprechen, was sich indirekt aus dem folgenden Zitat entnehmen läßt: „Es bedarf keiner weiteren Ausführungen, daß bei der Ermittlung des Kapitalbedarfs für derartige Betriebserweiterungen nicht nur der Anlagenbedarf, sondern auch der Bedarf an zusätzlichem Betriebskapital berücksichtigt werden muß[34]."

Die vorgenannte Definition der Investition ist sehr verwandt der Begriffsbestimmung von Lohmann, wonach unter Investition das Ein-

---

[31] Im übrigen ist die Ballmannsche Definition des Investitionsbegriffes zum Teil widersprüchlich, worauf schon Heinen (Zum Begriff und Wesen der betriebswirtschaftlichen Investition, a.a.O., S. 29) hingewiesen hat.

[32] Vgl. Gutenberg, Die Unternehmung, a.a.O., S. 36: „Der Begriff der ‚Kapitalbindung' enthält den Faktor ‚Zeit', der damit in die theoretische Betriebswirtschaftslehre eingeführt wird."

[33] So auch Pack (L. Pack, Betriebliche Investition, Wiesbaden (1959), S. 59 f.

[34] E. Gutenberg, Der Stand der wissenschaftlichen Forschung auf dem Gebiet der betrieblichen Investitionsplanung, in: Planung und Kontrolle betrieblicher Investitionen. Bericht über die Arbeitstagung der Schmalenbach-Gesellschaft in Dortmund am 29. Okt. 1954, ZfhF, N.F. 6. Jg. (1954), S. 557 ff., hier S. 568. Vgl. auch daselbst S. 573; ders. Zur neueren Entwicklung der Wirtschaftlichkeitsrechnung, a.a.O., S. 643; Heinen, Zum Begriff und Wesen der betriebswirtschaftlichen Investition, a.a.O., S. 22 f.

kleiden des „gesamte(n) Geldkapitaleinsatz(es) in die verschiedenen Arten werbenden Vermögens“[35] zu verstehen ist. Doch steht bei Lohmann mehr die Absicht des Gelderwerbes der Einzelwirtschaft im Vordergrund, dem das Einkleiden des Geldkapitaleinsatzes, die „Kapitalverwendung“[36] dienen soll[37], als es hier der Fall ist, wo wir mehr auf die betriebliche Leistungserstellung abzielen. Gewinnerzielungsabsicht und Leistungserstellung und damit Investition müssen durchaus nicht zusammenfallen, und wie wir oben[38] angedeutet haben, kann erstere in der Theorie auch nur unter bestimmten Voraussetzungen postuliert werden. Hingegen ist jede betriebliche Leistungserstellung, ganz gleich in welchem Wirtschaftssystem sie stattfindet, mit Investitionen verbunden. Im Sinne Gutenbergs könnte man bei Lohmann von einem „systembezogenen“ Investitionsbegriff sprechen, dem hier ein umfassenderer *„systemindifferenter“* Investitionsbegriff entgegengesetzt wird.

Wie aus unserer Definition hervorgeht, wird hier bei der Investiton ausdrücklich auf die *Kapital*bindung abgestellt, da es — wie aus den obigen Betrachtungen[39] hervorging — in den heutigen, auf der Geldrechnung basierenden Wirtschaftssystemen letztlich die Entwicklung dieses Kapitals ist, in der sich Erfolg oder Mißerfolg des betrieblichen Wirkens niederschlägt. Nicht in einem Bestand unverkäuflicher Waren beispielsweise wird ein betrieblicher Mißerfolg fühlbar und unter Umständen für ein Unternehmen existenzbedrohend, vielmehr ist es der Verlust — das Nicht-Wieder-Freiwerden — des in diesen Gütern gebundenen Geldkapitals, das dem Betrieb zum Schaden gereicht. Träger des Risikos für das Gelingen des betrieblichen Leistungsprozesses ist letztlich immer das vom Betrieb gebundene Kapital, nicht aber das einzelne Gut, in das jeweils Kapital „eingekleidet“ wurde. Es ist also nicht der Einsatz der Elemente des betrieblichen Leistungsprozesses in den Betrieb, der u. E. die einzelwirtschaftliche Investition ausmacht, so wie z. B. Eucken[40], von Stackelberg[41], Keynes[42], Paulsen[43] und Lutz[44]

---

[35] Lohmann, Einführung, 2. A., a.a.O., S. 160.

[36] Vgl. ebenda, S. 156 sowie ders., Kapitalbildung und Kapitalverwendung in der Unternehmung, in: Kapitalbildung und Kapitalverwendung. Schriften des Vereins für Sozialpolitik, herausg. v. G. Albrecht und H. Arndt, N.F. Bd. 5 (Berlin 1953), S. 169 ff., hier S. 169.

[37] Das wird vielleicht noch deutlicher, wenn man sich als Parallele zum Investitionsbegriff noch den von Lohmann (Einführung, 2. A., a.a.O., S. 177) entwickelten Kapitalbegriff vor Augen hält: „Es (das Kapital — Anm. d. Verf.) ist eine unter dem Gesichtspunkt des *Geldertrages* werbend, also nicht zum Kauf von Konsumgütern, angelegte *Geldsumme* . . .“ (Erste Hervorhebung vom Verfasser).

[38] Vgl. oben Abschn. A., III.

[39] Vgl. oben S. 43.

[40] Eucken, Grundlagen der Nationalökonomie, a.a.O., S. 214.

[41] v. Stackelberg, Grundlagen der theoret. VWL., a.a.O., S. 8.

[42] J. M. Keynes, Vom Gelde (A Treatise on Money — aus dem Engl.

die Investition unter mehr gesamtwirtschaftlichem Aspekt sehen[45], sondern die Bindung des Geldkapitals an den Betrieb, die durch diesen Gütereinsatz aus den oben erläuterten Gründen bewirkt wird[46]. Wir können daher auch keine Unterscheidung treffen zwischen Geldinvestierung und Sachinvestierung in dem Sinne, wie es Waffenschmidt[47] tut, da nach unserer Definition der Betrieb immer nur Geld investiert. Eine zweite Frage ist, „wohinein" der Betrieb jeweils das verfügbare Kapital investiert, was — wie noch zu zeigen sein wird — zu einer Unterscheidung der Investitionen im Hinblick auf das Investitions*objekt* führen kann.

Die Einbeziehung der Bindung von Kaufkraft auch an Forderungen im weitesten Sinne (Forderungen aus Warenlieferung und Leistungen einschließlich sämtlicher Arten von Finanzkreditleistungen, alle Formen der Beteiligung — verbrieft oder unverbrieft — u. ä.) in den Investitionsbegriff folgt notwendig aus der vorangegangenen Darstellung des Betriebsablaufes in der *allgemeinsten, sämtliche Wirtschaftsbetriebe umfassenden Form,* sofern man überhaupt bei der Investition, wie das hier der Fall ist, auf den Tatbestand der betrieblichen Kapitalbindung abstellt.

Demgegenüber entwickelt Pack einen Investitionsbegriff, der nur „die Überführung von finanziellen Mitteln in konkrete Werte"[48], also wirtschaftliche Güter im obigen Sinne beinhaltet, während er die Bindung an Forderungen i. o. S. — Pack[49] bezeichnet diese als *abstrakte* Werte — nicht als Investition, sondern als eine Form der *„aktiven* Finanzierung" ansieht[50]. Packs Argumente[51] für eine solche Entscheidung gehen u. E. im wesentlichen nicht über eine Darstellung der Unterschiede zwischen der Bindung von Kaufkraft an wirtschaftliche Güter und einer solchen an Forderungen hinaus, welche auch nicht bestritten werden können. Indessen scheinen uns, vom einzelnen Betrieb aus gesehen — was im folgenden[52] noch klarer zutage treten

übers. v. L. Krämer), München-Leipzig 1932, S. 115, Anm. 1.

43 A. Paulsen, Neue Wirtschaftslehre, Berlin-Frankfurt 1950, S. 47.

44 F. und V. Lutz, The Theorie of Investment of the Firm, Princeton 1951, S. 5 f.

45 Auch Schmalenbach sieht die Investition primär güterwirtschaftlich, beschränkt sich jedoch auf solche Güter, die in der Selbständigkeit einer neu erstandene *Anlage* verschwinden. Vgl. Schmalenbach, Kapital, Kredit und Zins, 3. A., a.a.O., S. 94 ff. insbes. S. 96.

46 So auch Pack, a.a.O., S. 45.

47 Waffenschmidt, Technik und Wirtschaft ..., a.a.O., S. 179.

48 Pack, a.a.O., S. 45.

49 Ebenda, S. 49.

50 Ebenda, S. 69. Siehe auch L. Beckmann, Die betriebswirtschaftliche Finanzierung, 2. Aufl. Stuttgart 1956, S. 28 f.

51 Vgl. Pack, a.a.O., S. 70 ff.

52 Siehe insbesondere S. 63 f.

wird — die Tatbestände der Kapitalbindung an wirtschaftliche Güter sowie an Forderungen einerseits im *grundsätzlichen* entschieden mehr Gemeinsames aufzuweisen als die *Bindung* von Kaufkraft an Forderungen sowie die „passive Finanzierung“ als *Beschaffung* von Kaufkraft[53] andererseits. Daher können wir hier der Packschen Definition nicht folgen.

Wenn wir uns daran erinnern, daß die Bindung von Kaufkraft an einen Betrieb in dem Moment beginnt, da wirtschaftliche Güter in dem Betrieb eingesetzt werden, und daß andererseits der Zeitpunkt der Bezahlung der Güter von ihrem Einsatzzeitpunkt abweichen kann, so wird offenbar, daß sich der hier entwickelte Investitionsbegriff inhaltlich nicht mit dem Schneiderschen Begriff deckt. Schneider[54] bezeichnet den „Strom von Auszahlungen, der durch die in Verbindung mit einem Produktionsprozeß erfolgenden Käufe hervorgerufen wird ... als den zu dem Produktionsprozeß gehörenden Investitionsprozeß oder kurz als die zu dem Produktionsprozeß gehörende Investition“. Wenngleich dieser Strom von Auszahlungen in Verbindung mit den sich an das entsprechende Investitionsobjekt knüpfenden Einzahlungen — wie sich noch deutlich zeigen wird[55] — die Investition bzw. einen Investitionskomplex (beispielsweise eine gekoppelte Real- und Finanzinvestition) im Hinblick auf die gewünschte Zielsetzung charakterisiert, so erscheint es uns doch im Interesse einer scharfen Abgrenzung zwischen Realinvestition und Finanzinvestition einerseits sowie Investition und Finanzierung andererseits angebracht, das Gewicht bei dem Investitionsbegriff mehr auf die grundsätzliche Kapitalbindung als vielmehr auf die gewissermaßen „zufälligen“ Auszahlungsströme zu legen.

Diese Deutung dürfte auch dem Sprachgebrauch der Praxis näherkommen, die im allgemeinen nicht erst dann von einer getätigten Investition spricht und diese in ihrem Buchwerk ausweist, wenn Auszahlungen erfolgt sind, sondern bereits beim Einsatz des Investitionsobjektes, und damit der Bindung von Kaufkraft, ganz gleich, welchen Ursprunges und unabhängig davon, wann die entstandene Zahlungsverpflichtungen erfüllt wird.

Den wohl weitesten Investitionsbegriff findet man bei Albach[56], der in Anlehnung an Boulding[57] „die gesamten Einnahmen — und Aus-

---

[53] Vgl. Pack, a.a.O., S. 70. Siehe auch L. Beckmann, Die betriebswirtschaftliche Finanzierung, a.a.O., S. 30.

[54] Schneider, Wirtschaftlichkeitsrechnung, a.a.O., S. 1. Siehe auch ders. Einführung II, a.a.O., S. 167.

[55] Siehe unten Dritter Teil, Abschn. B., III.

[56] H. Albach, Wirtschaftlichkeitsrechnung bei unsicheren Erwartungen (im folgenden zitiert: Wirtschaftlichkeitsrechnung) Köln und Opladen 1959, S. 12.

[57] K. E. Boulding, Time and Investment, Economica, Vol. III (1936), S. 196 ff., hier S. 197.

gabenströme während der gesamten Lebensdauer der Unternehmung" als Investition definiert. Wenngleich es unter gewissen Umständen zweckmäßig sein kann, den Investitionsbegriff derart weit zu fassen[58], so erscheint er doch für die vorliegende Untersuchung kaum als praktikabel[59].

Ohne auf die Vielzahl von Investitionsbegriffen in Theorie und Praxis hier näher eingehen zu können[60] — soweit dies geschieht, dient es zur Klärung des eigenen Standpunktes —, sei noch erwähnt, daß der hier entwickelte Investitionsbegriff auch in das betriebliche System des Kombinationsprozesses produktiver Faktoren von Gutenberg passen dürfte, zumal die „Investition" hier grundsätzlich aus diesem System abgeleitet wurde. Einen näheren Anhaltspunkt für das, was Gutenberg unter einer Investition versteht — eine genaue Definiton wurde u. W. von Gutenberg bisher nicht gegeben —, findet sich da, wo er „den in Geldeinheiten ausgedrückten Wert aller zum Bestande eines Unternehmens gehörenden Güter" als „Investitionssumme" bezeichnet[61], was eine Deutung „seines" Investitionsbegriffes im Sinne der oben gegebenen Definition durchaus zuläßt.

Allerdings glaubt der Verfasser den Ausführungen Gutenbergs[62] nicht eine so weite Fassung des Investitionsbegriffes entnehmen zu können, wie das Heinen[63] tut, der in der Gutenbergschen „Investition" eine selbständige Funktion von Geldeinsatz und einem Komplex kombinatorischer Tätigkeiten sieht. Vergegenwärtigt man sich, daß Kapital in jedem betrieblichen Funktionsbereich — sei es Beschaffung, Produktion, Absatz, sei es Planung oder Organisation — gebunden wird bzw. gebunden bleibt, so erscheint die Selbständigkeit der Investition als Funktion im System von Gutenberg zumindest fraglich. Was die Investition als einen „Komplex kombinatorischer Tätigkeiten" anbetrifft, so neigt man hier mehr dazu, den Investitionsvorgang häufig als eine *Folge* des Wirkens eines bzw. des Zusammenwirkens mehrerer Produktionsfaktoren anzusehen — gedacht ist hier an die Vorstufe der Investition, die sogenannte Investitionsplanung. Nicht aber stellt die Investition selbst einen Kombinationsakt dar, wie etwa die Kombination von Elementarfaktoren zu einer produktiven Einheit[64], vielmehr

---

58 Siehe Albach, Wirtschaftlichkeitsrechnung, a.a.O., S. 49 ff.

59 Vgl. auch Pack, a.a.O., S. 55 f.

60 Ausführlicheres darüber siehe: Heinen, Zum Begriff und Wesen der betriebswirtschaftlichen Investition, a.a.O., sowie Pack, a.a.O., insbes. S. 16 ff.

61 Gutenberg, Einführung, a.a.O., S. 95.

62 Vgl. insbes. Gutenberg, Produktion, 3. A., a.a.O.; ders., Einführung, a.a.O.; ders., Der Stand der wissenschaftlichen Forschung auf dem Gebiet der betrieblichen Investitionsplanung, a.a.O.

63 Heinen, Zum Begriff und Wesen ..., a.a.O., S. 22 u. S. 94.

64 Vgl. Gutenberg, Produktion, 3. A., a.a.O., S. 5; Heinen, zum Begriff und Wesen ..., a.a.O., S. 22.

ist nach unseren vorangegangenen Überlegungen die Investition die Voraussetzung dafür, daß Produktionsfaktoren (Investitionsobjekte) zum Zwecke der betrieblichen Leistungserstellung kombiniert werden können. Auch der von Heinen[65] selbst unter funktionalem Aspekt sehr weit gefaßte Investitionsbegriff geht daher entschieden über das hinaus, was hier unter einer Investition bzw. der Investitionstätigkeit verstanden wird. Die „Investitionsplanung“, davor liegende „Denkvorgänge“, die „Beschaffung und termingerechte Bereitstellung von Geldkapital (Finanzierung)“, die „Desinvestition“, die ja gerade das Gegenteil der Investition, also das Freiwerden gebundener Geldmittel darstellt[66], die „Kombination der Investitionsgüter zu einer arbeitsfähigen Einheit“, all diese Tätigkeitsbereiche — mögen sie noch so eng mit dem eigentlichen Investitionsvorgang zusammenhängen und selbst auch wieder Investitionen erfordern — sind nicht Inhalt der Investition im hier verstandenen Sinne.

Die Definition der Investition als der Bindung von Kaufkraft an wirtschaftliche Güter und Forderungen könnte zu der Annahme führen, der Investitionsvorgang decke sich mit dem betrieblichen Funktionsbereich der Beschaffung bzw. der Schlußphase dieses Bereiches. Demgegenüber ist zu betonen, daß zwar der Beginn der Kapitalbindung mit dem Beschaffungsakt zusammenfällt, beim Investitionsbegriff hier jedoch auf die *gesamte Dauer* der Kapitalbindung abgestellt wird. Diese aber wird nicht primär durch den Akt der Beschaffung, sondern im wesentlichen durch die Vielzahl von Dispositionen in *allen Bereichen* des Betriebes bestimmt, die den Durchlauf (i. w. S.) der Investitionsobjekte durch den Betrieb bzw. deren Ausnutzung betreffen.

Fragt man nach der Fristigkeit der Investition, so ergibt sich aus den vorangegangenen Überlegungen, daß der Investitionsbegriff nicht notwendig eine Aussage über die Dauer der Bindung von Kaufkraft beinhaltet. Eine Investition kann demnach sowohl kurz-, mittel- oder auch langfristig sein. Versteht man allerdings unter kurzfristiger Betrachtung eine zeitlose Betrachtung, wie das etwas Schneider bei der Behandlung der Wirtschaftspläne von Unternehmungen für eine Wirtschaftsperiode tut[67], so ist die Investition, da sie stets den Zeitfaktor enthält, eine langfristige Erscheinung.

---

[65] Heinen, Zum Begriff und Wesen ...., a.a.O., S. 95 f.
[66] Vgl. Pack, a.a.O., S. 45.
[67] Vgl. Schneider, Einführung I, a.a.O., S. 69 ff. u. S. 166. Schneider spricht zwar nicht von zeitloser Betrachtung, indem er aber innerhalb einer Periode die Zeit als Einflußgröße auf die in die Untersuchung eingehenden Variablen unberücksichtigt läßt, kommt er praktisch zu einer zeitlosen-statischen-Analyse. Vgl. ebenda, S. 188 ff.

2. *Investitionsarten*

Für die Aufgliederung der Investitionen in Investitionsarten gibt es die verschiedensten Kriterien.

So kann man die Investitionen — wie oben bereits angedeutet wurde — einmal im Hinblick auf das Investitionsobjekt unterscheiden, d. h. im Hinblick darauf, welcher Art die Objekte sind, an die Kapital gebunden wird. Handelt es sich bei den Investitionsobjekten um Realgüter, wie etwa Betriebsmittel, Werkstoffe, Halb-, Fertig- oder Handelswaren, Arbeits- oder Dienstleistungen[68], so spricht man von *Real*investitionen, denen die Bindungen von Kaufkraft in jede Art von Forderungen, gleichviel ob sie in Wertpapieren verkörpert sind oder nicht, als sogenannte *Finanz*investitionen gegenüberstehen[69].

Die Realinvestionen lassen sich wiederum nach dem Gesichtspunkt aufgliedern, welche Ursache für die Bindung der Kaufkraft bestimmend ist. So kann man nach unseren obigen Ergebnissen[70] unterscheiden zwischen Kapitalbindungen, die auf der mangelnden Teilbarkeit von Produktionsfaktoren beruhen, und solchen, die mit den im Leistungsprozeß selbst begründeten, technisch oder wirtschaftlich bedingten Zeiten der Güterbindung zusammenhängen. In Anlehnung an die bilanzielle Aufgliederung des betrieblichen Vermögens sprechen wir im ersteren Falle von *Anlage*investitionen und im zweiten Falle von *Umlauf*investitionen. Von den Umlaufinvestitionen können die technisch bedingten als grundsätzlich *erzeugungsorientierte*, die wirtschaftlich bedingten als grundsätzlich *marktorientierte* Investitionen angesehen werden[71].

Die Finanzinvestitionen würden nach den obigen Unterscheidungskriterien zu den Umlaufinvestitionen, und zwar zu den „erzeugungsorientierten" zu rechnen sein, da die Zeit der Kapitalbindung hier allein durch die Dauer der Leistungserstellung (Kaufkraftüberlassung für eine vereinbarte oder einseitig beabsichtigte Zeit) verursacht ist. Diese Behandlung deckt sich allerdings nun nicht mit der bilanziellen

---

68 Einschließlich der Kapitalnutzungen, die den Kapitalzins binden. Es ist nach den vorangegangenen Überlegungen selbstverständlich, daß in diesem System die Kapitalnutzungen bzw. die gewährten Nutzungsmöglichkeiten zu den produktiven *Real*gütern rechnen, während die Forderungen auf Grund von Kapitalüberlassungen irgendwie *nicht - reale*, finanzielle „Güter" darstellen.

69 Vgl. Schneider, Wirtschaftlichkeitsrechnung, a.a.O., S. 7; Lohmann, Einführung, 2. A., a.a.O., S. 161.

70 Vgl. Abschnitt C.

71 Vgl. E. Eisendrath, Anlagevermögen und Dekapitalisation in der deutschen Industrie, Berlin 1950, S. 41. Eisendrath kennt jedoch nur die marktorientierten Vorrats- und Lagerinvestitionen und beschränkt den Begriff „erzeugungsorientiert" auf Anlageinvestitionen.

Gliederung der finanziellen Investitionsobjekte, für die die einzelwirtschaftliche Zweckbestimmung maßgeblich ist und entsprechend eine Aufteilung in langfristiges Finanz*anlage*vermögen („Beteiligungen" und „andere Wertpapiere, die, ohne Beteiligungen zu sein, bestimmt sind, dauernd oder langfristig dem Geschäftsbetrieb der Gesellschaft zu dienen"[72]) und kurzfristiges Finanz*umlauf*vermögen (alle übrigen Forderungen im weitesten Sinne[73]) vorgeschrieben ist.

Bei den Anlageinvestitionen ist es üblich, diese zu unterscheiden nach dem Zweck, der dem jeweils zugrunde liegenden Investitionsobjekt bestimmt ist[74]. Soll beispielsweise das Anlagegut einer völlig neuen betrieblichen Leistungserstellung dienen, so spricht man bei der entsprechenden Kapitalbindung von einer *Neu*investition; wird durch das Anlagegut lediglich eine andere Anlage, der bisher die gleiche Funktion zukam, ersetzt oder teilweise erneuert, so handelt es sich um eine *Zusatz-* bzw. *Erneuerungs*investition. Die Ersatzinvestition stellt zugleich eine *Verbesserungs*investition dar, wenn die zugrunde liegende neue Anlage unter Ausnutzung des technischen Fortschritts eine bessere, letztlich: wirtschaftlichere Leistungserstellung ermöglicht als die ersetzte Anlage. Die Anschaffung einer Anlage, die eine Erweiterung der bisherigen betrieblichen Kapazität darstellt, bedingt eine sogenannte *Erweiterungs*investition. Wie schon Lohmann[75] bemerkt, ist im allgemeinen „die Ersatz- von der Verbesserungsinvestition (aus Anlaß eines technischen Fortschritts) z. T. auch von der Erweiterungsinvestition ... schwer zu trennen", da häufig Überschneidungen in den Zweckbestimmungen der Investitionsobjekte vorliegen. Von *Sicherungs*investitionen spricht Lohmann[76] bei Investitionen, die auf „Sicherungs- und Abschirmungsmaßnahmen langfristigen Charakters", wie etwa „Beteiligungen ... an Rohstoffbetrieben im Interesse der Produktionssicherung" und „investitionsintensive Reklamefeldzüge" zurückgehen.

In gleicher Weise, wie hier die Anlageinvestitionen unterschieden werden, lassen sich natürlich auch die dazugehörigen Umlaufinvestitionen aufgliedern. Unter diesem Aspekt dürften insbesondere die

---

72 Vgl. Wirtschaftsprüfer-Jahrbuch 1954. Herausg. v. Institut der Wirtschaftsprüfer, Düsseldorf 1954, S. 421 u. S. 427.

73 Vgl. ebenda, S. 437 ff. Zu dem „Finanzumlaufvermögen" gehört neben diesen Forderungen allerdings noch weiteres Vermögen, das nicht durch Investitionsobjekte repräsentiert wird, wie z. B. Geldbestände, Bankguthaben u. ä.

74 Vgl. u. a. Lohmann, Einführung, 2. A., a.a.O., S. 168 ff.; ders. Kapitalbildung und Kapitalverwendung in der Unternehmung, a.a.O., S. 177; Eisendrath, a.a.O., S. 39 ff.

75 Lohmann, Einführung, 2. A., a.a.O., S. 172. Siehe auch Eisendrath, a.a.O., S. 40 ff.

76 Lohmann, Einführung, 2. A., a.a.O., S. 173 f.

Neu- und Erweiterungsinvestitionen von Bedeutung sein, da hier wegen der im allgemeinen beabsichtigten kontinuierlichen Leistungserstellung — das bedeutet laufende Ersatzinvestition — je nach Art des Produktionsverfahrens und der Absatzgestaltung u. U. erhebliche zusätzliche Kaufkraft für lange Zeit oder gar ständig gebunden werden muß[77].

Neben den vorgenannten wichtigsten betriebswirtschaftlichen Unterscheidungsmerkmalen gibt es noch andere einzel- sowie gesamtwirtschaftliche Gruppierungsgesichtspunkte für Investitionen, auf die im Rahmen dieser Untersuchung jedoch nicht weiter eingegangen werden kann[78]. Erwähnt seien hier nur noch zwei Unterscheidungsmerkmale von Schneider, die sich auf die mit den Investitionsobjekten verbundenen Zahlungsströme beziehen. So kennt Schneider[79] *eigentliche* und *uneigentliche* Investitionen, je nachdem, ob die zu den Investitionsobjekten gehörenden Einzahlungen im ganzen genommen später als die Auszahlungen oder aber vor den Auszahlungen erfolgen. Ein anderes Unterscheidungskriterium von Schneider[80] ist das Verhältnis der Summe aller mit einem Investitionsobjekt verbundenen Einzahlungen zu der Summe der entsprechenden Auszahlungen. Liegen beispielsweise bei einer eigentlichen Investition die Einzahlungen über den Auszahlungen, so handelt es sich um eine sogenannte „Normalinvestition", während im umgekehrten Falle entsprechend von einer nichtnormalen Investition gesprochen werden müßte[81].

E. Die Finanzierung

I. Abgrenzung des Finanzierungsbegriffes

Aus der Tatsache, daß jede betriebliche Leistungserstellung den Einsatz von Kapitalnutzungen (Investitionen) erfordert, resultiert für die Betriebe, da sie ja selbst nicht Eigentümer von Kapital sind[1], die Notwendigkeit, sich dieses Kapital bzw. die Kapitalnutzungen „von außerhalb" zu beschaffen. Diese *Kapitalbeschaffung*, also die Deckung des mit der Leistungserstellung verbundenen Kapitalbedarfs ist Gegen-

---

77 Vgl. Gutenberg, Der Stand der wissenschaftlichen Forschung auf dem Gebiet der betrieblichen Investitionsplanung, a.a.O., S. 573. Lohmann, Einführung, 2. A., a.a.O., S. 173. Siehe auch unten Zweiter Teil, Abschn. A.

78 Näheres dazu siehe u. a. Eisendrath, a.a.O., S. 39 ff.; Pack, a.a.O., S. 87 ff.

79 Schneider, Wirtschaftlichkeitsrechnung, a.a.O., S. 9 f.

80 Schneider, Wirtschaftlichkeitsrechnung, a.a.O., S. 11 f.

81 Vgl. derselbe, ebenda, S. 24. Bei einer uneigentlichen Investition liegt der Fall genau umgekehrt.

1 Vgl. oben S. 48 f.

stand der betrieblichen *Finanzierung*[2]. Sie bildet zusammen mit anderen, auf die betriebliche Kapitalversorgung gerichteten Funktionen, wie beispielsweise der Finanzplanung, der Finanzkontrolle, der Kapitalrückerstattung bzw. -ausschüttung, neben den primär güterwirtschaftlichen Bereichen der Produktion und des Absatzes[3] den dritten großen — abgeleiteten — Teilbereich des Betriebes, den sogenannten Finanzbereich[4]. Der Begriff Finanzierung wird gelegentlich auch auf diesen gesamten finanziellen Bereich angewendet[5] und geht damit weit über das hinaus, was hier unter Finanzierung verstanden werden soll.

Bei der Finanzierung als dem Inbegriff der Kapitalbeschaffungsvorgänge kann man unterscheiden zwischen einer solchen, die nur auf die Beschaffung von Kaufkraft für die Unternehmung als ganze gerichtet ist und einer solchen, die die Bereitstellung finanzieller Mittel im Hinblick auf das einzelne Investitionsobjekt beinhaltet[6].

Ersteren Finanzierungsbegriff hat beispielsweise Gutenberg[7] im Auge, wenn er sagt: „Zieht man die innerbetrieblich bereitgestellten Beträge von dem Kapitalbedarf (Gesamtkosten des Vorhabens) ab, so verbleibt als Restbetrag der *Finanzbedarf*, der bei Dritten gedeckt werden muß. Nur dieser Finanzbedarf ist Gegenstand des betriebswirtschaftlichen Finanzierungsproblems. Die betriebswirtschaftliche Kapitalwirtschaft umfaßt dagegen sowohl die innerbetriebliche Kapitalbereitstellung (Kapitaldisposition) wie die außerbetriebliche Ka-

---

[2] Vgl. Art. Finanzierung und Sanierung (E. Gutenberg). Hdwb. d. BW, 2. Aufl. Stuttgart, Bd. 1 (1938), Sp. 1739 ff.; hier Sp. 1740; W. Hasenack, Grundlagen der Betriebswirtschaft, „Deutsche Versicherungswirtschaft", Unterrichtsbrief 45, Berlin-W. o. J., S. 101 h. H. Töndury und E. Gsell, Finanzierungen, Zürich 1948, S. 80; H. Rittershausen, Wirtschaft (Das Fischer Lexikon, Bd. 8), Frankfurt a.M. 1958, S. 52; F. Leitner, Privatwirtschaftslehre der Unternehmung, 3. Aufl. Berlin 1921, S. 174 u. 197; W. Prion, Die Lehre vom Wirtschaftsbetrieb. 2. Buch: Der Wirtschaftsbetrieb als Wirtschaft (Unternehmung), Berlin 1935, S. 60.

[3] Vgl. oben Erster Teil, Abschn. A., I.

[4] Vgl. Gutenberg, Produktion, 3. A., a.a.O., S. 2.

[5] Vgl u. a. E. Schmalenbach, Die Finanzierung der Betriebe. Bd. 2: Die Beteiligungsfinanzierung, 8. verb. Aufl. Köln und Opladen 1954, S. 9 ff.; Beckmann, Die betriebswirtschaftliche Finanzierung, a.a.O., S. 27 ff.; K. Hax, Besprechung von: L. Beckmann, Die betriebswirtschaftliche Finanzierung, 2. Aufl. Stuttgart 1956, ZfhF, N. F. 9. Jg. (1957), S. 408 ff., hier S. 410; W. Kalveram. Finanzierung der Unternehmung, „Die deutsche Bankwirtschaft", Bd. 5 (1937), Kap. 6, S. 106, Anm.; K. Mellerowicz, Allgemeine Betriebswirtschaftslehre, 7. Aufl. Berlin 1952, Bd. 3, S. 49; K. Rössle, a.a.O., S. 64.

[6] Vgl. Hax' Gegenüberstellung von „klassischem" und „erweitertem" Finanzierungsbegriff (K. Hax, Die langfristigen Finanzdispositionen, in: Handbuch der Wirtschaftswissenschaften. Herausg. v. K. Hax und Th. Wessels, Bd. I, Köln und Opladen 1958, S. 452 ff., hier S. 462 ff.).

[7] Art. Finanzierung und Sanierung, a.a.O., Sp. 1746. Bei Polak (a.a.O., S. 12) entspricht diesem Finanzierungsbegriff die „passive Finanzierung der Unternehmung, die Befriedigung ihrer Kapitalbedürfnisse ...". Vgl. auch Schmalenbach, Die Beteiligungsfinanzierung, a.a.O., S. 9 ff.

pitalbeschaffung (Finanzierung)." Hier ist also von Finanzierung nur dann die Rede, wenn dem Betrieb zusätzlich Kapital zugeführt wird. Demgegenüber umfaßt letzterer Finanzierungsbegriff auch die innerbetriebliche Kapitalbereitstellung, die ohne eine Erhöhung der betrieblich genutzten Kapitalmenge vor sich gehen kann. Zu denken ist hier vor allem an die in neuerer Zeit von wissenschaftlicher Seite eingehend erforschte „Finanzierung aus Abschreibungen"[8] sowie an andere innerbetriebliche Kapitalbeschaffungen. So findet man bei Hasenack[9] im Zusammenhang mit der von ihm eingehend untersuchten Selbstfinanzierung den Hinweis: „Nicht jede Finanzierung von Erweiterungen, die, einzelwirtschaftlich gesehen, ohne Aufnahme ‚neuen' eigenen oder fremden Kapitals möglich ist, deutet auf echte Selbstfinanzierung hin. Diese hat das Vorliegen von zurückbehaltenen Gewinnen zur Voraussetzung. Es ist aber, ohne daß der Außenstehende das im einzelnen immer feststellen kann, möglich, Mittel für neue Investitionen im Rahmen der Finanzpolitik des einzelnen Unternehmens durch betriebliche *Kapitalumschichtungen* oder Kapitalumlaufbeschleunigungen im Innenbereich und Geschäftsverkehr zu gewinnen." Beckmann spricht in diesem Zusammenhang von „unechter"[10] oder „uneigentlicher Selbstfinanzierung"[11]. Auch Gutenberg scheint in neuerer Zeit den Finanzierungsbegriff auf solche, nicht kapitalerhöhenden finanziellen Dispositionen auszudehnen, wenn er[12] im Zusammenhang mit der Frage der Investition zwecks Anlagenerweiterung von „Finanzierung aus Abschreibungen" spricht. Die innerbetriebliche Kapitalaufbringung stellt gewissermaßen eine zweite Stufe der Finanzierung dar,

---

[8] Vgl. H. Ruchti, Die Abschreibung, a.a.O., insbes. S. 91 ff.; Lohmann, Einführung, 2. A., a.a.O., S. 184 ff.; ders., Abschreibungen, was sie sind und was sie nicht sind, Der Wirtschaftsprüfer, 2. Jg. (1949), S. 353 ff.; H. Neubert, Anlagenfinanzierung aus Abschreibungen, ZfhF, N. F. 3. Jg. (1951), S. 367 ff. u. S. 415 ff.; H. Langen, Die Kapazitätsausweitung durch Reinvestition liquider Mittel aus Abschreibungen, ZhfF, N.F. 5. Jg. (1953), S. 49 ff.; E. Schäfer, Zur Finanzierungsfunktion der Abschreibungen. Anmerkungen zum „Lohmann-Ruchti-Effekt", ZfhF, N. F. 7. Jg. (1955), S. 137 ff.; K. Hax, Abschreibung und Finanzierung. Weitere Anmerkungen zum „Lohmann-Ruchti-Effekt", ZfhF, N.F. 7. Jg. (1955), S. 141 ff. Siehe auch unten Zweiter Teil, Abschn. A., IV., 1.

[9] W. Hasenack, Finanz- und Finanzierungsprobleme der gesteuerten Wirtschaft, „Der praktische Betriebswirt", 21. Jg. (1941), S. 471 ff., hier S. 480. Vgl. auch ders., Selbstfinanzierung, Dividendenpolitik und überbetriebliche Kapitallenkung, ebenda, S. 539 ff., hier S. 539, Anm. 2; Lohmann, Einführung, 2. A., a.a.O., S. 180 ff., insbesondere S. 184.

[10] Art. Finanzierung (L. Beckmann). Hdwb. d. BW, 3. Aufl. Stuttgart Bd. II (1958), Sp. 1830 ff., hier 1832.

[11] Beckmann, Die betriebswirtschaftliche Finanzierung, a.a.O., S. 39, Anm. 14.

[12] Gutenberg, Der Stand der wissenschaftlichen Forschung auf dem Gebiet der betrieblichen Investitionsplanung, a.a.O., S. 570. Siehe auch ders., Art. Abschreibungen. Hdwb. d. Sozialwissenschaften. Stuttgart-Tübingen-Göttingen, Bd. 1 (1956), S. 20 ff., hier S. 24.

die dann beschritten wird, wenn die einer Unternehmung gewährte Kapitalüberlassungsfrist größer ist als die Dauer der Bindung der entsprechenden Mittel in einem Investitionsobjekt. Der außerbetrieblichen Kapitalbeschaffung folgt dann mit dem Freiwerden und Ansammeln der investierten Kaufkraft eine weitere *interne* Kapitalbeschaffung mit der Möglichkeit, dieses Kapital für die restliche Dauer der Kaufkraftüberlassung in neue Investitionsobjekte zu binden.

Es ist eine Frage der Zweckmäßigkeit, ob man diese *interne* Kapitalbeschaffung dem Finanzierungsbegriff subsumieren soll oder nicht, ob man also bei der Kapitalbeschaffung auf das einzelne Investitionsobjekt oder aber den Betrieb als ganzen abstellen soll. Im vorliegenden Falle, wo es um die Aufdeckung der wechselseitigen Beziehungen zwischen Investition und Kapitalbeschaffung geht, erscheint es angesichts des zunehmenden Interesses, das die Freisetzung investierter Mittel als Form der Kapitalbeschaffung zur Durchführung neuer Investitionen gewinnt, angebracht, dem Finanzierungsbegriff jenen weiten, auch die innerbetriebliche Kapitalaufbringung umfassenden Inhalt zu geben[13].

Diese innerbetriebliche Kapitalaufbringung darf jedoch nicht verwechselt werden mit der betrieblichen Kapitaldisposition im Sinne von Kapitalverwendung. Letztere ist — jedenfalls sofern das Kapital nicht in liquiden Mitteln gehalten wird — nicht Gegenstand der Finanzierung, sondern bereits Investition, also Bindung der beschafften Mittel. Insofern können wir uns hier nicht der Begriffsbildung von Beckmann[14] anschließen, die aktive und passive Finanzierung unterscheidet, wobei nur die passive Finanzierung sich mit der Finanzierung im obigen Sinne deckt, während erstere Kapitalverwendung, also Investition, darstellt. Ein Kreditakt ist demnach in unserem Sinne für den Kapitalgeber nicht „Ausdruck einer aktiven Finanzierung“, wie es Beckmann[15] sieht, sondern vielmehr Ausdruck einer *Finanzinvestition*, d. h. einer Bindung von Kaufkraft an Forderungen i. w. S., der beim kapitalgebenden Betrieb selbst wieder eine Finanzierung — eine Beschaffung der entsprechenden Kaufkraft — vorausgegangen sein muß. Eine Zusammenfassung dieser beiden heterogenen Tatbestände in einem Begriff erscheint uns entgegen einem häufig ge-

---

13 So weist auch Gutenberg (Der Stand der wissenschaftlichen Forschung auf dem Gebiet der betrieblichen Investitionsplanung, a.a.O., S. 570; siehe auch ders., Einführung, a.a.O., S. 122 f.; E. Walb, Finanzwirtschaftliche Bilanz, 2. Aufl. Duisburg (1947), S. 63 ff.) gerade im Zusammenhang mit der Finanzierung von Investitionsvorhaben auf die „vielgestaltigen Beziehungen zwischen Investition und Finanzierung“ hin.

14 Beckmann, Art. Finanzierung, a.a.O., Sp. 1833; dieselbe, Die betriebswirtschaftliche Finanzierung, a.a.O., S. 28 ff.; vgl. auch Polak, a.a.O., S. 11; Kalveram, Finanzierung der Unternehmung, a.a.O., S. 107.

15 Beckmann, Art. Finanzierung, a.a.O., Sp. 1833.

übten Sprachgebrauch der Praxis in der wissenschaftlichen Auseinandersetzung nicht ratsam zu sein[16]. Aus diesem Grunde deckt sich der hier gebrauchte Finanzierungsbegriff auch nicht mit der Finanzierung im Sinne von Nicklisch[17], Sandig[18], Theisinger[19], Rössle[20] oder Hagest[21], die alle in mehr oder minder weitem Umfang Investitionsvorgänge mit in diesen Begriff einbeziehen.

Die Fristigkeit des beschafften bzw. bereitgestellten Kapitals soll hier nicht als Kriterium für die Finanzierung dienen, wie das etwa bei Eisfeld der Fall ist[22], der unter Finanzierung die Beschaffung nur solchen Kapitals versteht, „das der Unternehmung auf längere Zeit zur Verfügung steht“. Es ist selbstverständlich und ergibt sich aus der Natur des Zweckes, dem das Kapltal im Betrieb zu dienen bestimmt

---

16 Vgl. hierzu auch die Kritik von Hax (Besprechung von: Beckmann, Die betriebswirtschaftliche Finanzierung . . ., a.a.O., S. 408 ff.) an dem sehr weit gefaßten Finanzierungsbegriff von Beckmann. Hax weist u. E. mit Recht darauf hin, daß „jede dispositive Maßnahme in der Untersuchung finanzielle Auswirkungen (hat), und so gesehen wären dann alle Vorgänge in der Unternehmung Finanzierungsvorgänge“ (S. 410). Diese Wirkungen von Vorgängen im Investitions-, Beschaffungs- oder Absatzbereich als Finanzierungsvorgänge zu bezeichnen, sei an sich schon problematisch. Keinesfalls könnten aber die Ursachen in diesen Bereichen selbst in den Finanzierungsvorgang einbezogen werden, wozu Beckmann (S. 33) auf Grund ihres weiten Finanzierungsbegriffes komme, wenn sie beispielsweise „Fehlinvestitionen in Form überdimensionierter (= unterbeschäftigter) oder zu teuer bezahlter Sachanlagen“ als „Überfinanzierung“ ansehe (S. 409). Die Begriffsbestimmung von Beckmann weise auch insofern Mängel auf, als sie eine Vermengung des Sachkapitalbegriffes und des Geldkapitalbegriffes beinhalte, wovon nur letzterer in den Bereich der betriebswirtschaftlichen Finanzierung falle, was zur Folge habe, daß eine Überfinanzierung im obigen Sinne mit einer Unterfinanzierung (= Mangel an flüssigen Mitteln) zur gleichen Zeit in einem Unternehmen auftreten könne, je nachdem, auf welchen Kapitalbegriff man den Blick richte (S. 409 f.). Ganz allgemein führe die Beckmannsche Begriffsbildung, wie Hax (S. 410) sagt, „zu einer Überbewertung der finanziellen Sphäre“. Siehe aber auch „Die langfristigen Finanzdispositionen“, a.a.O., S. 462 f., wo Hax sich der Begriffsbildung von Beckmann anschließt.

17 H. Nicklisch, Die großen Organisationsgesetze, Zeitschrift für Handelsforschung und Handelspraxis (im folgenden abgek. ZfHuH), 13. Jg. (1920/21), S. 169 ff., hier S. 172.

18 C. Sandig, Finanzierung mit Fremdkapital, Stuttgart 1930, S. 19.

19 K. Theisinger, Selbstfinanzierung, in: Leistungswirtschaft. Festschrift f. F. Schmidt. Herausg. v. F. Henzel, Berlin-Wien 1942, S. 242.

20 Rössle, a.a.O., S. 69.

21 K. Hagest, Selbstfinanzierung des Betriebes, Stuttgart 1952, S. 32.

22 Art. Finanzierung (C. Eisfeld). Hdwb. d. BW, Stuttgart, Bd. 2 (1926), Sp. 931 ff., hier Sp. 933 f. Vgl. auch R. Liefmann, Beteiligungs- und Finanzierungsgesellschaften, 3. Aufl. Jena 1921, S. 83 sowie Schmalenbachs ältere Auflagen der „Finanzierungen“. Erst in seiner 5. Aufl. (E. Schmalenbach, Finanzierungen, I. Teil: Beteiligungs-Finanzierungen, 5. Aufl. Leipzig 1932, insbes. S. 1 f.) bringt Schmalenbach eine Ausweitung des bis dahin nur auf die Beschaffung langfristigen Kapitals begrenzten Finanzierungsbegriffes auch auf „kurzfristige Kreditgeschäfte“ (S. 2). Siehe auch Gutenberg, Art. Finanzierung und Sanierung, a.a.O., Sp. 1740.

ist[23], daß das Kapital dem Betrieb zur Nutzung *über eine gewisse Zeit* beschafft werden muß, und insofern wäre es korrekter, von der Finanzierung als einer Beschaffung von Kapital*nutzungen* zu sprechen, womit neben der Kapitalmenge auch die zweite Dimension des Beschaffungsobjektes, die Überlassungsdauer, zum Ausdruck käme. Indessen erscheint die Unterschiedlichkeit in der Länge der Überlassungsdauer des jeweils beschafften Kapitals gegenüber den sonstigen grundsätzlichen Gemeinsamkeiten der Phänomene nicht Grund genug, den Finanzierungsbegriff auf die Beschaffung von Kapital mit einer bestimmten Überlassungsdauer zu begrenzen[24]. Mutatis mutandis gilt das bezüglich der beabsichtigten Kapitalverwendung. Genau so wie wir bei der Investition nicht auf die Bindung von Kapital an bestimmte Vermögensgegenstände bzw. -gruppen abgestellt haben[25], sehen wir auch hier bei der Anwendung des Finanzierungsbegriffes von der Art der geplanten Anlage des beschafften Kapitals ab[26].

II. Arten der Finanzierung

Nach der Abgrenzung des Finanzierungsbegriffes, so wie er hier verstanden werden soll, sei im folgenden noch kurz auf die wesentlichsten Arten der Finanzierung eingegangen.

Dazu ist grundsätzlich zu bemerken, daß vor allem Herkunft, Überlassungsdauer, Risikobereitschaft sowie Nutzungskosten des beschafften Kapitals als Charakteristika der Finanzierung Unterscheidungsmerkmale darstellen. Die technisch-funktionale Seite der Finanzierung, also jene betriebspraktischen Vorgänge, die mit der Kapitalüberlassung in unmittelbarem Zusammenhang stehen, sind demgegenüber von untergeordneter Bedeutung und dürften auch bei dem später zu behandelnden Problemkreis weniger von Interesse sein. Soweit Unterscheidungskriterien die Art der Beziehungen zwischen Finanzierung und Investition betreffen[27], wollen wir an dieser Stelle auf eine Wiedergabe der entsprechenden Finanzierungsarten verzichten und sie später im Zusammenhang mit den zugrunde liegenden Problemen, die ja der eigentliche Gegenstand dieser Untersuchung sind, darstellen.

---

23 Vgl. oben Abschn. D., I., 2.

24 Vgl. W. Kalveram, Finanzierung der Unternehmung, Versuch einer Systematik, ZfHuH, 17. Jg. (1924), S. 103 ff., hier S. 105: „Die *Fristigkeit* des für Aufrichtung, Ausbau und Konzentration zuströmenden Neukapitals ist *kein Begriffsmerkmal* der Finanzierung."

25 Vgl. oben Abschn. D., III., 1.

26 Eine Begrenzung des Finanzierungsbegriffes auf die Beschaffung von Kapital nur zum Anlagenerwerb finden wir beispielsweise bei Liefmann (Liefmann, a.a.O., S. 84).

27 Vgl. „partiale" und „totale Finanzierung" im zweiten Teil, Abschn. A., III., 2., b.

Als ein grundsätzliches Unterscheidungsmerkmal der Finanzierungen ergab sich aus den vorangegangenen Überlegungen bereits die Frage, ob mit der Aufbringung des Kapitals, ceteris paribus eine Erhöhung des im Betrieb eingesetzten Kapitals verbunden ist oder nicht. Wir neigen hier dazu, im ersteren Falle, wo also neue Mittel von außen in den Betrieb fließen, von *externer* Finanzierung zu sprechen und entsprechend letztere als *interne* Finanzierung zu bezeichnen[28].

Die externe Finanzierung wird nun üblicherweise unterschieden nach den Kapitalquellen bzw. der rechtlich-wirtschaftlichen Stellung der Kapitalgeber gegenüber dem verwendenden Betrieb. So unterteilt Gutenberg[29] — und dieser Gruppierung wollen wir uns hier anschließen — die externe Finanzierung einmal in Beteiligungsfinanzierung sowie in Kreditfinanzierung. Bei der Beteiligungsfinanzierung erlangen die Kapitalgeber mit Hingabe des Kapitals eine Beteiligung an dem Reinvermögen des Betriebes mit der Konsequenz, daß die „Ansprüche der ‚Beteiligten' im Falle der Auseinandersetzung nicht auf einen festen Geldbetrag, sondern auf ein ‚Auseinandersetzungsguthaben' lauten". Die Kreditfinanzierung hingegen richtet sich auf die Beschaffung solchen Kapitals, das beim Kapitalgeber einen Anspruch auf Rückzahlung eines festen Geldbetrages nach einer begrenzten Zeit begründet. Im allgemeinen unterscheiden sich diese Finanzierungen auch dadurch, daß im ersteren Falle mit der Kapitalhingabe eine Gewinn- und Verlustbeteiligung verbunden ist, während im letzteren Falle diese ausgeschlossen und vielmehr eine feste Verzinsung ausbedungen ist[30]. Der Unterscheidung zwischen Beteiligungs-

---

28 Die externe Finanzierung entspricht hier inhaltlich nicht der externen Finanzierung von Hasenack [W. Hasenack, Finanzierungsform und Kapitalfehlleitung, „Bankwissenschaft", 9. Jg. (1923/33 II), S. 385 ff., hier S. 385], der diese der Selbstfinanzierung als „Finanzierung von innen her" gegenüberstellt. Letztere wird hier als eine Form der externen Finanzierung betrachtet (vgl. die folgenden Seiten). Nicht identisch ist diese Unterscheidung auch mit der Gruppierung von Lohmann (Einführung, 2. A., a.a.O., S. 178 ff.) in Außen- und Innenfinanzierung nach den Kriterien der Beschaffung der Mittel „über den Markt" bzw. aus eigenen Mitteln, wobei letztere auch Eigenkapitalerhöhung und Selbstfinanzierung beinhaltet. Da die Eigenkapitalerhöhung ebenfalls über den Markt erfolgen kann, teilen wir die Meinung von Beckmann (Art. Finanzierung, a.a.O., Sp. 1833), die diese Einteilung nicht für glücklich hält. Auch Walbs (Walb, a.a.O., S. 42) Außen- bzw. Innenfinanzierung entspricht nicht den hier gewählten Begriffen, da bei Walb die Innenfinanzierung neben der o. a. internen Finanzierung noch die Selbstfinanzierung beinhaltet. (Siehe auch Hax, Die langfristigen Finanzdispositionen, a.a.O., S. 471.)

29 Gutenberg, Art. Finanzierung und Sanierung, a.a.O., Sp. 1748.

30 Gutenberg (ebenda) weist jedoch mit Recht darauf hin, daß der Unterschied zwischen Beteiligungs- oder Unternehmerkapital einerseits und Gläubiger- oder Kreditkapital andererseits nicht allein in den letztgenannten Kriterien gesehen werden kann, da die Praxis zahlreiche Übergänge kenne, und er hält daher ersteren Gesichtspunkt — Anspruch auf ein Auseinandersetzungsguthaben oder nicht — für wesentlicher. Siehe auch

und Kreditfinanzierung entspricht eine häufig geübte Einteilung in Eigen- und Fremdkapital bzw. -finanzierung[31], wobei an den Grad der Verfügungsmacht über das beschaffte Kapital durch den Betrieb gedacht ist. Da jedoch die Grenzen hier fließend sind, befriedigt diese Gruppierung im Vergleich zu der erstgenannten nicht vollauf[32].

Handelt es sich bei der Beteiligungsfinanzierung um eine Beschaffung von Kapital, das durch die Erzielung von Überschüssen (Gewinnen) im Betriebsablauf gebildet und nicht an die Anteilseigner ausgeschüttet wurde, so spricht man von *Selbstfinanzierung*. Der Selbstfinanzierung steht die sogenannte *Eigenfinanzierung*[33] gegenüber, wobei dem Betrieb zusätzliches Beteiligungskapital von außen direkt[34] zugeführt wird. Eine andere Unterscheidung der externen Finanzierung läßt sich bezüglich der Form des beschafften Kapitals treffen. Erfolgt die Kapitalüberlassung in Gestalt von Sachgütern, so spricht man von Sachfinanzierung, während die Überlassung von Geldmitteln demgegenüber als Geldfinanzierung bezeichnet werden kann. Beispiele für eine Sachfinanzierung sind die sogenannte Sachgründung bzw. Sacheinlage, aber auch jede Art von Lieferantenkredit[35].

Bei Lohmann[36] findet sich eine Unterteilung der Kreditfinanzierungen in solche über den sogenannten kommerziellen Kredit und in solche über Finanzschulden. Die erste Form der Finanzierung stammt aus der geschäftlichen Sphäre von Lieferanten und Abnehmern und beinhaltet Lieferantenkredite sowie empfangene Anzahlungen. Es handelt sich dabei um das Pendant zu den „finanziellen Nebenleistun-

---

Schmalenbach, Die Beteiligungsfinanzierung, a.a.O., S. 16 ff.; Polak, a.a.O., S. 41 f.; Kalveram, Finanzierung der Unternehmung, a.a.O., S. 105.

[31] Vgl. u. a. Hasenack, Finanzierungsform und Kapitalfehlleitung, a.a.O., S. 385; Mellerowicz, Allg. Betriebswirtschaftslehre, a.a.O., Bd. 3, S. 50.

[32] Vgl. Gutenberg, Art. Finanzierung und Sanierung, a.a.O., Sp. 1747 f.; Prion, Die Lehre vom Wirtschaftsbetrieb, 2. Buch, a.a.O., S. 50; H. Nicklisch, Die Betriebswirtschaft, 7. Aufl. Stuttgart 1932, S. 373 ff.; H. Sellien, Finanzierung und Finanzplanung, Wiesbaden o. J., S. 53.

[33] Art. Betriebswirtschaftslehre. (II) System (E. Gutenberg). Handwörterbuch der Sozialwissenschaften, Stuttgart-Tübingen-Göttingen Bd. 2 (1959), S. 120 ff., hier S. 132.

[34] „Direkt", weil man auch die Selbstfinanzierung als eine Zuführung zusätzlichen Beteiligungskapitals *von außen* ansehen kann, nur daß hier die Kapitalüberlassung indirekt durch Nichtentnahme von im Unternehmen „verdientem" Einkommen erfolgt. Vgl. Sellien, a.a.O., S. 67 f.; Gutenberg, Art. Finanzierung und Sanierung, a.a.O., Sp. 1745; Polak, a.a.O., S. 37 ff.; Schmalenbach, Die Beteiligungsfinanzierung, a.a.O., S. 16 ff.; Lohmann, Einführung, 2. A., a.a.O., S. 181 ff.; Hasenack, Finanzierungsform und Kapitalfehlleitung, a.a.O., S. 385. Hasenack kennt die Selbstfinanzierung *neben* der Eigen- und Fremdfinanzierung. Vgl. auch Mellerowicz, Allgemeine Betriebswirtschaftslehre, a.a.O., Bd. 3, S. 50.

[35] Vgl. u. a. Beckmann, Art. Finanzierung, a.a.O., Sp. 1831; Mellerowicz, Allgemeine Betriebswirtschaftslehre, a.a.O., Bd. 3, S. 49.

[36] Lohmann, Einführung, 2. A., a.a.O., S. 178 f.

gen", auf die wir im Zusammenhang mit dem betrieblichen Umsatzprozeß hingewiesen haben[37]. Finanzschulden ergeben sich hingegen aus reinen Finanzgeschäften mit Banken, Versicherungen oder sonstigen fremden Kapitalgebern. Mit dieser Unterscheidung überschneidet sich eine andere Einteilung der Kreditfinanzierung, und zwar nach der Überlassungsdauer des beschafften Kapitals. Man spricht unter diesem Aspekt von kurz-, mittel- oder langfristiger Finanzierung. Welche Überlassungsdauern im einzelnen als kurz-, mittel- oder langfristig anzusehen sind, hängt von dem jeweiligen Betriebstyp bzw. der Branche ab, wobei vor allem die typische Kapitalumschlagdauer maßgeblich ist[38].

Als letzte Unterscheidungsform der Finanzierungen sei hier noch die Art, in der das Beteiligungs- bzw. Schuldverhältnis dokumentiert ist, genannt. Wird das Beteiligungs- bzw. Schuldverhältnis zwischen Kapitalgeber und Kapitalnehmer durch ein veräußerliches Dokument — Wertpapier — verbrieft, d. h. erfolgt die Kapitalbeschaffung durch Emission von Effekten, so spricht man von Effektenfinanzierung. Demgegenüber kann man die übrigen, nicht „versachlichten" Finanzierungsformen als Buch- oder Vertragsfinanzierung bezeichnen. Je nachdem, ob den Effekten eine Beteiligungs- oder Kreditfinanzierung zugrunde liegt, handelt es sich bei diesen dann um Teilhaber- bzw. Unternehmerpapiere oder um Gläubiger- bzw. Kreditpapiere[39].

Die vorangegangenen Ausführungen dürften nunmehr zu einer genügenden Klärung der Begriffe „Investition" und „Finanzierung", so wie sie hier verstanden werden sollen, geführt haben. Mit der Darstellung der beiden Phänomene im Rahmen des allgemeinen Betriebsablaufes glauben wir bereits wesentliche Berührungspunkte dieser Erscheinungen im Bereich des Betriebs sichtbar gemacht zu haben, zum anderen dürfte aber auch die zentrale Stellung von Investition und Finanzierung im betrieblichen Geschehen deutlich geworden sein, womit eine spezielle Behandlung der Beziehungen zwischen beiden Tatbeständen ihre besondere Rechtfertigung erfährt.

---

[37] Vgl. S. 44.

[38] Vgl. Thiess, a.a.O., S. 8 f.; Lohmann, Einführung, 2. A., a.a.O., S. 179. Allgemeingültige Angaben lassen sich daher nur ganz grob machen. So sind nach Mellerowicz (Allg. Betriebswirtschaftslehre, a.a.O., Bd. 2, S. 52. Vgl. auch A. Strobel, Die Liquidität. Methoden ihrer Berechnung, 2. Aufl. Stuttgart 1953, S. 65 f.) Kredite bis 90 Tage kurz-, von 90 bis 180 Tagen mittel- und über 1 Jahr langfristiger Natur. Demgegenüber bezeichnet Gerwig (E. Gerwig, Organisation und Führung industrieller Unternehmungen, 2. Aufl. Stuttgart 1955, S. 224) Zeiträume von 1 bis 10 Jahren als mittelfristig, während Gutenberg (Einführung, a.a.O., S. 98) eine Kapitalüberlassung für etwa 1 bis 5 Jahre als mittelfristig und entsprechend für kürzere Zeiträume als kurz-, für längere Zeiträume als langfristig ansieht.

[39] Vgl. Beckmann, Die betriebswirtschaftliche Finanzierung, a.a.O., S. 55 f.

Soweit die Zweckmäßigkeit der obigen Begriffsbestimmung nicht bereits mit der dargestellten Auffassung vom Betriebsablauf begründet ist, wird sie noch bei der weiteren Behandlung der Beziehungen zwischen Investition und Finanzierung zutage treten, der wir uns im folgenden nunmehr zuwenden wollen.

Zweiter Teil

Die Finanzierung als Voraussetzung der Investition

Wenn hier die Investition als Bindung von Kaufkraft an wirtschaftliche Güter und Forderungen im Zuge der betrieblichen Leistungserstellung und die Finanzierung als Beschaffung solcher Kaufkraft angesehen wird, so ergibt sich wohl die engste Beziehung zwischen beiden Vorgängen aus der Tatsache, daß dem Betrieb eine Bindung von Kaufkraft nur dann und insoweit möglich ist, als er sich diese Kaufkraft, über die er a priori nicht verfügt, beschafft hat. Mit anderen Worten, jede Investition setzt eine Finanzierung voraus oder umgekehrt, keine Investition ist möglich ohne vorherige Finanzierung[1]. Diese Beziehung zwischen Finanzierung und Investition erscheint auf den ersten Blick gleichermaßen eng wie auch unkompliziert. Indessen erschließt sich dem genaueren Betrachter in Verbindung mit dieser Tatsache eine Fülle von Problemen der Abstimmung zwischen beiden Phänomenen, auf die einzugehen hier nicht verzichtet werden kann.

Sowohl die Investition wie auch die Finanzierung haben es mit Kapitalnutzungen einmal als Quantitäten zu tun. Unter dem Gesichtspunkt der Finanzierung als Voraussetzung der Investition ergeben sich somit notwendig quantitative Beziehungen zwischen beiden Tatbeständen, und zwar entsprechend dem zweidimensionalen Charakter der Kapitalnutzung einmal im Hinblick auf die Kapitalmenge und zum anderen bezüglich der Zeit. Im folgenden wollen wir uns nun zunächst diesen quantitativen Beziehungen zuwenden, um später dann das Risiko von Kapitalverlusten in den Investitionen als mehr qualitatives Problem der Abstimmung zwischen Investition und Finanzierung aufzugreifen.

---

1 Vgl. E. Gutenberg, Untersuchungen über die Investitionsentscheidungen industrieller Unternehmen, Köln und Opladen 1959, S. 216 f.

A. Probleme der zeitlichen und mengenmäßigen Abstimmung zwischen Investition und Finanzierung

I. Das Erfordernis finanzieller Sicherung zur reibungslosen Durchführung von Investitionen

1. Im Hinblick auf die einzelne Investition

Die Investition ist, wie wir oben festgestellt haben, eine notwendige Erscheinung der stets zeiterfordernden Produktion im weitesten Sinne. Sie ist nicht Selbstzweck, sondern vielmehr der allgemeinen Aufgabe der Betriebe untergeordnet, d. h., sie „dient“ gesamtwirtschaftlich gesehen der Erstellung wirtschaftlicher Güter und innerhalb der Unternehmung unter einzelwirtschaftlichem Aspekt auch der Erzielung von Einkünften für die Unternehmungseigner.

Die Betriebe können diese Aufgaben nur dann erfüllen, wenn die im Betrieb eingesetzten Sachgüter und Leistungen, bzw. die daraus erstellten Güter für die Dauer vom Einsatz bis zur Beendigung des betrieblichen Leistungsprozesses zur Verfügung stehen. Das bedingt aber wiederum eine Bindung von Kaufkraft an die eingesetzten bzw. daraus erstellten Güter für diese Zeit, da, wie oben deutlich wurde, die Investitionsdauer stets der Bindungsdauer des Investitionsobjektes entspricht. Mit anderen Worten, der betriebliche Leistungsprozeß kann nur dann störungsfrei ablaufen, wenn die Dauer der Kapitalbindung, also die Investitionsdauer, sich jeweils der aus der Produktionssphäre bestimmten Bindungsfrist der einzelnen Investitionsgüter anpaßt. Eine reibungslose, d. h. diesen Erfordernissen entsprechende Durchführung von Investitionen hat zur Voraussetzung, daß dem Betrieb das investierte Kapital mindestens solange überlassen bleibt, wie es bei zweckmäßiger Leistungserstellung in den Investitionsgütern gebunden sein muß[2]. Im anderen Falle müßte sich der Betrieb zwecks Wiedergewinnung der gebundenen Kaufkraft früher von den eingesetzten Gütern trennen und damit die Investition abbrechen, als dies nach der betrieblichen Leistungserstellung geboten erscheint.

Ein solcher vorzeitiger Abbruch von Investitionen ist in der Regel mit erheblichen absoluten oder zumindest relativen Kapitalverlusten verbunden. *Absolut* ist der Kapitalverlust, wenn das noch investierte Kapital (dazu gehören auch Zinsen für die Überlassung von Beteiligungskapital sowie der Unternehmerlohn, die im allgemeinen erst aus dem Erfolg gezahlt werden[3]) beim Verkauf des Investitionsobjektes nicht wiedergewonnen wird. Demgegenüber liegt ein *relativer* Ka-

---

[2] Vgl. Töndury und Gsell, a.a.O., S. 7.
[3] Vgl. unten Dritter Teil, Abschn. B., III., 2.

pitalverlust vor, wenn — etwa durch eine erforderliche Produktionseinstellung, Kostensteigerungen oder notwendige Preisnachlässe — ein unter normalen Umständen zu erwartender Kapitalzuwachs gemindert wird. Schmalenbach[4] sagt dazu: „Die allgemeine Regel ist, daß investierte Güter, wenn überhaupt, dann nur mit großem Verlust aus dem Güterverbande, in den sie investiert wurden, herauszulösen sind." Und Gutenberg[5] weist darauf hin, wie ein vorzeitiger Verkauf von Produkten unter finanziellem Druck wegen der erforderlichen Preisnachlässe zu Kapitalverlusten führt.

Die großen Gefahren, die dem Betrieb aus der vorzeitigen Beendigung von Investitionen erwachsen, lassen es als die wichtigste Aufgabe der Finanzierung erscheinen, stets dafür zu sorgen, daß das in den einzelnen Elementen des betrieblichen Leistungsprozesses investierte Kapital dem Betrieb mindestens solange zur Verfügung steht, wie diese Elemente bzw. die daraus erstellten Güter zum reibungslosen Ablauf des Leistungsprozesses an den Betrieb gebunden sein müssen[6]. Unter statischem Aspekt gesehen, ist diese finanzielle Sicherung der einzelnen Investitionen dann gegeben, wenn der Betrieb zu den Zeitpunkten, da die aus dem Einsatz von Investitionsgütern herrührenden Verbindlichkeiten zur Zahlung fällig werden, stets mindestens über so viel finanzielle Mittel verfügt, daß er diese Zahlungsverpflichtungen erfüllen kann oder, wie Gutenberg[7] es ausdrückt, „die Zahlungsmitteldeckung muß in jedem Augenblick größer sein als der Zahlungsmittelbedarf oder mindestens ihm gleich". Anderenfalls kommt es zu Spannungen im finanziellen Gefüge des betrieblichen Leistungsvollzuges[8], die den reibungslosen Ablauf der Investition und damit die Existenz des Betriebes in Frage stellen. Es handelt sich hierbei um den Grundsatz der Erhaltung der Liquidität[9], der in den vor-

---

4 Schmalenbach, Kapital, Kredit und Zins, 3. A., a.a.O., S. 96.

5 E. Gutenberg, Die Kreditquellen in der Finanzierung, ZfB, 4. Jg. (1927), S. 683 ff. u. S. 763 ff., hier S. 765: „Das heißt die Kapitalanspannung in den Unternehmen drückt den Offertpreisen ihren Stempel auf ... Die Preissenkung bedeutet sowohl betriebs- als volkswirtschaftlich gesehen, nichts anderes als Kapitalverluste."

6 Dabei muß man sich die verbrauchbaren, dauerhaften Produktionsfaktoren (vgl. oben Erster Teil, Abschn. C., II.) in die einzelnen Teilleistungen zerlegt vorstellen, von denen jede für die Dauer ihrer Bindung an den Betrieb die entsprechende Kapitalnutzung erfordert. Im Gegensatz zu den nicht dauerhaften Produktionsfaktoren sowie den dauerhaften, unverbrauchbaren Gütern wie z. B. dem Boden als Standort vermindert sich so die Menge des gebundenen Kapitals bei den verbrauchlichen, unteilbaren Produktivgütern als ganze gesehen bei Ausnutzung während ihres Vorhandenseins im Betrieb ständig.

7 Gutenberg, Einführung, a.a.O., S. 110.

8 Vgl. Gutenberg, Produktion, 3. A., a.a.O., S. 341.

9 Der Begriff Liquidität wird hier im Sinne von Zahlungsfähigkeit bzw. Zahlungsbereitschaft gebraucht, so wie es z. B. Gerstner (P. Gerstner, Bilanzanalyse, Berlin 1921, S. 222), Gutenberg (Einführung, a.a.O., S. 109 f.),

genannten Beziehungen zwischen Investition und Finanzierung und den daraus erwachsenden Gefahren seinen Ursprung hat. In den von Mellerowicz aufgestellten Grundsätzen der Industriefinanzierung entspricht diesem Prinzip der Grundsatz Nr. 2: „Die Zahlungsfähigkeit muß zu jedem Zeitpunkt *ohne Gefährdung von Investitionsvorhaben* gewährleistet sein[10].“ Hier kommt sehr deutlich die Beziehung der Liquidität zur Investitionsseite hin zum Ausdruck. Tatsächlich hat nicht die Erhaltung der Zahlungsfähigkeit im absoluten Sinne Geltung als Prinzip — diese wäre solange gewährleistet, als sich im Betrieb Güter befinden, die zu versilbern wären —, vielmehr muß sie stets im Hinblick auf die reibungslose Durchführung getätigter bzw. beabsichtigter Investitionen, so wie sie der Betriebszweck erfordert, gesehen werden[11].

Gutenberg[12] spricht bei der Erhaltung dieser Liquidität vom „finanziellen Gleichgewicht“, das im Betrieb herrsche, da in diesem Falle „die finanziellen Mittel gleich dem Bedarf für die fälligen Verbindlichkeiten oder größer als dieser Bedarf sind“ und so eine Übereinstimmung zwischen den Fristen der Kapitalbindung und der Kapitalüberlassung bestände. Wegen der grundsätzlichen Bedeutung, die die Aufrechterhaltung des finanziellen Gleichgewichtes für die Existenz *aller* Betriebe hat, ganz gleich, von welcher Art sie auch sind und welchem Wirtschaftssystem sie jeweils angehören, sieht Gutenberg[13] in der Forderung nach finanziellem Gleichgewicht ein „systemindifferentes“ Prinzip betrieblicher Betätigung. Dieser Auffassung ist un-

---

Keller (J. Keller, Die Liquidität der industriellen Unternehmung, Diss. Zürich 1946, S. 23), Leitner (F. Leitner, Bilanztechnik und Bilanzkritik, Berlin-Leipzig 1932, S. 250 ff.), Mellerowicz (Allg. Betriebswirtschaftslehre, a.a.O., Bd. 3, S. 66), oder Stucken (R. Stucken, Liquidität der Banken, Berlin 1940, S. 12) tun, während die Eigenschaft von Vermögensteilen, als Zahlungsmittel zu dienen bzw. sich in solche verwandeln zu lassen, also das, was u. a. Nicklisch (H. Nicklisch, Wirtschaftliche Betriebslehre, 5. Aufl. Stuttgart 1922, S. 246 f.), Schweitzer (R. Schweitzer, Art. Liquidität, Hdwb. d. BW., 2. Aufl. Stuttgart, Bd. 2 (1939), Sp. 891 ff., hier Sp. 891 f.) und in gewissem Sinne auch Paulsen (A. Paulsen, Liquidität und Risiko in der wirtschaftlichen Entwicklung, Frankfurt-Berlin 1950, S. 46) unter Liquidität verstehen, hier in Anlehnung an Lehmann (Liquidität und Liquiditätsbilanzen, a.a.O., S. 332) als Liquidierbarkeit bezeichnet wird.

[10] K. Mellerowicz, Die Problematik der Industriefinanzierung, ZfdgK, 11. Jg. (1958 I), S. 121 ff., hier S. 121 (Hervorhebungen vom Verfasser).

[11] Siehe auch Rieger, Einführung in die Privatwirtschaftslehre, a.a.O., S. 264: „Die Liquidität ist keineswegs eine Forderung an sich, der die Unternehmung nachzukommen hätte — das würde ja im Endeffekt ein Aufhalten des Betriebes bedeuten — sie muß nur soweit gewahrt werden, daß sie sich dem Gewinnstreben nicht hindernd in den Weg stellt.“

[12] Gutenberg, Einführung, a.a.O., S. 110. Siehe auch ders., Produktion, 3. A., a.a.O., S 341 f.

[13] Gutenberg, Produktion, 3. A., a.a.O., S. 342.

bedingt zuzustimmen, nur glauben wir, daß von einem „finanziellen *Gleichgewicht*" eigentlich erst dann gesprochen werden könnte, wenn nicht nur die verfügbaren finanziellen Mittel ausreichen, um die Verbindlichkeiten abdecken zu können, sondern wenn andererseits nicht mehr solcher Mittel vorhanden sind, als man zur Erfüllung der Verbindlichkeiten bedarf, da man bei einem „Gleichgewicht" im allgemeinen die Vorstellung von der Gleichheit bzw. Gleichwertigkeit der gewogenen und verglichenen Größen hat. Daran ist hier jedoch nicht gedacht, vielmehr stellt das Prinzip finanziellen Gleichgewichts in dem Sinne, wie es beispielsweise Goldschmidt[14] als „equilibrium between the inflow and outflow of money in such a way that both an excess and a shortage of capital are avoided" auffaßt, bereits eine Mischung des Gutenbergschen Prinzips finanziellen Gleichgewichts[15] mit dem ebenfalls systemindifferenten Prinzip der Wirtschaftlichkeit dar. Letzteres erhält seinen Sinn nicht aus dem Investitionsbereich, sondern stellt, wie wir oben[16] erkannt haben, das Axiom *jeglichen* wirtschaftsbezogenen Handelns und damit auch *unmittelbar* im finanziellen Bereich des Betriebes dar[17], und insofern kann es hier auch nicht als Ausdruck von Beziehungen zwischen Investition und Finanzierung angesehen werden. Das gilt lediglich von dem anderen Teil jenes Prinzips des finanziellen Gleichgewichts im weiteren Sinne, und wir neigen daher eher dazu, hier von einem Prinzip der Erhaltung der Liquidität oder aber — um den Bezug zur Investitionsseite und den dynamischen Hintergrund deutlich zu machen — von dem „Prinzip der finanziellen Sicherung der Investitionen" zu sprechen.

---

14 Goldschmidt (H. O. Goldschmidt, Financial Planning in Industrie, Leiden 1956, S. 102) bezeichnet diese Regel als „quantity liquidity norm", neben der er auch noch eine „quality liquidity norm" kennt, auf die an anderer Stelle (siehe unten S. 80) eingegangen wird.

15 Siehe auch G. Massmann, Das Problem des finanziellen Gleichgewichtes in der Unternehmung, Diss. Köln 1959, S. 17 ff.

16 Vgl. oben Erster Teil, Abschn. A., II., 1.

17 Die Beschaffung bzw. Haltung von mehr finanziellen Mitteln als zum reibungslosen Ablauf der Investition erforderlich wäre, bedeutet eine Verletzung des wirtschaftlichen Prinzips, im einzelwirtschaftlich-technischen Sinne, einfach weil knappe Mittel (Kapitalnutzungsmöglichkeiten) nutzlos verbraucht und damit einer anderen, nutzbringenden Verwendung entzogen werden. Es leuchtet unmittelbar ein, daß die Investitionsseite von einer solchen unwirtschaftlichen Finanzierung nicht betroffen wird, da die überflüssigen Mittel ja gerade *nicht* investiert, noch durch Investitionen verursacht sind — wie etwa eine erforderliche Reservehaltung (siehe unten Dritter Teil, Abschn. C., II.). Auch kann bei einer solchen Finanzierung selbst nicht von einer unwirtschaftlichen (Fehl-)*Investition* (Zinsen) in Kapitalnutzungen gesprochen werden, da die Kapitalnutzungsmöglichkeit innerhalb des Betriebes ja nicht in Anspruch genommen wird und somit der erforderliche Kapitalträger — eben die Kapitalnutzung — gar nicht zustande kommt.

2. *Im Hinblick auf verbundene Investitionen*

Im Vorausgegangenen war bisher nur die Rede von der finanziellen Sicherung der einzelnen Investitionen durch die Beschaffung der in diesen Investitionen gebundenen Kapitalbeträge. Nun bestehen jedoch zwischen den einzelnen betrieblichen Investitionen in vielen Fällen Beziehungen, die die Anforderungen an die Finanzierung zur Sicherung des reibungslosen Ablaufes der Investitionen noch wesentlich erhöhen können.

Zur Erfassung dieses Tatbestandes muß man sich zunächst einmal vergegenwärtigen, daß die im Betrieb eingesetzten Investitionsgüter — also alle produktiven und nicht-produktiven Elemente des betrieblichen Leistungsvollzugs — meist nicht isoliert stehen, sondern in einen Komplex zusammenwirkender Investitionsgüter eingegliedert sind. Alle diese Güter sind auf die Erstellung einer oder auch mehrerer betrieblicher Endleistungen ausgerichtet, wobei die produktive Wirkung jedes einzelnen Produktionsfaktors weitgehend von der Leistung bzw. der Existenz anderer produktiver oder auch nicht-produktiver Güter abhängig ist. So dürfte beispielsweise in einem Industriebetrieb eine maschinelle Anlage nutzlos sein, wenn nicht die zu ihrer Bedienung erforderlichen Arbeitskräfte vorhanden sind, und beide Faktoren sind wirkungslos, wenn nicht das Material verfügbar ist, an dem die Leistung dieser produktiven Einheit[18] vollzogen werden soll. Alle Elemente des betrieblichen Leistungsvollzuges liegen brach, wenn nicht ein „dispositiver Faktor“[19] die „Vereinigung der Elementarfaktoren zu einer produktiven Kombination durchführt“[20]. Außerdem hängt die produktive Leistungsmöglichkeit der Elemente einer Produktionsstufe häufig von vollzogenen Leistungen auf vorangegangenen Produktionsstufen ab, so daß auch zeitlich hintereinander wirkende Elemente des betrieblichen Leistungsvollzugs im Hinblick auf die Erbringung der betrieblichen Endleistung in Zusammenhang stehen.

Solche, nur im Zusammenwirken nutzbringende Produktionselemente bedingen natürlich auch einen Zusammenhang zwischen den zu ihrem Einsatz erforderlichen Investitionen. Auch diese einzelnen Investitionen können nicht isoliert betrachtet werden, sondern müssen

---

[18] Wegen der Zusammengehörigkeit bestimmter Produktionsfaktoren (z. B. Arbeit und Maschine) zur Erbringung einer gemeinsamen Leistung hat Henzel (Henzel, Der Beschäftigungsgrad, ZfB, 5. Jg. (1928), S. 673 ff., S. 721 ff., hier S. 726 f., insbes. Anm. 26) hierfür den Begriff der „leistenden Einheit“ und als spezielle Art derselben die der „Produktiv-Einheit“ geprägt. Analog spricht Bredt (Die Krise der Betriebswirtschaft, a.a.O., S. 30) von „elementaren Betriebseinheiten“, innerhalb deren unselbständige Faktoren zur Erbringung betrieblicher Teilleistungen integriert sind.

[19] Gutenberg, Produktion, 3. A., a.a.O., S. 6.

[20] Ebenda, S. 5.

als Teile eines ganzen Komplexes zusammengehöriger Investitionen gesehen werden. Das gleiche muß entsprechend für „ihre“ Finanzierung, also die Beschaffung der zur Durchführung dieser Investitionen notwendigen Kapitalnutzungen zutreffen. Nicht schon die Kapitalbeschaffung für die einzelne Investition, sondern erst die Finanzierung sämtlicher damit verbundenen Investitionen garantiert ceteris paribus einen reibungslosen Ablauf auch der einzelnen Investition. Ist nämlich innerhalb eines solchen Investitionskomplexes der reibungslose Ablauf einer Investition finanziell nicht gesichert, so strahlt dies notwendig wegen des Zusammenhanges zwischen den Investitionen auch auf die übrigen, zur Erbringung der betrieblichen Endleistung erforderlichen Investitionen aus. Muß eine Investition vorzeitig abgebrochen werden, oder kann sie wegen Kapitalmangels schon gar nicht begonnen werden, dann bedeutet dies auf jeden Fall auch eine Störung des Ablaufs der komplementären[21] Investitionen, häufig sogar den Abbruch all dieser Investitionen mit all den negativen Konsequenzen, auf die oben[22] hingewiesen wurde. So ist es im Extremfall möglich, daß eine finanziell im einzelnen zwar unbedeutende, für den Ablauf aller übrigen Investitionen jedoch unbedingt notwendige Investition zu einer „Überspannung“, einem „Zerreißen der finanziellen Grundlage“[23] und damit zum Zusammenbruch des ganzen Betriebes führt[24].

Man sieht also, es bestehen eindeutig Beziehungen zwischen der Finanzierung einer Investition und dem Ablauf anderer, damit verbundener Investitionen. Daraus ergibt sich für die Finanzierung als Institution zur Sicherung der reibungslosen Durchführung von Investitionen über die oben bezeichnete Aufgabe hinaus die weitere Aufgabe, stets mindestens so viel und für die Dauer Kapital zu beschaffen, wie alle *verbundenen* Investitionen zu ihrem reibungslosen Ablauf benötigen.

Die Forderungen an die Finanzierung zur Sicherung einer reibungslosen Durchführung von Investitionen geht nun noch weiter, wenn man berücksichtigt, daß sich unter den zur Erfüllung betrieblicher Aufgaben verbundenen Produktionsfaktoren solche befinden, die sich erst nach Beteiligung an einer Vielzahl von Produktionsakten verbrauchen, und daß darüber hinaus die Nutzungsdauer dieser verbundenen dauerhaften Produktionsmittel in der Regel unterschiedlich

[21] „Komplementär“ im Hinblick auf die Erbringung der beabsichtigten Endleistung für den Markt.
[22] Vgl. S. 71 f.
[23] Gutenberg, Produktion, 3. A., a.a.O., S. 341.
[24] Gutenberg (Einführung, a.a.O., S. 110) weist in diesem Zusammenhang darauf hin, daß Zahlungsunfähigkeit stets ein materieller Konkursgrund ist, auch wenn der betreffende Betrieb nicht überschuldet ist.

lang ist[25]. Soll das Leistungspotential eines derartigen Gebrauchsgutes im Zeitablauf ausgenutzt werden — und das dürfte der Sinn des Einsatzes dieser Güter im Betrieb sein —, so erfordert dies den mehrfachen Einsatz verbundener Verbrauchsgüter und solcher verbundener Gebrauchsgüter, deren Nutzungsdauer kürzer ist als die des in Frage stehenden Gebrauchsgutes. Andernfalls würde das Nutzungsgut mit der längeren Nutzungsdauer nach einer gewissen Zeit, da die verbundenen Faktoren verbraucht sind, bezüglich des restlichen Leistungspotentials brachliegen. Das noch gebundene Kapital würde nicht planmäßig wieder frei werden, und die reibungslose Durchführung der entsprechenden Investition wäre nicht mehr gewährleistet. Das gleiche träfe zu für die Ersatzinvestition in ein Nutzungsgut, dessen Nutzungsdauer länger ist als die Restnutzungszeit eines verbundenen Produktionsmittels, sofern letzteres — mit der an und für sich längeren *Gesamt*nutzungszeit — nicht ersetzt würde. Hieraus folgt, daß die planmäßige Durchführung einer Investition in ein dauerhaftes Produktionsmittel nicht nur den reibungslosen Ablauf aller verbundenen Investitionen, sondern darüber hinaus auch den *Ersatz* solcher Investitionen erforderlich macht, sofern es sich bei den zugrunde liegenden Investitionsobjekten um Verbrauchsgüter handelt oder aber um Gebrauchsgüter, deren Restnutzungsdauer kürzer ist als die der verbundenen Gebrauchsgüter. Wegen der technisch bedingten Disproportionalitäten in den Nutzungszeiten der dauerhaften abnutzbaren Produktionsmittel ergibt sich so für den Betrieb als ganzen schon die Tendenz zum laufenden Ersatz aller Investitionen und damit zur *kontinuierlichen* Leistungserstellung[26], dem gesamtwirtschaftlich gesehen eine kontinuierliche Wiederkehr zu befriedigender Bedürfnisse und

---

[25] Vgl. oben Erster Teil, Abschn. C., II.

[26] Vgl. Polak, a.a.O., S. 45. Nicht aus dem Einsatz von dauerhaften Produktionsfaktoren schlechthin, also auch von „unverbrauchbaren dauerhaften Gütern" kann u. E. die Tendenz zur Produktion mindestens bis zum Erreichen des kleinsten gemeinsamen Vielfachen der Kapitalbindungszeiten in den verbundenen Investitionsobjekten hergeleitet werden, da gerade die unendliche Lebensdauer solcher „Fundierungsgüter" (vgl. oben Erster Teil, C., Anm. 35) grundsätzlich eine jederzeitige Lösung vom Betrieb und damit eine Beendigung der entsprechenden Investition in der Regel ohne Kapitalverlust ermöglicht. Es ist also nur das gegenseitige Sicht-Überschneiden der Nutzungszeiten verbundener, *abnutzbarer* Gebrauchsgüter, das von produktionstechnischer Seite zu jener Tendenz führt. Eine interessante Parallele hierzu findet man in der Kostentheorie in dem sogenannten Harmoniegesetz. Danach liegt das absolute Stückkostenminimum für den Fall, da Produktionsfaktoren unterschiedlicher Kapazität und Größe miteinander verbunden sind, dort, wo die Anlagen bis zum kleinsten gemeinsamen Vielfachen ihrer Optimalkapazitäten vereinigt sind. (Vgl. Schneider, Theorie der Produktion, a.a.O., S. 83 ff., insbes. S. 85.) Entsprechend könnte man im vorliegenden Falle von einem „Harmoniegesetz bzgl. der Dauer verbundener Investitionen" sprechen.

unter einzelwirtschaftlichem Aspekt das Bestreben zur Erhaltung einer kontinuierlichen Einkommensquelle für die am Betrieb beteiligten Personen gegenübersteht.

Für die Finanzierung ergeben sich daraus wichtige Konsequenzen. Ganz offensichtlich ist doch — wenn man den Blick wieder auf die einzelne Investition richtet — die planmäßige Durchführung einer Investition in ein dauerhaftes Produktionsmittel von der finanziellen Seite her erst gesichert, wenn das in den *verbundenen* Investitionen festgelegte Kapital nicht nur für die Dauer dieser Investitionen zur Verfügung steht, sondern darüber hinaus zum laufenden Ersatz derselben mindestens bis zur planmäßigen Beendigung der betrachteten „dauerhaften" Investition. Dieser Gesichtspunkt muß bei der Beschaffung der Kapitalnutzungen berücksichtigt werden, will man nicht einen vorzeitigen Abbruch von Investitionen in dauerhafte Produktionsmittel riskieren.

Betrachtet man also eine Investition, die durch den Einsatz eines dauerhaften abnutzbaren Gutes im Betrieb verursacht ist, unter dem Aspekt der Finanzierung, so lassen sich gewissermaßen drei Stufen der finanziellen Sicherung einer reibungslosen Durchführung dieser Investition unterscheiden:

1. Es müssen die in dieser Investition gebundenen Kapitalteile mindestens für die Dauer zur Verfügung stehen, wie die entsprechenden, in dem Investitionsobjekt zusammengefaßten Einzel-Nutzleistungen jeweils aus produktionstechnischen und wirtschaftlichen Gründen an den Betrieb gebunden sein müssen.

2. Das Kapital, das zu irgendeinem Zeitpunkt in den mit dieser Investition[27] verbundenen Investitionen steckt, muß mindestens bis zur — produktionstechnisch und wirtschaftlich bestimmten — Beendigung letzterer Investitionen oder, sofern deren restliche Bindungsdauer ceteris paribus länger ist als die der in Frage stehenden Investition, mindestens bis zur Beendigung letzterer verfügbar sein.

3. Ist die gesamte Bindungsdauer des in dem Anlagegut investierten Kapitals länger als die restliche Investitionsdauer komplementärer Investitionen, so muß das in letzteren gebundene Kapital auch für die Dauer von Ersatzinvestitionen dieser Art mindestens bis zur Beendigung der in Frage stehenden Anlageinvestition dem Betrieb überlassen bleiben.

---

[27] Dazu rechnen auch alle die Kapitalbindungen an Nutzleistungen, die sich bereits von der technischen Einheit Maschine gelöst haben, also bereits vom Anlage- zum Umlaufvermögen hinübergewechselt sind. Vgl. Polak, a.a.O., S. 43.

Stellt man diese Überlegung für jede einzelne, zu einem Investitionskomplex gehörende Investition in dauerhafte, abnutzbare Güter eines Betriebes an, so kommt man zwangsläufig von der Partialbetrachtung der finanziellen Sicherung einzelner Investitionen zur *Total*betrachtung der finanziellen Sicherung ganzer Investitionskomplexe.

II. Verfahren der Koordination von Kapitalbindung und Kapitalbeschaffung

1. Die „klassischen" Methoden der Abstimmung zwischen Investition und Finanzierung

Nach den vorangegangenen Erörterungen scheint es naheliegend, zum Zwecke der Investierung stets solches Kapital zu beschaffen, dessen Überlassungsdauer mindestens gleich der Gesamtdauer der einzelnen Investitionen, oder aber, sofern zum reibungslosen Ablauf verbundener Investitionen erforderlich, gleich der Dauer von Ketten jener Investitionen[28] ist. Dabei könnte natürlich Kapital verschiedener Herkunft zu der in einem Investitionsgut gebundenen Gesamtmenge zusammengefaßt werden, nur müßten die Zeitindizes jedes der überlassenen Kapitalteile mindestens gleich dem Zeitindex sein, der der erforderlichen Bindung des Gesamtkapitals im Investitionsobjekt bzw. einer Folge solcher Investitionsobjekte anhaftet[29].

Sind der Beschaffung von Kapital in Relation zu rentablen Produktionsmöglichkeiten Grenzen gesetzt — und das dürfte oft genug der Fall sein[30] —, so bedeutete dies umgekehrt, daß der Betrieb solche Leistungsprozesse nur insoweit in Angriff nehmen sollte, als das zur reibungslosen Durchführung der erforderlichen Investitionen benötigte Kapital bereits bei Beginn des Investitionskomplexes verfügbar ist. Darüber hinaus müßte beim Anlauf des Leistungsprozesses, und damit der ersten Investition, auch bereits das erforderliche Kapital für die noch folgenden verbundenen Investitionen und Investitionsketten verfügbar bzw. zum Zeitpunkt ihres Beginnes absolut gesichert sein.

---

[28] Von Investitionsketten oder Investitionsfolgen wird dann gesprochen, wenn es sich um eine Reihe von Investitionen handelt, von denen jede folgende die Ersatzinvestition der vorhergehenden darstellt. Vgl. Schneider, Wirtschaftlichkeitsrechnung, a.a.O., S. 57 f.

[29] Vgl. Gutenberg, Die Unternehmung, a.a.O., S. 36 f. Wurde das Investitionsgut auf Kredit, also zusammen mit einer gewissen Kapitalnutzung geliefert, so genügt es natürlich, wenn bei Fälligkeit der Zahlung das Kapital in der entsprechenden Höhe und für die restliche Investitionsdauer vorhanden ist. Allerdings müßte bereits bei *Beginn* der Investition die Verfügbarkeit dieses Kapitals absolut gewährleistet sein.

[30] Schmalenbach (Kapital, Kredit und Zins, 3. A., a.a.O., S. 97) hält diesen Fall sogar stets für gegeben: „Der *Umfang*, in dem jeweils Kapitalinvestierungen erfolgen, ist *abhängig* vom *vorhandenen Kapital. Er ist nicht abhängig von den Investierungsgelegenheiten.*"

Würde in der vorgenannten Weise bezüglich aller zur Erbringung betrieblicher Endleistungen verbundenen Investitionen verfahren, so wäre die Durchführung der Investitionskomplexe bereits zu ihrem Beginn finanziell gesichert, das überlassene Kapital würde unter Wahrung eines reibungslosen Ablaufes der Investitionen bzw. der Investitionsketten spätestens dann wieder frei, wenn es zur Rückzahlung fällig würde, womit jene finanziellen Spannungen vermieden würden, von denen oben die Rede war.

Tatsächlich auch entsprechen die „klassischen" betriebswirtschaftlichen Finanzierungsregeln weitgehend den obigen Grundsätzen, wenn sie fordern, daß das Anlagevermögen sowie das sich regelmäßig erneuernde Umlaufvermögen mit dauernd, zumindest aber mit langfristig zur Verfügung stehendem Kapital finanziert werden müsse, während das sich unregelmäßig erneuernde Umlaufvermögen mit kurzfristigem Kapital finanziert werden könne[31].

Bei dem sich regelmäßig erneuernden Umlaufvermögen handelt es sich um jene im Betrieb gebundenen Verbrauchsgüter, also das Betriebsvermögen, das zum reibungslosen Betriebsablauf mindestens erforderlich ist und daher nach Verlassen des Betriebes stets wieder ersetzt werden muß („Eiserne Bestände"). Zu dem sich unregelmäßig erneuernden Umlaufvermögen rechnen vor allem die auf Grund saisonaler oder sonstiger Marktschwankungen auftretenden „Spitzen".

Mellerowicz bezeichnet diese Finanzierungsregel als „Grundsatz der finanzwirtschaftlichen Entsprechung"[32], während Günther[33] in dem Zusammenhang vom „Grundsatz der *Finanzkongruenz*" spricht, wonach „die Art der zu beschaffenden Finanzmittel ... der Art der Investition entsprechen (muß)". Es ist dies gewissermaßen die „klassische" Methode der Abstimmung zwischen Investition und Finanzierung.

---

[31] Vgl. Töndury und Gsell, a.a.O., S. 43 ff.; Gerwig, a.a.O., S. 223 f.; Goldschmidt, a.a.O., S. 106 f. Goldschmidt spricht in diesem Zusammenhang von der „quality liquidity norm", die er der oben genannten „quantity liquidity norm" gegenüberstellt. Siehe ferner: L. Mayer, Bilanzanalyse, Wiesbaden (o. J.), S. 32 u. S. 37; K. Schmaltz, Der Vermögens- und Kapitalaufbau in seinen Beziehungen zum Wertumlauf, in: Neues betriebswirtschaftliche Quellenbuch. Herausg. v. P. Deutsch und Hirai Yasutaro, Leipzig 1938, S. 94 ff., hier S. 98 f.; J. Keller, Investition und Finanzierung in der industriellen Unternehmung, „Die Unternehmung", Bern, 5. Jg. (1951), S. 33 ff., hier S. 34 ff., insbes. S. 35.

[32] Mellerowicz, Die Problematik der Industriefinanzierung, a.a.O., S. 121. Siehe auch ders., Betriebswirtschaftslehre der Industrie, Freiburg 1957, S. 65.

[33] H. Günther, Planung und Kontrolle betrieblicher Investitionen aus der Sicht des Finanzkaufmanns, in: Planung und Kontrolle betrieblicher Investitionen, ZfhF, N.F. 6. Jg. (1954), S. 574 ff., hier S. 575.

2. *Die horizontale Kapitalzusammenfassung als Möglichkeit der Synchronisation von Kapitalbindungs- und Kapitalverfügungsfrist*

Es fragt sich nun, ob eine so strenge Bindung der Überlassungsdauer des benötigten Kapitals an die Dauer der entsprechenden Investitionen bzw. Investitionsketten, wie es die „klassischen" Finanzierungsregeln fordern, aus den oben dargestellten Beziehungen zwischen Investition und Finanzierung mit unbedingter Zwangsläufigkeit resultiert, oder ob diese Beziehungen dem Betrieb nicht noch gewisse Dispositionsfreiheiten im Hinblick auf die Wahl der Finanzierung oder — bei begrenzter Kapitalbeschaffung — auf die Wahl der Investitionen belassen. Diese Frage wäre im ersteren Sinne zu beantworten, wenn ein Betrieb nach Ablauf einer ursprünglich vereinbarten Kapitalüberlassungsfrist dieses Kapital tatsächlich auch immer zurückzahlen müßte und er darüber hinaus die aus einer Kapitalüberlassung für begrenzte Zeit herrührende Verpflichtung zur Rückzahlung stets nur erfüllen könnte, indem er sich das Kapital durch Veräußerung der Güter, an die es gebunden wurde, wiederbeschafft. Unter diesen Voraussetzungen wäre spätestens bei Ablauf jeder vereinbarten Kapitalüberlassungsdauer eine entsprechende Investitionsbeendigung und gegebenenfalls die Beendigung einer Investitionsfolge erforderlich. Beide Voraussetzungen sind jedoch im Betriebsablauf nicht zwingend. So ist es einmal denkbar — und auch oft geübte Praxis —, daß einem Betrieb nach Ablauf einer ursprünglich vereinbarten Kapitalüberlassungsfrist das Kapital stillschweigend oder expressis verbis vom Kapitalgeber für eine weitere Zeit überlassen bleibt. Mit anderen Worten, die Kapitalüberlassungsdauer wird prolongiert, womit der Betrieb über grundsätzlich kürzerfristig vereinbarte Kredite zu einer längerfristigen Kapitalnutzung gelangt. Zum anderen kann ein Betrieb bei Eintritt einer Rückzahlungsverpflichtung diese auch in der Weise erfüllen, daß er sich das fällige Kapital von dritter Seite beschafft und es dem ursprünglichen Gläubiger überläßt. Die Ansprüche des zweiten Gläubigers ließen sich bei Fälligkeit gegebenenfalls in gleicher Weise befriedigen, und so fort. Es fände so nur ein Wechsel der Kapitalgeber statt, von dem die Investition, also die Kapitalverwendung, unberührt bliebe, was nur möglich ist, weil es sich bei dem Kapital um ein absolut vertretbares „Gut" handelt. Von der Investition aus gesehen bedeutet dies, daß während der Dauer der Investition die Quellen des Kapitals, das in dieser gebunden ist, laufend wechseln können, ohne daß der reibungslose Ablauf derselben gestört würde. Es besteht gewissermaßen eine *Austauschbarkeit des Kapitals in der Investition,* und damit natürlich auch in den Investitionsketten. Am häufigsten, wenn auch vielleicht am wenigsten bemerkbar, erfolgt dieser Kapitalaustausch bei Begleichung einer Lieferantenschuld nach Inanspruchnahme einer gewissen Zahlungsfrist, einem Ziel vom Zeitpunkt der Lieferung an: Das vom Lieferanten während dieser Zahlungsfrist zur Nutzung überlassene Kapital wird abgelöst durch Kapital, das sich der Betrieb von anderer Seite beschafft hat.

Auf Grund der Austauschbarkeit des Kapitals in den Investitionen ist es möglich, den reibungslosen Ablauf einer Investition auch in der Weise finanziell zu sichern, daß man Kapitalnutzungen aus verschiedenen Quellen zeitlich hintereinander schaltet, um so die erforderlichen Kapitalnutzungen für die gesamte Dauer der einzelnen Investition bzw. etwaiger verbundener Investitionen (Investitionsketten) zu erhalten. Der gleiche Effekt würde natürlich auch erzielt, wenn man auf dem Wege über die Kapitalprolongation Kapitalnutzungen aus ein- und derselben Quelle kombiniert. Mit anderen Worten, man könnte eine Investition bzw. eine Investitionskette auch mit Kapital finanzieren, dessen vereinbarte Überlassungsdauer jeweils kürzer ist als die Dauer der Investition (Investitionskette), indem man bis zur Beendigung des Investitionsvorhabens die erforderliche Kapitalmenge bei Fälligkeit stets durch neu beschafftes Kapital ersetzt oder aber ihre Rückzahlung durch Kreditprolongation hinausschiebt[34]. In beiden Fällen erfolgt sozusagen eine *horizontale Kapitalzusammenfassung*, eine zeitliche Zusammenfassung mehrerer *hintereinander* beschaffter Kapitalnutzungen (sei es aus gleicher oder verschiedenen Quellen) zu der für die reibungslose Durchführung einer Investition (Investitionsfolge) erforderlichen Gesamtkapitalnutzung. Demgegenüber könnte man bei der mengenmäßigen Kombination von Kapitalien unterschiedlicher Herkunft zu der in einem jeden Zeitpunkt der Investition gebundenen Gesamtkapitalmenge[35] von *vertikaler Kapitalzusammenfassung* sprechen[36].

So wie die vertikale Kapitalzusammenfassung eine *mengenmäßige* Lösung der einzelnen Kapitalbeschaffung von der Investition bedeutet, so bringt die horizontale Kapitalzusammenfassung eine Lösung der Finanzierungsakte von den einzelnen Investitionen auch in zeitlicher

---

[34] Vgl. E. Schmalenbach, Kapital, Kredit und Zins, 3. A., a.a.O., S. 102. Schmalenbach sieht den Fall von der Kreditseite her so: „. . ., daß jemand einen Kredit auch für lange Zeit in der Weise nehmen kann, indem er eine Reihe von kurzfristigen Krediten hintereinander nimmt, entweder indem er den Kredit fortgesetzt prolongieren läßt oder einen anderen Gläubiger substituiert.“

[35] Vgl. oben S. 79.

[36] Die Unterscheidung in vertikale und horizontale Kapitalzusammenfassung entspringt dem zweidimensionalen Charakter der Kapitalnutzung (vgl. oben Erster Teil, Abschn. D., I., 2.), wobei die vertikale Zusammenfassung in der Mengenebene und die horizontale Kapitalzusammenfassung in der Zeitebene stattfindet.

Hinsicht mit sich. Daneben kann sich die Finanzierung von der einzelnen Investition (Investitionsfolge) natürlich auch noch — allerdings mit umgekehrtem Vorzeichen — lösen, indem Kapitalnutzungen aus einer Quelle beschafft werden, die mengenmäßig und (oder) zeitlich umfangreicher sind, als es für den reibungslosen Ablauf der einzelnen Investition (Investitionskette) erforderlich ist, so daß mit den „restlichen" Kapitalnutzungen noch andere Investitionen begonnen oder durchgeführt werden können[37].

Man sieht also, die reibungslose Durchführung von Investitionen läßt trotz der engen Beziehungen zwischen Investition und Finanzierung noch Eigenbewegungen im finanziellen Bereich des Betriebes zu[38], jene Eigenbewegungen, die sich äußerlich durch einen laufenden Geldkapitalzugang und -abfluß sowie Kreditverlängerungen unabhängig vom Beginn oder Ende einer Investition bzw. Investitionsfolge bemerkbar machen.

Angesichts dieser möglichen Eigenbewegung im finanziellen Bereich des Betriebes insbesondere auf Grund horizontaler Kapitalzusammenfassung in den Investitionen erscheinen die oben dargestellten Finanzierungsregeln im Hinblick auf die zeitliche Bindung zwischen Überlassungsdauer des zu beschaffenden Kapitals und Investitionsdauer entschieden zu streng. Tatsächlich auch weicht die Praxis von diesen Regeln häufig ab, wofür in Westdeutschland gerade die jüngste Vergangenheit seit der Währungsreform im Jahre 1948 ein beredtes Beispiel liefert. Vielfach wurden hier bei der notorischen Kapitalknappheit langfristige Investitionen mit kurzfristig überlassenem Kapital finanziert, das dann durch neues Kapital ersetzt oder auf dem Wege der Kapitalprolongation in langfristiges Kapital umgewandelt wurde[39].

---

[37] Vgl. Töndury und Gsell, a.a.O., S. 37.

[38] Vgl. Gutenberg, Die Unternehmung, a.a.O., S. 54 f. Gutenberg spricht hier von einer „Eigenbewegung des Geldstromes", stellt dabei allerdings auf die „zeitliche Verschiebung der Finanzierung zu den Umsatz- oder Produktionsprozessen der *konkreten Güter* (ab), wobei hier unter Umsatz die Bewegung der Güter vom Zeitpunkt ihrer Anlieferung bis zu ihrer Ablieferung verstanden wird" (S. 54). Gutenbergs „Eigenbewegung des Geldstromes" geht also weiter als unsere „Eigenbewegungen im finanziellen Bereich", sie umfaßt auch noch die Kundenkredite (vgl. bei Gutenberg, S. 55), die in unserem System als sogenannte „finanzielle Nebenleistungen" dem Investitionsbereich des Betriebes angehören (vgl. Erster Teil, Abschn. D., III., 2). Wenn also einer betrieblichen Real-Leistungserstellung und -Leistungsverwertung im Sinne von Gutenberg noch eine „finanzielle Nebenleistung" folgt, so stellt die deshalb erforderliche zusätzliche Kapitalbeschaffung nach der hier gewählten Betrachtungsweise zunächst noch keine finanzielle Eigenbewegung dar, da sie durch eine (Finanz-)Investition verursacht ist.

[39] Vgl. Thiess, a.a.O., S. 8; Mellerowicz, Die Problematik der Industriefinanzierung, a.a.O., S. 121 ff.; J. Krahnen, Investitionsfinanzierung und Investitionspolitik in der sozialen Marktwirtschaft Westdeutschlands, Diss. Köln 1951, S. 14.

Walb[40] sieht die „Revolvierung der Kredite“ und den „Gläubigerwechsel“ als typische Erscheinung einer Wirtschaftsart an, für die der Kredit ein Lebenselement ist, und er geht sogar so weit zu sagen, „daß die sog. ‚goldene Bankregel‘ mit dem Postulat der Fristengleichheit der Einlagen und Ausleihungen als eine Lebenslüge der Bankwissenschaft und Bankpraxis bezeichnet werden darf, die in der Vorkriegszeit durch die Tat widerlegt worden ist“. Gerade für die Banken würde eine solche Finanzierungsweise die Aufgabe einer wichtigen gesamtwirtschaftlichen Funktion bedeuten, die darin besteht, daß „formell kurzfristige Depositen von den Banken längerfristig ausgeliehen werden“[41]. Mit Recht weist Walb darauf hin, daß durch diese sogenannte Transformation[42] „die Wirksamkeit des Geldes in der Wirtschaft wesentlich erhöht (wird)“[43], denn ohne Zweifel würde ein Großteil der nur kurzfristig bereitstehenden Mittel brachliegen, wenn sie nicht durch die Banken auf dem Wege über laufende Gläubigersubstitution oder Kapitalprolongation zu langfristigen, den Investitionsbedürfnissen der Wirtschaft entsprechenden Kapitalien zusammengefaßt würden. Auch Schmalenbach[44] betont die große Bedeutung, die der Prolongation und Substitution von Kapitalüberlassungen bei der Überwindung der Inkongruenz zwischen den Fristigkeitsbedürfnissen von Kapitalnehmern und Kapitalgebern zukommt, und er läßt die Kapitaltransformation[45] als eine hervorragende Aufgabe der Depositenbanken erkenen, wenn er sagt: „Die Möglichkeit einer solchen Transformation von kurzfristigen in langfristige Kredite beruht darauf, daß ein großer Teil sich zwar vorbehält, die Einlagen jederzeit abheben zu können, dies aber tatsächlich nicht tut; mit der *Möglichkeit* sofortiger Abhebung ist dem Einleger gedient. Hier liegt Prolongation vor. Bei den übrigen Einlegern, die ihre Beträge tatsächlich abheben, wird der erheblichste Teil durch den Zustrom neuer Einlagen

---

40 Walb, a.a.O., S. 39.

41 Walb, a.a.O., S. 10. Vgl. auch Lohmann, Einführung, 2. A., a.a.O., S. 179.

42 Daneben ist natürlich auch eine Transformation von langfristig überlassenem Kapital in kurzfristige Kredite möglich. (Vgl. Polak, a.a.O., S. 48 ff.; Gutenberg, Die Kreditquellen in der Finanzierung, a.a.O., S. 768.) Diese Form der Transformation ist jedoch hier verständlicherweise nicht von Interesse.

43 Walb, a.a.O., S. 10.

44 Schmalenbach, Kapital, Kredit und Zins, 3. A., a.a.O., S. 121 f.; siehe auch Gutenberg, Die Kreditquellen in der Finanzierung, a.a.O., S. 769.

45 Dem gleichen Zwecke dient auch die sogenannte Kapitalmobilisation, die ebenfalls die Prolongation und Substitution in ihren Dienst stellt, jedoch ist hier das vom Schuldner aufgenommene Kapital a priori *langfristig*, und es ist die Sache des Gläubigers, durch den Verkauf der vertretbaren Wertpapiere eine Substitution bzw. durch Halten der Papiere über eine ursprünglich beabsichtigte Zeit hinaus eine Prolongation herbeizuführen. (Vgl. Schmalenbach, ebenda, S. 124.) Die Mobilisation interessiert daher hier im Zusammenhang mit der horizontalen Kapitalzusammenfassung *durch den investierenden Betrieb* nicht.

ersetzt; es ist ein fortgesetztes Kommen und Gehen, mit dem Erfolg, daß der Bestand sich zwar etwas, aber nicht sehr erheblich ändert. Hier liegt Substitution vor[46]."

In den entwickelten Begriffen von Investition und Finanzierung gesprochen, bedeutet dies, daß es entgegen den klassischen Finanzierungsregeln geradezu Aufgabe gewisser Betriebe, insbesondere der Depositenbanken, ist, langfristige Investitionen (Finanzinvestitionen!) mit kürzerfristigen Kapitalien zu finanzieren. Neben der durch die Banken bewirkten Kapitaltransformation führt auch die Kapitalzusammenfassung der realinvestierenden Betriebe, wie beispielsweise der Industrie- und Handelsbetriebe, zu einer intensiveren Ausnutzung des grundsätzlich knappen Angebots an Kapitalnutzungen. Hier wird die Kapitaltransformation gewissermaßen übersprungen, und es erfolgt ein direkter „Einsatz" von kürzerfristigem Kapital in längerfristige Realinvestitionen, das dann entsprechend prolongiert oder durch neu beschafftes Kapital substituiert wird[47].

Zusammenfassend läßt sich also feststellen, daß die Möglichkeit horizontaler Kapitalzusammenfassung in den Investitionen in allen Betrieben eine weitgehende Lösung der Finanzierungsakte im Hinblick auf die Überlassungsdauer des zu beschaffenden Kapitals von der Dauer der einzelnen Investition bzw. Investitionsfolge und umgekehrt erlaubt und daß darüber hinaus unter dem Aspekt bestmöglicher Ausnutzung des grundsätzlich begrenzten Kapitalangebotes auch ein gesamtwirtschaftliches Interesse an dieser horizontalen Kapitalzusammenfassung besteht.

III. Das Risiko mangelnder Kapitalnachfolge als Gesichtspunkt bei der Wahl der Anpassungsform zwischen Investition und Finanzierung

1. Das Phänomen und seine möglichen Folgen

Die *Möglichkeit* der horizontalen Kapitalzusammenfassung in den Investitionen läßt noch die Frage offen, ob die Lösung der Kapitalüberlassungsdauer von der Dauer der einzelnen Investition (Investitionskette) bei allen Betrieben unter einzelwirtschaftlichem Aspekt auch *zweckmäßig* ist. Sieht man in diesem Zusammenhang einmal von Kostenerwägungen ab, so kann es sich hier nur um die Frage nach

---

[46] Schmalenbach, Kapital, Kredit und Zins, 3. A., a.a.O., S. 141.

[47] Dieser Fall ist jedoch nicht als *Kapitaltransformation* anzusehen, da im Gegensatz zu der Praxis der Banken hier nicht kurzfristiges Kapital in langfristiges, wieder auf dem Markt zum Angebot gelangendes *Geldkapital* umgewandelt wird.

der Zweckmäßigkeit im Hinblick auf die finanzielle Sicherung einer reibungslosen Durchführung von Investitionen handeln.

Bei dieser Frage muß man sich zunächst vor Augen halten, daß im Wirtschaftsablauf, insbesondere in Zeiten des konjunkturellen Aufschwungs und der Hochkonjunktur, die Situation eintreten kann, daß die Nachfrage nach Kapital das Angebot bei einem — noch so hohen — gegebenen Zinssatz übersteigt. Ein Teil der Nachfrage muß in diesem Falle notwendig unbefriedigt bleiben. Hinzu kommt ein weiteres: Der Verkauf von Kapitalnutzungen ist für den Kapitalgeber mit dem erheblichen Risiko des Kapitalverlustes beim Verwender verbunden, da einerseits die Inanspruchnahme von Kapitalnutzungen auch die Überlassung des Kapitals erfordert, andererseits aber gerade das in einem Betrieb arbeitende Kapital alleiniger Träger des Risikos betrieblichen Mißerfolges darstellt[48]. Auf Grund dieser Tatsache machen die Kapitalgeber — wie insbesondere die Kreditinstitute — in vielen Fällen die Überlassung des Kapitals von der Gewährung einer dinglichen Sicherung seitens der Kapitalnachfrager abhängig.

Knappheit des Kapitalangebotes und (oder) der Mangel an Sicherheiten führen nun häufig dazu, daß sich ein Kapitalsuchender die gewünschten Kapitalnutzungen nicht beschaffen kann. Bei den gegebenen wirtschaftlichen Verhältnissen ist niemand bereits oder auch in der Lage, dem Betrieb Kapital zu überlassen. Eine in Erwägung gezogene Investition müßte unter diesen Umständen wohl oder übel unterbleiben, was für den Betrieb noch keinen Kapitalverlust, sondern höchstens den Verlust einer Gewinnchance bedeuten würde.

Grundsätzlich anders liegen die Dinge jedoch, wenn eine langfristige Investition bereits mit kürzerfristigem Kapital begonnen wurde und nun nach Ablauf der Kapitalüberlassungsfrist von seiten des Geld- oder Kapitalmarktes her keine Möglichkeit der Prolongation oder Substitution des fälligen Kapitals besteht. In diesem Falle wäre der Betrieb gezwungen, zwecks Wiedergewinnung der gebundenen Mittel, begonnene Investitionen vorzeitig abzubrechen. Das wäre aber, wie wir oben festgestellt haben, notwendig mit einem Verlust an Kapital in diesen und (oder) gegebenenfalls in den komplementären Investitionen verbunden. Da die zukünftigen Kapitalverhältnisse in einer dynamischen Wirtschaft grundsätzlich nicht voraussehbar sind, ist also jede begonnene Investition bzw. jeder begonnene Investitionskomplex, dessen Dauer länger ist als die Überlassungsdauer des darin gebundenen Kapitals, mit dem Risiko zukünftiger mangelnder „Kapitalnachfolge"[49] und damit dem vorzeitigen Abbruch von Investitionen unter

[48] Vgl. oben S. 53.

[49] Gutenberg (Die Kreditquellen in der Finanzierung, a.a.O., S. 769) spricht in einem anderen Zusammenhang von dem Phänomen der „Nach-

Kapitalverlust verbunden, sofern nicht bei Beginn der Investition bereits langfristiges Kapital im Unternehmen eingesetzt ist, das mit absoluter Gewißheit zum Zeitpunkt der erforderlichen Substitution frei verfügbar ist.

Wenn also oben aus der Möglichkeit der horizontalen Kapitalzusammenfassung in den Investitionen die Unbedenklichkeit einer Lösung der „Finanzierungs"-Dauer von der Investitionsdauer gefolgert wurde, so galt dies nur unter der Voraussetzung einer gesicherten Kapitalnachfolge. Diese ist in gewissem Umfang grundsätzlich bei Depositenbanken gegeben, was sich aus der Natur ihrer gesamtwirtschaftlichen Funktion ergibt. Hier bewirkt das Gesetz der großen Zahl, daß ständig ein gewisser Bestand an kürzerfristigen Mitteln verfügbar ist, der dann langfristig ausgeliehen werden kann[50]. Insofern sind auch — wie oben[51] bereits hervorgehoben — gerade diese Institute dazu berufen, die gesamtwirtschaftlich bedeutende Funktion der Kapitaltransformation zu erfüllen.

Bei den übrigen, vor allem den Realleistungen erstellenden Betrieben ist eine solche Kapitalnachfolge durch die Natur des Geschäftsbetriebes nicht gegeben, sie ist höchstens durch strenge vertragliche Abmachungen schon vor Beginn der Investitionen zu sichern. Im allgemeinen besteht jedoch — ebenfalls wegen der Ungewißheit über die wirtschaftliche Entwicklung — bei den Kapitalgebern keine besondere Neigung oder auch Möglichkeit, sich in der Gegenwart zu einer Kapitalüberlassung in mehr oder minder ferner Zukunft zu verpflichten. Für den Kapitalverwender läßt sich daher bei Beginn einer Investition mit kürzerfristigem Kapital das Risiko mangelnder Kapitalnachfolge meist nicht ausschalten, es sei denn, es handelt sich um eine Überbrückung bis zu dem Zeitpunkt, wo in der Überlassungsfrist entsprechendes, momentan noch in anderen Gütern gebundenes Kapital wieder mit Sicherheit frei verfügbar ist.

Es stellt sich nun die Frage, wie die Betriebe diesem Risiko der mangelnden Kapitalnachfolge und seinen möglichen negativen Folgen

---

folge der Kapitalgeber", wobei er die hier so bezeichnete Gläubiger- oder Kapitalsubstitution im Auge hat, während wir in die „Kapitalnachfolge" auch die Kapital*prolognation* miteinbeziehen.

[50] Vgl. Schmalenbach, Kapital, Kredit und Zins, a.a.O., S. 139: „Die Transformation stellt das Gesetz der großen Zahl ebenso in den Dienst ihrer Technik wie die Mobilisation." Vgl. auch daselbst, S. 141 sowie Gutenberg, Die Kreditquellen in der Finanzierung, a.a.O., S. 769. Es ist allerdings auch bei diesen Kreditinstituten das Risiko einer mangelnden Kapitalnachfolge nicht 100%ig ausgeschaltet, da sich in besonderen Krisenzeiten der durchschnittliche Bestand an kurzfristig angelegten Mitteln unerwartet dezimieren kann (Schaltersturm), wodurch die Bank in Zahlungsschwierigkeiten kommen kann. Für diesen Fall steht den Banken jedoch meist noch die Hilfe der Notenbanken (Refinanzierung) offen.

[51] Vgl. S. 84 f.

für den Betrieb bei den Finanzierungs- bzw. Investitionsentscheidungen begegnen können.

2. *Die Berücksichtigung des Risikos mangelnder Kapitalnachfolge als Erfordernis finanzieller Sicherung der Investitionen*

a) Partiale Betrachtung

Zur Beantwortung der vorgestellten Frage erscheint es opportun, eine Differenzierung in der Betrachtungsweise vorzunehmen, und zwar soll zunächst in einer partialen Betrachtung der Blick auf die einzelne, isolierte Investition gerichtet werden, um später dann Komplexe zusammenhängender Investitionen einer mehr totalen Betrachtung zu unterziehen.

Es liegt auf der Hand, daß das Risiko der mangelnden Kapitalnachfolge bei der einzelnen Investition nur auszuschalten ist, indem man eine Übereinstimmung der Kapitalüberlassungsdauer mindestens mit der Dauer bzw. Restdauer[52] der Investition herbeiführt, in die das Kapital gebunden werden soll. Sind diesen Bestrebungen von der Finanzierungsseite Grenzen gesetzt im Vergleich zu möglichen rentablen Investitionen, so dürften entsprechend nur solche Investitionen begonnen werden, zu deren reibungslosem Ablauf das erforderliche Kapital für ihre gesamte Dauer bereits bei Beginn des Investitionsvorhabens zur Verfügung steht.

Unter dem Gesichtspunkt der finanziellen Sicherung der reibungslosen Durchführung der einzelnen Investitionen *auf lange Sicht* erscheint es somit für die Mehrzahl der Betriebswirtschaften grundsätzlich *nicht zweckmäßig,* langfristige Investitionen mit kurzfristig überlassenem Kapital zu finanzieren in der Hoffnung, daß bei Fälligkeit der Kapitalrückzahlung eine Prolongation oder eine Substitution durch neu beschafftes Kapital möglich sei. Vielmehr ist wegen des Risikos der mangelnden Kapitalnachfolge und der dadurch bedingten Gefahr des Kapitalverlustes in den getätigten Investitionen im allgemeinen eine Finanzierung langfristiger Investitionen mit entsprechend langfristig überlassenem Kapital angebracht. Für Investitionen mit kürzerer Kapitalbindungszeit kann dann auch kürzerfristig überlassenes Kapital verwendet werden.

So gesehen erfahren also die oben[53] erwähnten „klassischen" Finanzierungsregeln in diesem Punkte wiederum eine Rechtfertigung, wenn-

---

[52] Für den Fall, daß vorher bereits anderes Kapital in der Investition gebunden war, wie beispielsweise bei einer Lieferung auf Ziel.

[53] Vgl. Abschn. A., II., 1.

gleich hierbei auch bereits Gesichtspunkte einer mehr totalen Betrachtung Berücksichtigung gefunden haben[54].

Wenn Mellerowicz[55] sagt, daß „die finanzwirtschaftliche Entsprechung von Kapitalverwendung und Kapitalbeschaffung ... der Herstellung einer strukturellen Liquidität, der Gewährleistung der Zahlungsfähigkeit auf lange Sicht (dient)", so meint er unter dem Gesichtspunkt der Liquidität das gleiche, was oben unter der finanziellen Sicherung der reibungslosen Durchführung von Investitionen auf lange Sicht verstanden wurde.

Bei Goldschmidt[56] findet man den Hinweis auf das Risiko mangelnder Kapitalnachfolge und die daraus resultierenden Gefahren für den Betrieb u. a. in den Worten: „For either the subsistence of the firm will be serious endangered, or profitability will be very adverseley affected, if the permanent need for capital should be financed with either long-term or short-term capital. At any moment that this capital is either wholly or partly withdrawn from the firm it will be necessary to replace it at once, since the need for capital remains unchanged. And it will always be an open question whether the situation on the money- or capital market is such as to allow of this replacement in sufficient measure and at a normal rate of interest. ... Similar arguments can be found if the whole or part of the slowly diminishing need for capital should be financed with short-term capital." Und es ist dieses Risiko, das Goldschmidt[57] auch veranlaßt, in seiner „qualitative liquidity norm" eine strenge Anpassung der Kapitalüberlassungsdauer mindestens an die Dauer der Kapitalbindung in den einzelnen Vermögensgegenständen zu fordern. Dieser Gesichtspunkt dürfte letztlich auch maßgebend gewesen sein bei ähnlichen Forderungen von seiten anderer Autoren[58].

Nach der unterschiedlichen Dauer der Kapitalbindung in den einzelnen Elementen des betrieblichen Leistungsvollzuges lassen sich bei *partialer Betrachtung* grundsätzlich drei Gruppen von — durch den Einsatz solcher Elemente verursachten — Investitionen unterscheiden. Jede Gruppe bedingt unter dem Gesichtspunkt der reibungslosen Durchführung der Investitionen auf lange Sicht entsprechend auch eine andere Mindestkapitalüberlassungsdauer:

So finden sich auf der einen Seite die Investitionen in dauerhafte, nicht nutzbare Güter, wie insbesondere den Grund und Boden. Das

---

54 Vgl. J. L. Mey, Kritische Bemerkungen zur Finanzierungslehre, ZfhF, N.F. 9. Jg. (1957), S. 521 ff., hier S. 523. Siehe auch den folgenden Abschnitt b.

55 Mellerowicz, Die Problematik der Industriefinanzierung a.a.O., S. 121.

56 Goldschmidt, a.a.O., S. 105.

57 Ebenda, S. 106 in Verbindung mit S. 108.

58 Vgl. die oben in Anm. 31 weiter angeführte Literatur.

hierin investierte Kapital setzt sich nicht um, sondern bleibt während der ganzen Zeit, da diese Fundierungsgüter am Produktionsprozeß teilnehmen, in voller Höhe gebunden. Entsprechend müßte das Kapital dem Betrieb „auf Lebenszeit", also mindestens solange, wie eine betriebliche Leistungserstellung beabsichtigt ist, zur Verfügung stehen, da erst dann eine Wiedergewinnung des gebundenen Kapitals nach Verkauf der Güter möglich ist. Da jedoch der vorzeitige Abbruch einer solchen Investition im allgemeinen einen Kapitalverlust nicht verursacht[59], kann hier — bei Betrachtung der einzelnen Investition — auch eine kürzere Finanzierung und damit das Risiko mangelnder Kapitalnachfolge in Kauf genommen werden. Allerdings muß man sich darüber im klaren sein, daß bei Eintritt dieses Umstandes die Leistungserstellung beendet ist — ein Gesichtspunkt der u. E. jedoch bei Finanzierungs- resp. Investitionsentscheidungen gegenüber einem befürchteten Kapitalverlust von vergleichsweise untergeordneter Bedeutung ist[60].

Den dauerhaften, nicht amortisierbaren Anlagegütern gegenüber stehen die Verbrauchsgüter. Sie sind im allgemeinen nur kurzfristig an den Betrieb gebunden, so daß das in sie investierte Kapital auch nach relativ kurzer Zeit wieder frei wird. Entsprechend können diese Investitionen mit kurzfristigem Kapital finanziert werden.

Zwischen den Investitionen in dauerhafte, nicht abnutzbare Produktionsfaktoren und solchen in nicht dauerhafte Elemente des betrieblichen Leistungsvollzuges stehen die Investitionen, welche durch den Einsatz dauerhafter aber *abnutzbarer* Produktionsfaktoren verursacht sind. Wie wir an anderer Stelle[61] bereits konstatiert haben, ist es ein Wesensmerkmal der dauerhaften, abnutzbaren Güter, daß sie sich zwar im Vollzug der betrieblichen Leistungserstellung verbrauchen, die Abnutzung der Güter sich jedoch wegen der Mehrzahl der in ihnen vereinten, nur hintereinander darzubringenden potentiellen Nutzleistungen über eine mehr oder minder lange Zeit erstreckt. Da es dem Betrieb beim Einsatz eines solchen „unteilbaren" Produktionsfaktors um dessen potentielle Nutzleistungen geht und letztlich auch nur diese Nutzleistungen in die betriebliche Endleistung eingehen, muß man das in diese dauerhaften Güter investierte Kapital als an die einzelnen Nutzleistungen gebunden ansehen. Entsprechend haben dann die einzelnen Kapitalteile eine unterschiedliche Umlauf-

---

[59] Vgl. Töndury und Gsell, a.a.O., S. 40. Siehe auch oben Anm. 26.

[60] So wird so schnell niemand auf eine grundsätzlich rentable Investition aus finanziellen Gründen verzichten, wenn nur das Risiko eines vorzeitigen Abbruches der Investition und damit Versiegens der „Rente", nicht aber das eines Kapitalverlustes in Kauf genommen werden muß.

[61] Vgl. oben Erster Teil, Abschn. C., II.

zeit oder — genauer — eine unterschiedliche „Wartezeit“[62], bis mit Verbrauch der einzelnen Nutzleistung im Produktionsprozeß der Umlauf des jeweiligen Kapitalteiles beginnt, an dessen Ende dann die Wiedergewinnung — die Amortisation — dieses Kapitals steht.

Es liegt nun auf der Hand, daß das in einem dauerhaften, amortisierbaren Produktionsfaktor investierte Kapital nicht in seiner Gesamtheit bis zur Beendigung der Nutzungsdauer gebunden bleibt, sondern daß Teile dieses Kapitals bereits laufend bei Lieferung betrieblicher Endleistungen, in die Nutzleistungen dieses Produktionsfaktors eingegangen sind, frei werden. Die verschiedenen Kapitalteile sind also unterschiedlich lang an den Produktionsfaktor bzw. „ihre“ Nutzleistungen gebunden, wobei die Kapitalteile der früh in Anspruch genommenen Nutzleistungen eine kurze, die der gegen Ende der Nutzungsdauer verbrauchten Nutzleistungen eine entsprechend lange Bindungsdauer erfordern[63].

Für die finanzielle Sicherung des reibungslosen Ablaufes solcher Investitionen auf lange Sicht genügt es somit, wenn das bei Beginn der Investition gebundene Kapital bezüglich der Überlassungsdauer seiner Einzelteile die gleiche Struktur aufweist, wie sie im Hinblick auf die Bindungsdauer der einzelnen Kapitalteile besteht. Das heißt, für Investitionen in dauerhafte abnutzbare Produktionsfaktoren kann neben langfristigem Kapital auch mittel- und kurzfristig überlassenes Kapital[64] verwendet werden, nur muß die Überlassungsdauer der einzelnen, vertikal zusammengefaßten Kapitalteile mindestens der jeweiligen Bindungsdauer „ihrer“ einzelnen Nutzleistungen an den Betrieb entsprechen[65].

---

[62] Vgl. oben S. 42.

[63] Vgl. Polak, a.a.O., S. 43; Schäfer, Zur Finanzierungsfunktion der Abschreibungen, a.a.O., S. 139 f.

[64] Was im einzelnen als lang-, mittel- oder kurzfristig zu gelten hat, ist eine Definitionfrage. Worum es hier nur geht, ist, aufzuzeigen, daß entsprechend der unterschiedlichen Bindungsdauer der einzelnen Kapitalanteile die Überlassungsdauer derselben erheblich differieren kann. Bezeichnet man etwa die für alle Kapitalteile gleich angenommene Umlaufzeit mit t_u und die Wartezeit des letzten Kapitalteilchens mit t_w, und setzt man voraus, daß die Abnutzung gleichmäßig verläuft, die n einzelnen Kapitalteile also in gleicher Höhe k und im gleichen zeitlichen Abstand voneinander $\frac{w}{n}$ ihren Umlauf beginnen, so muß das in das dauerhafte Gut zu Beginn investierte Gesamtkapital K bezüglich seiner Überlassungsdauer mindestens folgende Struktur aufweisen:

$$K = k_{t_u} + k_{(t_u + \frac{t_w}{n})} + k_{(t_u + \frac{t_w}{n} 2)} + k_{(t_u + \frac{t_w}{n} 3)} + \cdots$$
$$+ k_{(t_u + \frac{t_w}{n} (n-1))} + k_{(t_u + t_w)}$$

[65] Insofern ist auch Mey (a.a.O., S. 523) zuzustimmen wenn er sagt, daß der Gedanke der Bindung des Kapitals an spezifische Vermögensbestand-

Bei der Anpassung der Kapitalüberlassungszeiten an die Dauer der Kapitalbindung in den einzelnen Vermögensgegenständen und umgekehrt muß auch das Risiko einer Verzögerung in der Kapitalwiedergewinnung einkalkuliert werden. Findet dieses, aus der Ungewißheit der wirtschaftlichen Entwicklung resultierende Risiko keine Berücksichtigung, so besteht die Gefahr des vorzeitigen Investitionsabbruches und Kapitalverlustes auch weiterhin noch[66]. Es ergibt sich hieraus die Forderung, die Kapitalbindungszeiten sehr vorsichtig mit, den jeweiligen Verhältnissen entsprechenden Risikozuschlägen zu kalkulieren[67].

b) Totale Betrachtung

Wie wir an anderer Stelle[68] bereits erkannt haben, erfordert die Erfüllung betrieblicher Aufgaben in den meisten Fällen die Bindung von Kaufkraft an eine mehr oder minder große Anzahl verbundener Einsatzfaktoren, d. h., die entsprechenden Investitionen sind im Hinblick auf die Erbringung betrieblicher Endleistungen komplementär. Wir haben ferner festgestellt, daß auf Grund der unterschiedlichen „Lebensdauer" der einzelnen Faktoren der reibungslose Ablauf von Investitionen häufig eine ein- oder mehrmalige Wiederholung verbundener Investitionen bedingt. Diese Investitionsketten können wiederum nur zu Ende geführt werden, wenn erstere Investitionen einen Ersatz finden, woraus sich eine Tendenz zur Wiederholung aller verbundener Investitionen mindestens bis zum Erreichen des kleinsten gemeinsamen Vielfachen der Kapitalbindungszeiten in den entsprechenden Investitionsobjekten ergibt. Für die meisten der modernen, mit einer Vielzahl dauerhafter Produktionsfaktoren ausgestatteten Betriebswirtschaften ist daher das Bild eines Komplexes vielfach verbundener Investitions*folgen*, innerhalb dessen sich die einzelnen Investitionen bezüglich ihrer Dauer gegenseitig „überlappen", typisch.

Auch in diesem Falle ist es natürlich möglich, bei der Kapitalbeschaffung jeweils nur die einzelnen Investitionen unabhängig vom

---

teile bei Töndury-Gsell und vielen anderen dadurch nicht eindeutig fundiert ist, daß ein Teil des Vermögens auf Dauer benötigt werde und deshalb zur Finanzierung dieses Vermögens dauernd zur Verfügung stehendes Kapital beschafft werden müsse. Wörtlich sagt Mey weiter: „Man vergißt hierbei, daß auch in diesen dauernd notwendigen Vermögensteilen das Kapital sich binnen längerer oder kürzerer Zeit umschlägt und daß man deshalb auch hier von einem Bedarf an lang- oder kurzfristigem Kapital sprechen müßte."

[66] Vgl. u. a. Strobel, a.a.O., S. 18; Polak, a.a.O., S. 83.

[67] Vgl, Mellerowicz, Die Problematik der Industriefinanzierung, a.a.O., S. 121. Mellerowicz stellt in diesem Zusammenhang die Forderung nach einem „Liquiditätspolster", was in Zeiten eines erwartungsgemäßen Betriebsablaufes sichtbarer Ausdruck der oben bedeuteten vorsichtigen Kalkulation ist. Siehe auch Mey, a.a.O., S. 527.

[68] Vgl. oben Abschn. A., I., 2.

Zusammenhang, in dem sie stehen, ins Auge zu fassen und die Kapitalüberlassungsdauer gemäß den Ausführungen im vorangegangenen Kapitel an die Kapitalbindungsdauer jeder einzelnen Investition anzupassen. Eine solche „partiale Finanzierung"[69] würde aber bedeuten, daß stets bei Beendigung einer Investition innerhalb einer zum reibungslosen Ablauf anderer Investitionen erforderlichen Investitionskette wiederum neues Kapital zur Wiederholung dieser Investition beschafft werden müßte. Wäre das Kapital zu den entsprechenden Zeitpunkten stets mit Sicherheit zu beschaffen, so wäre eine solche Finanzierungs- resp. Investitionsweise im Sinne der finanziellen Sicherung der planmäßigen Durchführung auch aller verbundenen Investitionen resp. Investitionsketten durchaus ausreichend.

Nun läßt sich allerdings hier mutatis mutandis der gleiche Einwand erheben, der oben[70] gegen die Finanzierung einer einzelnen längerfristigen Investition mit kürzerfristig überlassenem Kapital gemacht wurde: Es besteht bei Beginn einer Investitionskette keine Gewißheit, ob bei Eintritt des zukünftigen Kapitalbedarfs dieses Kapital wiederbeschafft werden kann, vielmehr ist eine jede solche Investitionsfolge wegen der Ungewißheit der wirtschaftlichen Entwicklung grundsätzlich mit dem Risiko der mangelnden Kapitalnachfolge behaftet. Die mangelnde Kapitalnachfolge aber würde vorzeitigen Abbruch der Investitionskette und damit Abbruch aller verbundenen Investitionen mit dem entsprechenden Kapitalverlust in diesen Investitionen bedeuten. So wie der planmäßige Ablauf der einzelnen Investition bei Finanzierung mit kürzerfristigem Kapital gefährdet ist, so ist es mit den Investitionsketten und damit allen komplementären Investitionen, wenn eine Anpassung zwischen Kapitalbindungsdauer und Kapitalüberlassungsdauer nur im Hinblick auf die einzelne Investition erfolgt.

Wir sehen also, bei partialer Finanzierung ist die reibungslose Durchführung aller *verbundenen* Investitionen *auf lange Sicht* wegen der in einer dynamischen Wirtschaft stets zu erwartenden Veränderungen auf dem Geld- und/oder Kapitalmarkt nicht gesichert[71]. Erstrebt man eine solche Sicherung, so wird man bei der Anpassung zwischen Investition und Finanzierung den Blick von der einzelnen Investition auf die zur Erfüllung der betrieblichen Aufgaben verbundenen Investitions*ketten* lenken müssen, d. h., es wird eine mehr totale Betrachtungsweise notwendig.

Eine solche Betrachtungsweise führt zwangsläufig zur *totalen Finanzierung* der Investitions*komplexe*, d. h., es wird erforderlich, die zur reibungslosen Durchführung *aller* komplementären Investitionen und

[69] Vgl. Goldschmidt, a.a.O., S. 108; Mey, a.a.O., S. 523 f.
[70] Siehe Abschn. A., III., 1.
[71] Vgl. Goldschmidt, a.a.O., S. 109; Mey, a.a.O., S. 527.

Investitionsketten benötigten Kapitalnutzungsmöglichkeiten bereits vor Beginn der Investitionskomplexe zu beschaffen resp. für den Zeitpunkt ihres Bedarfes absolut sicherzustellen.

Diese totale Finanzierung der Investitionskomplexe vollzieht sich im allgemeinen jedoch nicht isoliert für die einzelnen Komplexe, sondern ist aus noch darzustellenden Gründen eingegliedert in die totale Finanzierung des gesamten Betriebes, der wir uns nunmehr in einer gesonderten Betrachtung zuwenden wollen.

IV. Die totale Finanzierung des Betriebes

1. Die Tendenz zur totalen Finanzierung des Betriebes als Folge des Kapitalfreisetzungseffektes

Nach den vorangegangenen Erörterungen scheint es so, als ob die finanzielle Sicherung des Ablaufs aller verbundenen Investitionen dergestalt bewirkt werden müßte, daß man die einzelnen Investitionsketten mit solchem Kapital finanziert, das in seiner Überlassungsdauer mindestens der Dauer der jeweiligen Investitionskette, also der erforderliche Folge von gleichartigen Investitionen entspricht. Umgekehrt müßte dann auf die Durchführung solcher Investitionskomplexe verzichtet werden, für die das benötigte Höchstkapital zur Durchführung der einzelnen Investitionsfolgen nicht bereits vor Beginn des Komplexes jeweils für die Gesamtdauer jeder Investitionskette[72] verfügbar resp. absolut gesichert wäre. Tatsächlich auch ist bei totaler Betrachtung eine derartige Anpassung der Finanzdispositionen an die Investitionsentscheidungen und umgekehrt bezüglich der im Betrieb eingesetzten, nicht abnutzbaren Gebrauchsgüter sowie bezüglich der Verbrauchsgüter zu empfehlen. Beide Güterarten binden während der Zeit ihres Einsatzes im Betrieb stets die gleiche Kapitalmenge, und wenn die Verbrauchsgüter[73] ersetzt werden müssen, so wird die frei gewordene Kapitalmenge grundsätzlich auch in gleicher Höhe wieder gebunden.

Dies trifft nicht für Investitionen in dauerhafte, abnutzbare Produktionsfaktoren zu. Wie oben dargelegt wurde, verändert sich hier die gebundene Kapitalmenge bei Ausnutzung während der Lebensdauer ständig, da laufend über die Abgabe von Nutzleistungen beim Verkauf der betrieblichen Endleistung Kapitalteile frei werden. Würde

---

[72] Bei auslaufenden Investitionen in dauerhafte, abnutzbare Produktionsfaktoren am Ende einer Kette kann das verfügbare Höchstkapital natürlich entsprechend der abnehmenden Kapitalbindung bereits laufend sinken. Vgl. oben S. 91.

[73] Bezüglich der nicht amortisierbaren Gebrauchsgüter erübrigt sich ja wegen ihrer unendlichen Lebensdauer ein Ersatz.

man hier nun das zu Beginn der Investition erforderliche Höchstkapital für die Dauer mehr oder minder langer Folgen solcher Investionen beschaffen, so würden während des Ablaufs der einzelnen Investitionen stets erhebliche Kapitalbeträge, nämlich die frei werdenden Kapitalteile, brachliegen. Die Gesamtkapitalmenge würde immer nur zu Beginn der Investitionskette und zu den Zeitpunkten des Ersatzes der Investitionen benötigt, in der Zwischenzeit wäre, setzt man einmal eine gleichmäßige und kontinuierliche Ausnutzung der Potentialfaktoren voraus, im Durchschnitt die Hälfte des langfristig beschafften Kapitals unausgenutzt. Diese Erscheinung wäre bei jeder einzeln betrachteten Investitionskette wiederzufinden.

Betrachtete man nun aber einmal einen gesamten Komplex derartig finanzierter komplementärer Investitionsketten, so würde man noch eine weitere Feststellung machen können: Eine gewisse Kapitalmenge würde während der ganzen Dauer der sich laufend wiederholenden Produktionsprozesse brachliegen, woraus sich umgekehrt folgern läßt, daß diese Kapitalmenge zum reibungslosen Ablauf aller verbundenen Investitionen und Investitionsketten nicht erforderlich ist. Diese Erscheinung ist eine Folge der unterschiedlichen Lebens- resp. Gebrauchsdauer sowie der unterschiedlichen Anschaffungszeitpunkte der zur Erstellung einer betrieblichen Endleistung zusammenwirkenden unteilbaren, abnutzbaren Produktionsfaktoren, welche bewirken, daß die Ersatzzeitpunkte und damit die Zeitpunkte des höchsten Kapitalbedarfs der entsprechenden Investitionen im allgemeinen nicht zusammenfallen, sondern sich mehr oder weniger unregelmäßig über die Zeit des betrieblichen Wirkens verteilen. Auf Grund dieser „Diversität“[74] sind somit zu jedem Zeitpunkt Produktionsmittel im Betrieb, die nur noch einen Teil des ursprünglich investierten Kapitals binden, so daß ein gewisser Betrag an freigesetzten Mitteln *stets* zur Verfügung steht. Dieser Betrag ist naturgemäß um so größer, je mehr unteilbare Produktionsfaktoren jeweils zusammenwirken und je unterschiedlicher deren Lebensdauer sowie Anschaffungszeitpunkte im Betrieb sind[75].

Die genannte Erscheinung ist in der Betriebswirtschaftlehre unter der Bezeichnung „Lohmann-Ruchti-Effekt“ geläufig, da es in neuerer Zeit besonders Ruchti[76] und Lohmann[77] waren, die dieses Problem

---

[74] Mey, a.a.O., S. 524.

[75] Vgl. Gutenberg, Der Stand der wissenschaftlichen Forschung auf dem Gebiet der betrieblichen Investitionsplanung, a.a.O., S. 572 f.

[76] H. Ruchti, Die Bedeutung der Abschreibung für den Betrieb, Berlin 1942, S. 57 ff.; ders., Die Abschreibung als Finanzierungsmittel, „Die Betriebswirtschaft“, 35. Jg. (1942), S. 45 ff., S. 75 ff., S. 90 ff.

[77] M. Lohmann, Abschreibungen, was sie sind und was sie nicht sind, a.a.O.; ders., Einführung in die Betriebswirtschaftslehre, Tübingen 1949, S. 131 und S. 140 ff.

wieder[78] aufgegriffen haben. Im Hinblick auf die Möglichkeit, die freigesetzten Beträge zur Erweiterung der Periodenkapazität[79] zu verwenden, spricht man auch von einem „Kapazitätserweiterungseffekt“[80]. Da jedoch eine Kapazitätsausweitung, wie bereits Schäfer[81] und Hax[82] bemerken, nicht zwangsläufig aus der erwähnten Kapitalfreisetzung folgt, neigen wir hier eher dazu, den Vorgang als „Kapitalfreisetzungseffekt“ zu bezeichnen[83]. Ruchti[84] und nach ihm vor allem Lohmann[85], Neubert[86] und Langen[87] konnten nachweisen, daß unter günstigsten — allerdings unrealistischen — Voraussetzungen 50 % des ursprünglich in *diverse*, abnutzbare Produktionsmittel investierten Kapitals auf die Dauer freigesetzt würden, womit unter den gleichen Voraussetzungen ohne neue Kapitalzufuhr eine laufende Kapazitätsausweitung bis zu 100 % der anfänglichen Periodenkapazität ermöglicht würde.

Im vorliegenden Falle interessiert jener Kapitalfreisetzungseffekt jedoch nicht im Hinblick auf mögliche Kapazitätserweiterungen[88], sondern vielmehr in seiner Bedeutung für die Höhe des Kapitalbedarfes zur Durchführung der betrieblichen Investitionskomplexe. Dieser Kapitalbedarf aber wird durch den besagten Effekt um die ständig freigesetzten Beträge gemindert. Ihre Ansammlung im Betrieb kann von vornherein vermieden werden, indem man den Kapitalbedarf nicht mehr jeweils von den einzelnen Investitionen resp. Investitionsketten

---

78 Siehe nämlich Polak, a.a.O., S. 92 ff.; R. F. Fowler, The Depreciation of Capital, London 1934, insbes. Chap. III.; K. Hax, Karl Marx und Friedrich Engels über den „Kapazitätserweiterungseffekt“, ZfhF, N.F. 10. Jg. (1958), S. 222 ff.

79 U. W. war es Polak (a.a.O., S. 93) der zum ersten Male darauf hingewiesen hat, daß auf diesem Wege nur die „augenblickliche Leistungsfähigkeit“ nicht aber der Gesamtleistungsvorrat (Totalkapazität) erhöht werden kann. Siehe auch Neubert, a.a.O., S. 372; Hax, Abschreibung und Finanzierung, a.a.O., S. 142.

80 Vgl. Hax, Karl Marx und Friedrich Engels über den „Kapazitätserweiterungseffekt“, a.a.O.; ders., Die Bedeutung der betrieblichen Abschreibungs- und Investitionspolitik für das wirtschaftliche Wachstum der modernen Industriestaaten, ZfhF, N.F. 10. Jg. (1958), S. 247 ff., hier S. 250.

81 Schäfer, Die Finanzierungsfunktion der Abschreibungen, a.a.O., S. 140.

82 Hax, Abschreibung und Finanzierung, a.a.O., S. 145; ders., Die Bedeutung der betrieblichen Abschreibungs- und Investitionspolitik ..., a.a.O., S. 256.

83 So auch Gutenberg, Der Stand der wissenschaftlichen Forschung auf dem Gebiet der betrieblichen Investitionsplanung, a.a.O., S. 573.

84 Ruchti, Die Abschreibung als Finanzierungsmittel, a.a.O., insbes. S. 48 ff.

85 Lohmann, Abschreibungen, was sie sind und was sie nicht sind, a.a.O.

86 Neubert, Anlagenfinanzierung aus Abschreibungen, a.a.O.

87 Langen, Die Kapazitätsausweitung durch Reinvestition liquider Mittel aus Abschreibungen, a.a.O.

88 Näheres dazu siehe außer den vorgenannten Veröffentlichungen noch K. Klinger, Investierung der Abschreibungsbeträge, „Neue Betriebswirtschaft“, Jg. 1950, S. 114 ff.; ders., Abschreibungen als Finanzierungsquelle, „Neue Betriebswirtschaft“, Jg. 1952, S. 24 ff.; H. K. Forster, Finanzierung durch Abschreibungen nach den Ergebnissen von D-Mark-Bilanzen, Stuttgart 1953.

herleitet und danach Menge und Fristigkeit des zu beschaffenden Kapitals ausrichtet, sondern den Kapitalbedarf für alle verbundenen Investitionen und Investitionsketten in abnutzbare Gebrauchsgüter *zusammen* ermittelt und nun diesen Wert zur Ausgangsbasis für die Kapitalbeschaffung macht. Dabei fällt dann der erwähnte, ständig zu entbehrende Kapitalbetrag heraus, und es verbleibt eine bis zur Beendigung des Investitionskomplexes ständig gebundene Kapitalmenge sowie ein Bedarf an Kapital, das zwar nicht dauernd gebunden ist, jedoch zur Deckung unregelmäßig auftretender Bedarfsspitzen stets bereitgehalten werden muß. Die ständige Bindung einer gewissen Kapitalmenge ist hier ebenfalls eine Folge des Diversitätsphänomens, und es liegt auf der Hand, daß dieser Kapitalbetrag um so größer und die auftretenden Spitzen relativ um so niedriger sind, je größer die Anzahl der zusammen betrachteten Investitionen und je größer deren Diversität ist.

Der Kapitalfreisetzungeffekt tritt nun aber nicht nur zwischen den Investitionen ein und desselben Investitionskomplexes auf, sondern ebenso zwischen den Investionen mehrerer — gleicher oder verschiedenartiger — Investitionskomplexe eines Betriebes. Mit anderen Worten, würde man mehrere, in der vorgenannten Weise isoliert finanzierte Investitionskomplexe, welche sich in ihrer Struktur oder (und) ihren Anlaufzeitpunkten unterscheiden, zusammen betrachten, so würde man feststellen, daß mit der Zeit wiederum ein gewisser Kapitalbetrag ständig unausgenutzt bliebe, der folglich bei der Durchführung der betrachteten Komplexe entbehrt werden kann. Das ist auch nicht weiter verwunderlich, denn der Kapitalfreisetzungseffekt knüpft sich ja nicht an die Komplementarität betrachteter Investitionen, sondern vielmehr an ihre Diversität (natürlich nur bezüglich der Investitionen in abnutzbare Potentialfaktoren). Diese dürfte aber bei den heutigen Produktionsmethoden mit dem Einsatz einer Vielzahl unterschiedlichster, abnutzbarer Potentialfaktoren für die Investitionen verschiedener Investitionskomplexe mindestens so typisch sein wie für solche gleicher Komplexe. Mit der Anzahl der betrieblichen Investitionen nimmt daher auch die Zahl der nach Nutzungsdauer und Anlaufzeitpunkten *diversen* Investitionen in abnutzbare Produktionsmittel innerhalb des Betriebes zu, was, wie wir oben bereits festgestellt haben, zu einer weiteren, ständigen Kapitalfreisetzung führen muß. Daraus folgt umgekehrt, daß der Kapitalbedarf zur reibungslosen Durchführung der betrieblichen Investitionskomplexe bezogen auf den einzelnen Komplex und damit die einzelne Investition mit wachsender Anzahl der im gesamten Betrieb ablaufenden Investitionskomplexe sinkt. Hier offenbart sich übrigens eine Hauptursache für die größere finanzielle Beweglichkeit von Großbetrieben und Konzernen gegenüber kleineren Unternehmen.

Bei einer Kapitalbeschaffung, welche dem vergleichsweise niedrigeren Kapitalbedarf für mehrere betriebliche Investitionskomplexe zusammen angepaßt sein soll, wird man sämtliche Investitionskomplexe als Einheit betrachten und von dem sich dann ergebenden betrieblichen Gesamtkapitalbedarf ausgehen müssen. Damit kommt man von der totalen Finanzierung der einzelnen Investitionskomplexe zur *totalen Finanzierung des gesamten Betriebes.* Während erstere, bei der sich der Kapitalfreisetzungseffekt bereits in einer Minderung des Kapitalbedarfes bemerkbar macht, ihre Primärursache in dem Risiko mangelnder Kapitalnachfolge hat, ist letztere eine Folge allein des Kapitalfreisetzungseffektes.

Ein ständiger Überschuß an liquiden Mitteln aus freigesetzten Kapitalbeträgen wird bei dieser Art der Finanzierung für den Gesamtbetrieb vermieden, was unter dem Gesichtspunkt der allgemeinen Forderung nach wirtschaftlicher Mittelverwendung auch zwingend erscheint. Sammeln sich während des Ablaufes der betrieblichen Investitionskomplexe liquide Mittel an, welche im weiteren Betriebsverlauf nicht mehr benötigt werden, so bedeutet dies umgekehrt eine — unwirtschaftliche — Überfinanzierung des Betriebes. Eine grundsätzlich andere Frage ist es, ob aus dem bisherigen Betriebsablauf ständig freigesetzte Mittel zur Betriebserweiterung verwendet werden. Das setzt naturgemäß eine umfangreichere Finanzierung voraus, welche dem *erweiterten* Investitionsvolumen angepaßt sein muß[89].

2. Die Beziehungen zwischen Kapitalbindung und Kapitalbeschaffung bei totaler Finanzierung des Betriebes

Die totale Finanzierung des Betriebes, so wie sie hier gesehen wird, beinhaltet eine Abstimmung zwischen Investition und Finanzierung zur Sicherung des reibungslosen Ablaufes aller betrieblichen Investitionskomplexe *auf lange Sicht,* also unter Berücksichtigung des Risikos mangelnder Kapitalnachfolge in den Investitionsketten[90]. Das bedingt trotz der globalen Kapitalfreisetzung naturgemäß eine umfangreichere

---

[89] Es zeigt sich hier ganz deutlich, daß eine *interne* Finanzierung von Betriebserweiterungen aus verdienten Abschreibungen (= freigesetzten und wiedergewonnenen Kapitalbeträgen) ohne Gefahr für den Ablauf der laufenden und geplanten Investitionen nur möglich ist, wenn eine entsprechende externe Finanzierung vorausgegangen ist, welche über den Bedarf zur Weiterführung der bisherigen Betriebsgröße hinausgeht. Vgl. dazu u. a. Schäfer, Zur Finanzierungsfunktion der Abschreibungen, a.a.O., S. 140; Hax, Abschreibung und Finanzierung, a.a.O., S. 145 f.; ders., Die Bedeutung der betrieblichen Abschreibungs- und Investitionspolitik ..., a.a.O., S. 255 f.

[90] Vgl. oben Abschn. III., 2., b.

Kapitalbeschaffung resp. — bei begrenzter Beschaffungsmöglichkeit — geringere Investitionstätigkeit als bei partialer Finanzierung[91]. Angesichts der Gefahren, welche dem Ablauf der Investitionskomplexe und gegebenenfalls dem Bestande der gesamten Unternehmung aus dem Risiko mangelnder Kapitalnachfolge bei partialer Finanzierung droht, empfiehlt es sich indessen, die betrieblichen Investitionskomplexe grundsätzlich immer total zu finanzieren. Das liegt auch in den Worten Goldschmidts[92], wenn er sagt: „Now on the basis of the fact ... that in view of the firm's objectives, all its actions, and also, therefore, its financial actions should be directed, first and foremost, towards the maintenance of the enterprise, then it is evident that the choice must fall on total financing."

Bei der totalen Finanzierung des Betriebes, in die natürlich auch die Beschaffung der in die Fundierungsgüter sowie die regelmäßig erneuerungsbedürftigen Verbrauchsgüter zu investierenden Mittel einzubeziehen sind[93], bestehen nun keine unmittelbaren Beziehungen mehr zwischen der Höhe und Bindungsdauer des in die einzelnen Produktionselemente (bzw. Folgen derselben) investierten Kapitals einerseits und der Höhe sowie Überlassungsdauer des zu beschaffenden Kapitals andererseits. Die einzelne Investition resp. Investitionskette wirkt vielmehr nur noch mittelbar über den festzustellenden betrieblichen Gesamtkapitalbedarf[94] auf die Finanzierung ein[95]. Die hiernach beschafften Mittel wechseln teilweise innerhalb des Betriebes laufend von Investition zu Investition, je nachdem, wo sich jeweils der vorausgeschätzte neue Kapitalbedarf ergibt. Von der einzelnen Investition her gesehen, erfolgt die Kapitalbereitstellung in diesen Fällen dann auf dem Wege der internen Finanzierung, der natürlich eine entsprechende externe Finanzierung vorausgegangen sein muß. Diese sollte auch darauf gerichtet sein, die Kapitalnachfolge beim er-

---

91 Vgl. Goldschmidt, a.a.O., S. 108; Mey, a.a.O., S. 527.

92 Goldschmidt, a.a.O., S. 109.

93 Wie wir oben (S. 94) dargelegt haben, bleiben diese Mittel jedoch bis zur Beendigung aller verbundenen Investitionen in voller Höhe gebunden, so daß sich eine Tendenz zur totalen Finanzierung des *Betriebes* sowie eine Verminderung des Kapitalbedarfes bei dieser Anpassungsform grundsätzlich nicht ergeben.

94 Bezügl. der Ermittlung des betrieblichen Kapitalbedarfes siehe u. a. E. Schmalenbach, Die Aufstellung von Finanzierungsplänen, 3. Aufl., Leipzig 1939. Töndury und Gsell, a.a.O., insbes. S. 3 ff.; Giannessi, Die Finanzbedarfsgleichung im Produktionsbetrieb und die Möglichkeit ihrer Darstellung, ZfhF, N. F. 6. Jg. (1954), S. 461 ff.; Horn, Betriebsgröße und Kapitalbedarf, a.a.O.; K. Kolbe, Der Finanzbedarf, Düsseldorf 1956; Goldschmidt, a.a.O.

95 Vgl. H. Koch. Besprechung von: A. Strobel, Die Liquidität. Methoden ihrer Berechnung, 2. Aufl., Stuttgart 1953, ZfhF, N. F. 6. Jg. (1954), S. 307 ff., hier S. 309. Siehe zu diesem gesamten Komplex auch die eingehenden Erörterungen von Massmann, a.a.O., insbes. S. 331 ff.

forderlichen Ersatz von dauerhaften Produktionsmitteln, welche laufend Kapital für andere Verwendungen freigesetzt haben, bereits beim Beginn der entsprechenden Investitionskomplexe absolut zu sichern.

Bei totaler Finanzierung ist somit eine Abstimmung zwischen Kapitalüberlassungsdauer und Bindungsdauer des Kapitals an den *gesamten* Betrieb und nicht mehr die einzelne Investition resp. Investitionskette erforderlich. Diese Abstimmung müßte — nach Ursache und Dauer der Kapitalbindung gegliedert — etwa in folgender Weise getroffen werden:

1. Das in den Verbrauchsgütern, Fundierungsgütern und Forderungen sowie — auf Grund des Diversitätsphänomens in den abnutzbaren Gebrauchsgütern bis zur Beendigung aller verbundenen Investitionen (Investitionsketten) permanent gebundene Kapital muß dem Betrieb auch permanent überlassen sein.

2. Ebenfalls von permanenter Überlassungsdauer muß das Kapital sein, das zur Deckung der voraussehbaren Bedarfsspitzen benötigt wird, sofern die zugrunde liegenden Investitionen zum planmäßigen Ablauf komplementärer Investitionen unbedingt erforderlich sind. Dazu zählen vor allem die Spitzen, die bei größeren Ersatzinvestitionen in amortisierbare Gebrauchsgüter auftreten sowie die Saisonspitzen bei typischen Saisonbetrieben[96]. In der Zwischenzeit, da dieses Kapital frei ist, kann es Anlage in anderen — am besten Finanz- — Investitionen finden, wobei jedoch darauf zu achten ist, daß es im Bedarfsfalle unbedingt wieder verfügbar sein muß.

   Zum reibungslosen Ablauf des Geschäftsbetriebes, insbesondere im Hinblick auf die Deckung zeitlich und auch mengenmäßig nicht voraussehbaren Kapitalbedarfs ist im allgemeinen auch ein gewisser Bestand an Mitteln in der Kasse oder kassenähnlichen Institutionen ständig gebunden. Auch diese Beträge müssen dem Betrieb permanent überlassen sein.

3. Nur vorübergehender, einmaliger Kapitalbedarf, wie etwa der Spitzenbedarf beim Beginn von Investitionskomplexen, der auf Grund des Diversitätsphänomens mit der Zeit ständig zu entbehren ist[97], kann mit entsprechend kürzerfristigem Kapital finanziert werden.

4. Kurzfristige Investitionen, die zum Ablauf verbundener Investitionen nicht unbedingt erforderlich sind, wie vor allem zusätzliche Umlaufinvestionen auf Grund vorübergehender Umsatzsteigerungen, eignen sich auch zur Finanzierung mit kurzfristigem Kapital.

Mit dem letztgenannten Fall nähern wir uns bereits wieder der

[96] Vgl. Schmalenbach, Kapital, Kredit und Zins, 3. A., a.a.O., S. 119 f.

[97] Vgl. oben S. 95.

partialen Finanzierung, für die, wie auch Goldschmidt[98] bemerkt, neben der totalen Finanzierung unter entsprechenden Umständen durchaus noch Raum im Betriebe sein kann. So können beispielsweise einzelne *isolierte* Investitionen stets partial finanziert werden, ohne daß die Gefahr eines Kapitalverlustes besteht. Das gleiche gilt für Teile des Umlaufvermögens, sofern sie nach allgemeiner Usance mit Lieferanten- oder Kundenkredit[99] finanziert werden.

Betriebe, bei denen die Kapitalnachfolge in den Investitionen und Investitionsketten als absolut gesichert gelten kann, können natürlich bei der Anpassung zwischen Kapitalbindungs- und Kapitalüberlassungsdauer im Wege einer entsprechenden horizontalen Kapitalzusammenfassung[100] von den genannten Regeln abweichen. Indessen trifft dies nur auf einen sehr begrenzten und speziellen Kreis von Betrieben zu, wie vor allem Bankbetriebe, während eine gesicherte Kapitalnachfolge bei den meisten übrigen Betriebswirtschaften die Ausnahme bilden dürfte[101].

Auf Grund erheblicher Diversitäten zwischen der Nutzungsdauer komplementärer Anlagegüter ergibt sich häufig die Tendenz zu einer vielmaligen Wiederholung der einzelnen Investitionen bis in Zeiträume hinein, die auch in anderer als finanzieller Hinsicht (z. B. absatzwirtschaftlicher oder produktionstechnischer Art) nicht mehr überschaubar sind. Es erübrigt sich daher beim Beginn solcher Investitionskomplexe eine Kapitalbeschaffung für derart entfernte Zeiten — ganz abgesehen davon, daß sie in den seltensten Fällen zu bewerkstelligen wäre —, hier dürfte eine langfristige Finanzierung für überschaubare Zeiträume zur Sicherung der reibungslosen Durchführung der verbundenen Investitionen auf lange Sicht ausreichend sein.

Eine Regel, wonach der Bedarf nach permanentem Kapital (Punkte 1 und 2) durch Beteiligungskapital gedeckt werden müsse und Kreditkapital nur zur Deckung des übrigen Kapitalbedarfs herangezogen werden dürfe, so wie sie beispielsweise Goldschmidt[102] aufstellt, glauben wir aus den bisherigen Feststellungen nicht herleiten zu können. Zwar steht das Beteiligungskapital dem Betrieb in den meisten Fällen dauernd oder wenigstens bis zur Beendigung begonnener Investitionskomplexe zur Verfügung, doch ist auch häufig genug der Fall anzutreffen, daß dieses Kapital vorzeitig zurückgefordert wird, es also

---

98 Goldschmidt, a.a.O., S. 109 f.

99 Hier ist vor allem an die Finanzierungsgewohnheiten im Schiffbau zu denken, wo die Finanzierung des Umlaufvermögens zum großen Teil vom Auftraggeber bestritten wird. Vgl. hierzu u. a. Goldschmidt, a.a.O., S. 110; Mey, a.a.O., S. 527 f.

100 Vgl. oben Abschn. A., II., 2.

101 Vgl. oben S. 87.

102 Goldschmidt, a.a.O., S. 104. Siehe auch Keller, a.a.O., S. 35.

einer zeitlichen Verfügungsbeschränkung im Betrieb unterliegt[103]. Andererseits besteht aber auch die Möglichkeit, die Überlassungsdauer für Kreditkapital für eine Zeit vertraglich zu vereinbaren, innerhalb der das geplante Investitionsvorhaben zu Ende geführt oder das Kreditkapital durch Beteiligungskapital aus erwarteten Gewinnen abgelöst werden kann. Und wenn man an bestimmte Formen der Kreditfinanzierung, beispielsweise über die Ausgabe sehr langfristiger Obligationen denkt, so kann hier ein Unterschied zwischen Beteiligungs- und Kreditkapital im Hinblick auf die Dauer der Kapitalüberlassung grundsätzlich nicht mehr gesehen werden[104]. Insofern sind auch wir wie Schweizer[105] mit Weinstock[106] einig in der Meinung: „Nicht, ob Eigenkapital, ob Fremdkapital herangezogen wird, ist für uns wichtig, vielmehr die Zeitspanne, für die das Kapital in den Verfügungsbereich der Unternehmung fällt, das zeitliche Moment also." Diese Zeitspanne aber sollte *unter dem Gesichtspunkt der Sicherheit* mit der Dauer des Kapitalbedürfnisses für die Investitionskomplexe resp. den Gesamtbetrieb und gegebenenfalls auch der einzelnen Investition in der oben genannten Weise mindestens übereinstimmen.

In den Betriebswirtschaften, die man gewissermaßen als Inbegriff von Investitionskomplexen ansehen kann, ist auch eine Bindung der Kapitalüberlassungsfristen an die Umschlagsdauer des Kapitals in einzelnen Vermögensgruppen und entsprechend etwa eine Finanzierung von Anlagevermögen mit langfristigem und von Umlaufvermögen mit kurzfristigem Kapital grundsätzlich nicht zu vertreten[107].

Als Ergebnis der vorangegangenen Überlegungen kann nicht nachdrücklich genug darauf hingewiesen werden, daß gerade Investitionen in das Umlaufvermögen häufig eine Finanzierung mit langfristigem Kapital erforderlich machen, nämlich dann, wenn beispielsweise zur Ausnutzung getätigter komplementärer Anlageinvestitionen ein laufender oder intermittierender (wie bei reinen Saisonbetrieben) Ersatz der Verbrauchsgüterinvestitionen bzw. der Investitionen in Handelswaren erfolgen muß. Muß die Anlageinvestition nicht wiederholt werden, so

---

103 Vgl. Gutenberg, Finanzierung und Sanierung, a.a.O., Sp. 1747 f.; ders. Einführung, a.a.O., S. 99 f.; Prion, Die Lehre vom Wirtschaftsbetrieb, 2. Buch, a.a.O., S. 50; Töndury-Gsell, a.a.O., S. 26. Zu denken ist hier vor allem an das kündbare Beteiligungskapital bei der OHG, KG oder stillen Gesellschaft sowie bei Genossenschaften.

104 Vgl. Sellien, a.a.O., S. 53, S. 76 und S. 80.

105 B. Schweizer, Die Liquidität in Bank und Industrie Bern 1949, S. 31 f.

106 E. Weinstock, Das Liquiditätsproblem bei Handels- und Fabriksunternehmungen („Betriebswirtschaft". Eine Schriftenreihe, H. 26), Berlin-Wien-Zürich 1937, S. 24.

107 Unseres Wissens war es Polak (a.a.O., S. 44 f.), der sich zum ersten Male sehr klar und wissenschaftlich präzise mit der gegenteiligen Meinung auseinandergesetzt hat und zu einer Ablehnung dieser Auffassung kam. Siehe auch Weinstock, a.a.O., S. 26.

kann demgegenüber das hierin gebundene Kapital auf Grund der laufenden Freisetzung zum größten Teil von erheblich kürzerer Überlassungsdauer sein als das entsprechende Umlaufkapital[108]. In diesem Zusammenhang sei hier die Meinung von Schmalenbach[109] wiedergegeben, der dazu u. a. sagt: „Großhändler und Einzelhändler brauchen zur Erhaltung ihrer Betriebe fortgesetzte Warenbestände. Ein Fabrikant braucht ein Quantum Materialien, Halbfabrikate und unter Umständen auch, besonders in der Fertigindustrie, Fabrikate. Wollte man den Unternehmen diese Vorräte auch nur für kurze Zeit nehmen, so stände sofort der Betrieb still. Man kann in vielen Fällen eher eine Anzahl der Maschinen fortnehmen als die Vorräte. Solange der Betrieb in Gang bleiben soll, sind die Vorräte genauso fest investiert wie Grundstücke, Gebäude und Maschinen. ... Dieser Umstand hat zur Folge, daß ein Fabrikant zur Finanzierung seiner Vorratsbestände mit einem kurzfristigen Kredit genau so wenig anfangen kann, wie wenn er eine Fabrik bauen wollte[110]."

Wenn wir auch hier zu einer Loslösung der Finanzierungsvorgänge von den einzelnen Investitionsakten — resp. umgekehrt — in zeitlicher und mengenmäßiger Hinsicht gekommen sind, so glauben wir dennoch nicht, wie Mey[111] den Bindungsgedanken überhaupt als eine leere Konstruktion bezeichnen zu können. Unsere Untersuchung hat vielmehr gezeigt, daß unter dem Gesichtspunkt der Sicherheit — jedenfalls als Mindestanforderung — eine Abstimmung zwischen der Investitionsseite und der Finanzierungsseite im ganzen unumgänglich ist. Die Komplementarität und Diversität einer Vielzahl von Investitionen erzwingt unseres Erachtens bei der heutigen Form der betrieblichen Leistungserstellung sogar eine erheblich strengere Bindung der Finanzierung an die Investitions*komplexe* als sie zwischen Kapitalbeschaffung und Kapitalbindung bei einer isolierten Investition erforderlich wäre. Dabei kann natürlich eine Bindung der Überlassungsdauer allein an die eigentliche Bindungsdauer des Kapitals — auch im betrieblichen *Gesamt*vermögen — auf Grund der erforderlichen Reservehaltung nicht vertreten werden, jedoch erfolgt diese Reserve-

---

108 Vgl. Massmann, a.a.O., S. 358.

109 Schmalenbach, Kapital, Kredit und Zins, 3. A., a.a.O., S. 117 f.

110 Vgl. auch ders., Dynamische Bilanz, 12. A., a.a.O., S. 181 f.; W. B. Taylor, Financial Policies of Business Enterprise, New York-London (1942), S. 387 f.; Sellien, a.a.O., S. 54 f.; Horn, Betriebsgröße und Kapitalbedarf, a.a.O., S. 68; Strobel, a.a.O., S. 19; Polak, a.a.O., S. 45; Schmaltz, a.a.O., S. 98 f.; W. Bouffier, Diskussionsbeitrag zum Thema: Kapitalbildung und Kapitalverwendung in der Unternehmung, in: Kapitalbildung und Kapitalverwendung. Schriften des Vereins für Sozialpolitik. Herausg. von G. Albrecht und H. Arendt. N. F. Bd. 5 (Berlin 1953), S. 188 f.; Weinstock, a.a.O., S. 26 f.

111 Mey, a.a.O., S. 531.

haltung immer nur im Hinblick auf beabsichtigte Investitionsakte im Rahmen eines begonnenen Gesamtkomplexes.

Freilich, die oben genannten Finanzierungsgrundsätze sind nicht zwingend für die reibungslose Durchführung von Investitionen resp. Investitionskomplexen, und die Praxis zeigt eine Fülle von Beispielen, wo von diesen Grundsätzen der Abstimmung zwischen Investition und Finanzierung auf lange Sicht abgewichen wird. Dies um so mehr, als der Gesichtspunkt der Kostenminimierung dem hier im Vordergrund stehenden Sicherheitsbedürfnis gewissermaßen entgegensteht[112]. Indessen, eine solche Freiheit und die entsprechenden Vorteile auf anderen Gebieten können, wie wir nachgewiesen zu haben glauben, bei den meisten Betrieben immer nur um den Preis der Übernahme des Risikos mangelnder Kapitalnachfolge und damit des Kapitalverlustes erkauft werden. Wie hoch dieser Preis in der Tat ist, erhellen am deutlichsten die Worte Gutenbergs[113]: „Nicht an ungünstigem Kostenstandard als solchem, sondern an finanziellen Gleichgewichtsstörungen gehen die meisten Unternehmungen zu Grunde."

Steht auch dem Risiko der mangelnden Kapitalnachfolge immer die Chance der rechtzeitigen Kapitalbeschaffung und damit die Möglichkeit der planmäßigen Durchführung der Investitionen gegenüber, so dürfte doch jenes Risiko schwerer wiegen, so daß es grundsätzlich ratsam ist, die betriebliche Investitions- und Finanzpolitik nach den entwickelten Finanzierungsgrundsätzen auszurichten. Diese Auffassung spiegelt sich auch in den Worten von Thiess[114] wider: „Eine vorsichtige Finanzpolitik wird aber gleichwohl die alten klassischen Finanzierungsregeln nie außer acht lassen."

B. Das Risiko des Kapitalverlustes in den Investitionen als Problem der Abstimmung zwischen Investition und Finanzierung

I. Ursachen und Erscheinungsformen des Risikos von Kapitalverlusten in den Investitionen

Die reibungslose Durchführung von Investitionen im Betrieb setzt neben der quantitativen Abstimmung zwischen Investition und Finanzierung auch eine solche mehr qualitativer Art voraus. Das liegt begründet in dem allen Investitionen in mehr oder minder starkem Maße anhaftenden Risiko des Kapitalverlustes.

---

112 Vgl. unten S. 138 f.

113 Gutenberg, Die Unternehmung, a.a.O., S. 58.

114 Thiess, a.a.O., S. 8. Vgl. auch Mellerowicz, Die Problematik der Industriefinanzierung, a.a.O., S. 123.

Nach unseren bisherigen Überlegungen ist eine Investition beendet, wenn das in ein wirtschaftliches Gut investierte Kapital wieder frei geworden, die Bindung des Kapitals an das jeweilige Investitionsobjekt also aufgehoben ist. Nun kann aber eine Investition auch auf die Weise zu einem Ende kommen, daß das in dem Investitionsobjekt gebundene Kapital untergeht, entweder, indem das Investitionsobjekt im technischen Sinne vernichtet wird (z. B. durch Feuer oder Explosion), oder aber weil das Investitionsgut bzw. daraus erstellte Güter teilweise oder völlig ihren Wert verlieren. Im letzteren Falle handelt es sich dann gewissermaßen um eine wirtschaftliche Vernichtung des Investitionsobjektes.

Ohne hier auf die Problematik des wirtschaftlichen Wertbegriffes eingehen zu müssen[1], dürfte es einleuchten, daß ein Investor in dem Moment, da er eine Investition tätigt oder, besser, beginnt, dem Investitionsobjekt mindestens den Wert beimißt, den er mit dem Lieferer desselben durch eine Gegenleistung abzugelten vereinbart hat, wobei in den Geldverkehrswirtschaften das allgemein anerkannte Geld als Wertmaßstab gilt. Dabei basiert die Wertschätzung des Investors auf Daten, kraft deren er glaubt, den investierten Geldwert durch Weiterlieferung des empfangenen Gutes in unveränderter Form oder aber nach Transformation und Kombination mit anderen Gütern mindestens wiederzuerlangen. Anderenfalls würde er auf die Vornahme einer Investition verzichten, da er an einem Kapitalverlust nicht interessiert sein kann. Wie wir oben dargetan haben, kann sich der betriebliche Leistungs- und Umsatzprozeß nur im Zeitablauf vollziehen. Das bedeutet aber, daß es sich bei einem Teil jener Daten stets um antizipierte Größen handelt, deren Eintreffen mehr oder minder unsicher ist. Soweit diese Daten technischer, vor allem produktionstechnischer Art sind, lassen sie sich im allgemeinen auf Grund einer rationalen „technischen Sachlogik", der jede Produktion unterliegt[2], aus gegenwärtigen und vergangenen Daten mit ziemlicher Sicherheit ableiten. Dies um so mehr, als die wissenschaftliche Erforschung des technischen Betriebsablaufes durch die Betriebswissenschaft mehr und mehr vervollkommnet und so die Voraussetzung für eine strenge Planung geschaffen wurde, wodurch der Betriebsablauf nach einer bestimmten Ordnung in gewollte und voraussehbare Bahnen zu zwingen ist[3]. Dennoch bleibt auch hier ein Rest von Unnsicherheit, ins-

[1] Näheres dazu siehe W. Wittmann, Der Wertbegriff in der Betriebswirtschaftslehre, Köln und Opladen 1956; A. Marx, Der Wert in der Betriebswirtschaft, ZfB, 28. Jg. (1958), S. 65 ff.; G. Held, Traditioneller oder pagatorischer Kostenbegriff? ZfB, 29. Jg. (1959), S. 170 ff. und die weiteren dort angeführten Veröffentlichungen zu dieser Frage.

[2] Vgl. Paulsen, Liquidität und Risiko ..., a.a.O., S. 55.

[3] E. Gutenberg, Planung im Betrieb, in: Planungsrechnung und Rationali-

besondere da, wo menschliches, niemals 100prozentig festzulegendes Verhalten mit in den technischen Betriebsablauf einzuplanen ist oder wo verdeckte technische Mängel zu Datenänderungen führen können[4]. Auf Grund solcher Datenänderungen kann es dann zu Verbräuchen und Vernichtungen von Werten kommen, die der Markt nicht ersetzt, was für den Investor einen Kapitalverlust bedeuten würde. Der größte Teil dieser technischen Risiken läßt sich jedoch rationalisieren, d. h. berechenbar machen, vor allem auf Grund von Erfahrungen an einer großen Zahl entweder im eigenen Betrieb oder in einer Vielzahl von Betrieben. Durch eine solche Rationalisierung der Risiken „wird die Möglichkeit oder Wahrscheinlichkeit einer Datenänderung soweit selbst zu einem Datum gemacht, daß dieses als Kostenbestandteil in das ökonomische Kalkül eingesetzt werden kann“[5].

Kommt das Gesetz der großen Zahl bereits im Betrieb zum Tragen, so ist das Risiko des Kapitalverlustes auf Grund solcher Datenabweichungen bereits durch „Eigenversicherung“, d. h. eigene Rücklagenbildung über eine durchschnittliche Risikokalkulation auszuschalten[6]. Im anderen Falle kann man das Risiko auf betriebsfremde Versicherungen übertragen, die sich das Gesetz der großen Zahl durch Versicherung einer Vielzahl von Investoren zunutze machen. Die Investoren selbst investieren über ihre Gegenleistung entsprechend den durchschnittlich bei allen Versicherten auftretenden Schäden „in Versicherungsschutz“.

Selbst wenn man heute auf solche Weise technische Datenänderungen bzw. das daraus erwachsende Risiko des Kapitalverlustes weitgehend auszuschalten in der Lage ist, so haben wir doch noch die Fülle von antizipierten *ökonomischen* Daten, die dem Risiko einer Abweichung von den faktischen Daten der Zukunft in starkem Maße unterliegen, welches sich einer Rationalisierung jedoch meistens entzieht. Zu denken ist hier vor allem an die Marktdaten sowohl auf der Beschaffungs- wie auch auf der Absatzseite. Diese Daten unterliegen im allgemeinen nicht dem Einfluß — zumindest nicht dem alleinigen Einfluß — des einzelnen Investors, vielmehr sind sie die Folge des

---

sierung. Herausg. v. d. Arbeitsgemeinschaft Planungsrechnung e. V. (AGPLAN), Wiesbaden 1953, S. 13 ff., insbes. hier S. 15.

[4] So kann beispielsweise eine Explosion oder ein Brand sowohl auf menschliche wie auch auf sachlich-technische Unzulänglichkeit zurückgehen. Hierhin gehören auch Mehrverbrauch von Produktionsfaktoren sowie Irrtümer im Kalkulations- und Planungsbereich selbst.

[5] Paulsen, Liquidität und Risiko ..., a.a.O., S. 76. Siehe auch H. Albach, Wirtschaftlichkeitsrechnung bei unsicheren Erwartungen, Köln und Opladen 1959, S. 74 ff.

[6] Das meint auch Lohmann (Einführung, 2. A., a.a.O., S. 46), wenn er sagt: „Infolge der größeren Kalkulationsbasis geht übrigens im Großunternehmen viel Unsicherheit in Risiko über“, wobei hier an berechenbares Risiko gedacht sein dürfte.

unterschiedlichen Verhaltens einzelner oder einer Vielzahl zusammenwirkender, betriebsfremder Wirtschaftssubjekte. Darüber hinaus sind sie häufig abhängig von staats-, wirtschafts- oder sozialpolitischen Maßnahmen nationaler bzw. supranationaler Institutionen. Natürliche Einflüsse (Wetter u. a.) sind für diese Daten u. U. ebenso bedeutsam wie die Zufälle des technischen Fortschritts; in der Tat „eine erschöpfende Klassifikation läßt sich nicht denken“[7].

Auf Grund des sowohl räumlich wie auch vor allem zeitlich begrenzten ökonomischen Horizontes des Investors[8] ist es ihm nur in den seltensten Fällen möglich, die in einer dynamischen Wirtschaft stets zu erwartenden Veränderungen jener Faktoren bzw. ihre Wirkungsweise auf die ökonomischen Daten des Investitionskalküls mit Sicherheit vorauszusagen. Mangels jener Sachlogik, die wir im technischen Datenbereich kennen, lassen sich die antizipierten ökonomischen Daten auch kaum mit Sicherheit aus vergangenen bzw. gegenwärtigen Daten ableiten, bestenfalls können Tendenzen sichtbar werden mit der allerdings begrenzten Aussagekraft für die Zukunft[9]. Zwar besteht auch hier teilweise die Möglichkeit, das Risiko von Datenabweichungen zu rationalisieren, wie beispielsweise bezüglich des Forderungsausfalles durch Ermittlung und Kalkulation eines branchenüblichen Erfahrungssatzes[10], in den meisten Fällen ermangeln solche Datenänderungen jedoch der „durchschnittlichen Regelmäßigkeit“ bzw. der „großen Zahl“, welche die Voraussetzungen für eine Berechenbarkeit jenes Risikos sind[11]. Bei einem großen Teil der im Investitionskalkül antizipierten Daten muß es sich somit um Annahmen handeln, die weitgehend auf subjektiven Erwartungen des Investors basieren und mit erheblichen Unsicherheiten bis zur Ungewißheit hin behaftet sind.

Dem nicht rationalisierbaren Risiko der ungünstigen Abweichung der faktischen von den erwarteten, antizipierten Daten — Paulsen[12] bezeichnet diese Risiken im Unterschied zu den berechenbaren *„statischen“* Risiken als *„dynamische“* Risiken — folgt das Risiko der Nichtwiedergewinnung investierter Kapitalien, also des Kapitalverlustes. Die faktische Wertschätzung der Marktpartner im Hinblick auf die erstellte Leistung liegt unter der vom Investor antizipierten Wertschätzung oder ist im Zeitablauf auf 0 gesunken (Mode- und Geschmackswandel, technisch fortgeschrittene Konkurrenzprodukte und anderes mehr), bzw. die beabsichtigte Leistung fällt technisch gesehen

---

7 Lohmann, a.a.O., S. 46. Siehe auch A. Schnettler, Betriebsanalyse, Stuttgart 1958, S. 8 ff.
8 Vgl. Lohmann, a.a.O., S. 45.
9 Vgl. Paulsen, Liquidität und Risiko ..., a.a.O., S. 74.
10 Ebenda, S. 77.
11 Vgl. A. Marshall, Principles of Economics, 8. ed. London 1920, S. 364 f.
12 Paulsen, a.a.O., S. 75.

schlechter aus als erwartet oder kommt überhaupt nicht zustande. Dem Risiko der ungünstigen Abweichung der tatsächlichen von den antizipierten Daten gegenüber steht häufig die Chance einer günstigen Abweichung und damit eines Kapitalzuwachses über die erwartete Höhe hinaus. Zusammen mit etwa anfallenden *erwarteten* Gewinnen stellt dieser gleichsam die Belohnung für das übernommene Risiko bzw. den Anreiz zur Übernahme desselben dar[13].

Hier interessiert jedoch nur das nicht auszuschaltende Risiko des Kapital*verlustes* in den Investitionen. Es ist naturgemäß um so größer, je weiter die maßgeblichen, antizipierten Daten in der Zukunft liegen und somit dem ökonomischen Horizont des Investors entzogen sind. Andererseits aber erfordert der zunehmende Einsatz zeitlich und mengenmäßig unteilbarer Produktionsmittel[14] in den Betrieben entwickelter Wirtschaftsräume eine immer weiter reichendere Antizipation technischer und ökonomischer Daten[15]. Angesichts dieses Umstandes ist es nur gar zu erklärlich, wenn die Betriebe mehr und mehr von der Rolle der Passiv-Sich-Anpassenden in die Rolle der Aktiv-Gestaltenden hinüberwechseln, innerhalb der sie mit allen möglichen Mitteln versuchen, jene Daten aktiv in ihrem, bei den Investitionsentscheidungen antizipierten Sinne zu beeinflussen. Hier ist der Hinweis Schelers[16] auf das Vordringen der „zwecksetzenden Kraft des *Mittels*" gegenüber der „mittelwählenden Kraft des *Zweckes*" am Platze, ein Problem, mit dem wir uns jedoch nicht weiter auseinandersetzen können[17].

Auf Grund des Zeiterfordernisses der betrieblichen Leistungserstellung einerseits und der Unsicherheit über die zukünftige Entwicklung andererseits kann man — jedenfalls in mehr marktwirtschaftlichen Wirtschaftssystemen[18] — die Investitionen auch gewissermaßen als

---

[13] Vgl. Paulsen, Liquidität und Risiko ..., a.a.O., S. 72 und S. 85.

[14] Vgl. oben S. 40.

[15] J. M. Keynes, Allgemeine Theorie der Beschäftigung, des Zinses und des Geldes. Aus d. Engl. übersetzt von F. Waeger, München und Leipzig 1936, S. 61 (zitiert nach Paulsen, Liquidität und Risiko ..., a.a.O., S. 57): „Das Bestehen dauerhafter Ausrüstung ist die Ursache, durch die die wirtschaftliche Zukunft mit der Gegenwart verbunden wird." Siehe auch oben Erster Teil, Abschn. C., II. Wie wir früher (Erster Teil, Abschn. C., I.) festgestellt haben, wirken daneben jedoch auch die „im Leistungsprozeß selbst begründeten Zeiten" in dieser Richtung.

[16] M. Scheler, Christentum und Gesellschaft, II. Teil: Arbeits- und Bevölkerungsprobleme, Leipzig 1924, S. 27.

[17] Siehe dazu u. a. E. Schmalenbach, Der freien Wirtschaft zum Gedächtnis, Köln und Opladen 1949, insbes. S. 83 ff.

[18] Für planwirtschaftliche Wirtschaftssysteme mit gelenkten Verbrauchsentscheidungen und garantiertem Absatz der erstellten Leistungen mindestens zu Kostenpreisen dürfte dies nicht zutreffen, da unter solchen Umständen die Risiken von Datenabweichungen weitgehend ausgeschaltet sind und so ein — jedenfalls rechnerischer — Kapitalverlust für den einzelnen Betrieb vermieden wird. Wohl aber gilt die Behauptung — und hier ins-

Kapitalaufwendungen von Betrieben im Hinblick auf antizipierten und damit notwendig ungewissen Nutzen ansehen[19]. Alle diese Investitionen implizieren damit notwendig das Risiko des Kapitalverlustes. Es ist dies ein Zentralproblem der betriebswirtschaftlichen Investitionsgestaltung, und so sehr sich auch die ökonomische Theorie — insbesondere in neuerer Zeit wieder — bemüht, diesem Problem Herr zu werden, es kann sich immer nur um eine Eingrenzung bzw. eine bessere Sichtbarmachung des Risikos, nicht aber um eine Ausschaltung dieser, zum Wesen des Wirtschaftens überhaupt gehörenden Erscheinung handeln[20]. Es kann im Rahmen der vorliegenden Untersuchung nicht unsere Aufgabe sein, näher auf das äußerst schwierige Problem der Unsicherheit erwarteter Daten im Investitionskalkül einzugehen[21], hier galt es lediglich, das Phänomen, seine Ursachen und vor allem seine Folgen aufzuzeigen, die in Form des Risikos von Kapitalverlusten, wie sich zeigen wird, nicht ohne Einfluß auf die Gestaltung der Finanzierung und von hier aus rückwirkend auf die Investitionsentscheidungen sind.

II. Die Einstellung von Beteiligungs- und Kreditkapitalgebern zum Investitionsrisiko und daraus resultierende Einflüsse auf die Finanzierungsart

Das Risiko von Kapitalverlusten in den Investitionen tangiert naturgemäß besonders die Kapitalgeber, setzen sie sich doch mit der Hergabe des Kapitals stets der Gefahr aus, dieses nach etwaigen Ver-

---

besondere — im Hinblick auf den realen Nutzen für die Gesamtheit, da sich in solchen Systemen nicht nur — wie in allen Wirtschaftssystemen — die Bedürfnisse der Wirtschaftssubjekte im Zeitablauf wandeln, sondern darüber hinaus jeder Maßstab zur Messung des Intensitätsgrades jener Bedürfnisse fehlt. Vgl. oben S. 22 f.

19 Vgl. Paulsen, Liquidität und Risiko ..., a.a.O., S. 43 ff. Von dieser Seite her entwickelt Paulsen (ebenda, S. 43 f.) einen sehr interessanten Liquiditätsbegriff: „Investierung ist also Objektivierung von Kosten im Hinblick auf antizipierten Nutzen, eine Leistungsentscheidung in Ausrichtung auf zukünftige Verbrauchsentscheidungen. Da nun der wertmäßige Ausgleich der Leistung in der ungewissen Zukunft liegt, ist mit dieser Objektivierung stets ein *Risiko* verknüpft. Den Grad der Gewißheit, mit dem die investierten Kosten bei der Verwertung des produzierten Gutes wieder beschafft werden können, womit dann für den Produzenten zugleich die Investierung beendet und die volle Freiheit der Leistungsentscheidung zurückgewonnen ist, bezeichnen wir als Liquidität." Siehe auch bei Keynes, Allgemeine Theorie ..., a.a.O., S. 201, wo der Liquiditätsbegriff in ähnlichem Sinne gebraucht wird.

20 Vgl. Gutenberg, Der Stand der wissenschaftlichen Forschung auf dem Gebiet der betrieblichen Investitionsplanung, a.a.O., S. 565 f.; ders., Produktion, 3. A., S. 327; Paulsen, Liquidität und Risiko ..., S. 71 und S. 74.

21 Näheres hierzu siehe u. a. Albach, Wirtschaftlichkeitsrechnung ..., a.a.O., insbes. S. 1 ff. und S. 73 ff.; ders., Investitionspolitik in Theorie und Praxis, ZfB, 28. Jg. (1958), S. 767 ff.; Gutenberg, Produktion, 3. A., S. 327 ff.; ders., Untersuchungen über die Investitionsentscheidungen industrieller Un-

lusten beim Investor nicht mehr wiederzuerlangen. Die Einstellung der Kapitaleigner zu diesem Risiko kann von zweifacher Art sein. Einmal können sie sich bei der Kapitalüberlassung bereiterklären, auch für etwa auftretende Kapitalverluste beim Verwender einzustehen. In diesem Falle besteht ihre Leistung nicht nur in der Erbringung von Kapitalnutzungsmöglichkeiten, sondern darüber hinaus in der Übernahme des Geschäfts- also des Investitionsrisikos, was ihnen als Gegenleistung seitens des verwendenden Betriebes im allgemeinen einen Anspruch auf entsprechende Beteiligung an etwaigen Kapitalzuwächsen einbringt. Mit anderen Worten, die Kapitaleigner sind nach ihrem eigenen Willen über ihre Kapitalhingabe sowohl am Gewinn als auch am Verlust beim Kapitalverwender *beteiligt*, weshalb man bezüglich dieses Kapitals auch von *Beteiligungskapital* spricht[22]. Da dieses Beteiligungskapital gewissermaßen die Verantwortung für das Gelingen der „Investition" übernimmt, wird es auch als „verantwortliches Kapital" bezeichnet[23].

Daneben gibt es die Kapitalüberlassung, bei der die Kapitalgeber eine Beteiligung an auftretenden Kapitalverlusten im verwendenden Betrieb vertraglich ausschließen. Hier bieten die Kapitaleigner bzw. Kapitalbesitzer (für den Fall, daß die Kapitalüberlasser fremdes Kapital verwalten) lediglich die Kapitalnutzung ohne Risikoübernahme bei der Kapitalverwendung an, und ihre Kapitalhingabe begründet einen Anspruch auf Rückzahlung eines festen Geldbetrages gegenüber dem investierenden Betrieb unabhängig davon, welche Entwicklung dieses bzw. das gesamte Betriebskapital in den verschiedenen Investitionen nimmt. Typisch für dieses sogenannte *Kreditkapital* ist als Gegenleistung eine feste Verzinsung, wenngleich mitunter auch gewinnabhängige Vergütungen üblich sind[24].

Der vertragliche Ausschluß von Risikobeteiligungen seitens der Gläubiger bietet allein noch keine Garantie für die tatsächliche Wiedergewinnung des überlassenen Kapitals, da das Risiko von Kapitalverlusten bei der Kapitalverwendung, wie wir gesehen haben, grundsätzlich nicht auszuschließen ist und so der Kapitalnehmer bei Eintreten eines solchen Kapitalverlustes — unbeschadet seiner Verpflich-

---

ternehmen, a.a.O., S. 20 ff. sowie die bei den genannten Veröffentlichungen zu diesem Problem angeführte Literatur.

22 Durchweg decken sich diese Kriterien mit dem Anspruch auf ein Auseinandersetzungsguthaben im Falle der Auflösung des Betriebes oder des Ausscheidens eines Beteiligten, was nach Gutenberg das eigentliche Kriterium für die Annahme von Beteiligungskapital darstellt (vgl. oben Erster Teil, Abschn. E., II.). Etwaige Mischformen sind hier nicht von Interesse, da wir im vorliegenden Zusammenhang lediglich auf die Verlustbeteiligung abstellen.

23 Vgl. Töndury und Gsell, a.a.O., S. 21.

24 Vgl. ebenda, S. 20 f.; siehe auch oben, Erster Teil, Abschn. E., II., insbesondere Anm. 30.

tung zur Kapitalrückzahlung — einfach nicht mehr in der Lage sein kann, das — verlorene — Kapital zurückzuzahlen. Auf Grund dieser Tatsache suchen sich die Kapitalgeber über die genannten vertraglichen Abmachungen hinaus zu sichern, indem sie die Hergabe des Kapitals von dem Vorhandensein einer, dem Investitionsrisiko angemessenen Beteiligungskapitalbasis abhängig machen oder (und) eine dingliche Sicherung an vorhandenen oder zu beschaffenden Investitionsobjekten entsprechend der überlassenen Kapitalmenge fordern[25].

Für den Kapitalgeber bedeutet dies allemal, daß er, sofern er eine Investition durchzuführen beabsichtigt, stets zunächst eine gewisse Mindestmenge an risikobereitem Eigenkapital[26] beschaffen muß, denn die verschiedenen Investitionsobjekte können — eben wegen des in ihnen liegenden Risikos an Kapitalverlusten — im allgemeinen nur eine dingliche Sicherung bis zu einem Teilbetrag des Anschaffungswertes bieten, so daß auch in diesem Falle ein mehr oder minder großer Teil der Investitionssumme durch risikobereites Kapital finanziert sein muß. Da dem Kapitalgläubiger gegenüber der investierende Betrieb in seiner Gesamtheit als rechtliche Einheit für die Rückzahlung des überlassenen Kapitals haftet, genügt ihm zur Beurteilung seines Kapitalrisikos, das er auf ein Minimum beschränkt sehen will, eine *Totalbetrachtung* des Kapitalrisikos aller im Betrieb getätigter Investitionen einerseits sowie des Verhältnisses von Beteiligungskapital zur Gesamtkapitalmenge andererseits. Liegt in den Augen potentieller Kreditkapitalgeber die Höhe des vermuteten Kapitalrisikos unter der Beteiligungskapitalmenge für bisher getätigte Investitionen, so ist partial betrachtet eine zusätzliche Investition durchaus auch ohne eine Beschaffung von neuem Beteiligungskapital nur mit Kreditkapital möglich. Wenngleich also auch hier keine unmittelbare Beziehung zwischen der einzelnen Investition und der Beschaffung von Eigenkapital bestehen muß, so darf dies doch nicht darüber hinwegtäuschen, daß die betrieblichen Investitionen in ihrer Gesamtheit zu ihrer Durchführung einen der Summe der vermuteten Einzelrisiken entsprechenden Mindestbestand an risikobereitem Beteiligungskapital erfordern. Dabei braucht dieses Eigenkapital nicht unbedingt auch im Betrieb effektiv vorhanden noch von diesem bereits investiert zu sein, es genügt häufig, wenn auf Grund fester, vertraglicher, nach außen sichtbarer Abmachungen zu jeder Zeit auf dieses Kapital zurückgegriffen, es von den Beteiligten also angefordert werden kann. Bezüglich dieses nicht eingezahlten Beteiligungskapitals spricht man

---

[25] Vgl. Sellien, a.a.O., S. 52 und S. 91.

[26] Wir verwenden die Begriffe Beteiligungs- und Eigenkapital hier synonym.

daher auch vom *Rückgriffskapital*[27]. Zusammen mit dem *eingezahlten* Beteiligungskapital bietet es den Kreditkapitalgebern eine gewisse Garantie für die Wiedergewinnung des überlassenen Kapitals auch für den Fall, daß beabsichtigte bzw. bereits getätigte Investitionen Kapitalverluste zeitigen, da sich dieses sogenannte *Garantiekapital*[28] gewissermaßen schützend vor das Fremdkapital legt und eventuelle Kapitalverluste zunächst auffängt.

Von Garantiekapital wird mitunter auch gesprochen, wenn man an gewisse, nicht investierte Kapital*reserven* denkt, die im Falle des Eintretens von Kapitalverlusten in ersatzbedürftigen Investitionen zur Beschaffung neuer, durchweg zu anderen Investitionsgütern komplementären Investitionsobjekte verwandt werden, womit „die Substanz des Betriebes auf der Basis des für die normale Betriebstätigkeit Erforderlichen gehalten"[29], in unserer Terminologie, eine Ausnutzung komplementärer Investitionen garantiert wird und weitere Kapitalverluste — auch in diesen Investitionen — vermieden werden. Wo eine solche Reservekapitalhaltung — unter totaler Betrachtung kann es sich u. a. hier auch um Fremdkapital handeln[30] — für erforderlich erachtet wird, ist sie ebenso wie das Vorhandensein einer gewissen Mindestmenge an Beteiligungskapital Ausdruck bestehender Beziehungen zwischen Investition und Finanzierung auf Grund des den Investitionen innewohnenden Risikos von Kapitalverlusten.

Solche Beziehungen bestehen jedoch nicht nur aus der Interessenlage der Kreditkapitalgeber heraus, die stets um den Verlust ihres Kapitals bangen, vielmehr sollte auch den Kapitalverwendern, also den Investoren sowie den Eigenkapitalgebern[31] an einer derartigen Abstimmung zwischen Investition und Finanzierung gelegen sein. Geht man von einem bestehenden Betrieb mit einem bestimmten Anteil investierten bzw. bereitgestellten Beteiligungskapitals aus, so kann es den bisherigen Eigenkapitalgebern unter dem Gesichtspunkt des Risikos von Kapitalverlusten in den Investitionen nicht gleichgültig sein, ob zusätzliche Investitionen, verbunden etwa mit der Aufnahme eines neuen Produktionszweiges oder der Ausweitung der bisherigen Leistungserstellung, mit neuem Kreditkapital oder aber zusätzlich beschafftem Beteiligungskapital finanziert werden. Eine Ausweitung der Investitionen auf der Basis des bisher vorhandenen Beteiligungs-

---

[27] Vgl. Gutenberg, Einführung, a.a.O., S. 96 f.
[28] Vgl. Sellien, a.a.O., S. 52; Töndury und Gsell, a.a.O., S. 21.
[29] Dieselben, a.a.O., S. 42.
[30] Im Gegensatz dazu siehe Töndury und Gsell, a.a.O., S. 42.
[31] Letztere sind häufig mit den betrieblichen Investoren identisch — z. B. geschäftsführende Teilhaber von Betrieben —, müssen es aber nicht sein, wofür die Vielzahl anonymer Eigenkapitalgeber von Kapitalgesellschaften beispielhaft ist.

kapitals, d. h. also — partial betrachtet — nur mit Hilfe weiteren Kreditkapitals, bedeutet für die Teilhaber ein Anwachsen des Verlustrisikos[32] ihres Kapitals, da die gleiche Beteiligungskapitalmenge nunmehr einem größeren Investitionsvolumen mit entsprechend größeren Kapitalrisiken gegenübersteht. Wenngleich die Beteiligungskapitalgeber sich grundsätzlich bereit erklärt haben, für das Risiko von Kapitalverlusten einzutreten, so ist es doch auch in ihrem Interesse, das Verlustrisiko für ihr eigenes Kapital auf ein „normales" Maß zu beschränken, weshalb sie bei der laufenden Erweiterung des Investitionsumfanges mit Hilfe zusätzlich beschafftem Kreditkapital in eine Situation kommen können, wo ihnen ein weiteres Anwachsen des Verlustrisikos für ihr Kapital widerstrebt und sie lieber eine Verteilung dieses Risikos auf eine größere Beteiligungskapitalmenge sähen. Sofern sie mit den Investoren identisch sind, werden sie selbst ihre Investitions- und Finanzpolitik entsprechend gestalten, im anderen Falle dürften die beauftragten „Geschäftsführer" aus Verantwortung gegenüber den Eigenkapitalgebern die genannten Gesichtspunkte zu berücksichtigen haben.

Eine dem Risiko von Kapitalverlusten angemessene Eigenkapitalbasis dürfte auch da im Interesse des Betriebes geboten erscheinen, wo mehrere gleichartige oder unterschiedliche, in sich geschlossene Leistungsprozesse nebeneinander laufen. Treten in einem dieser Produktionsprozesse, d. h. in den entsprechenden Investitionen, Kapitalverluste auf, ohne daß genügend risikobereites Eigenkapital zur Abdeckung der Verluste vorhanden ist, so führt die dann bestehende „Überschuldung" wegen der „Gesamthaftung" des Betriebes häufig auch zur Liquidation der Investitionsobjekte, die in die parallelen, u. U. durchaus rentablen Produktionsprozesse eingegliedert sind, was im allgemeinen weitere Kapitalverluste nach sich zieht.

Verschiedentlich zeitigen langfristige Leistungsprozesse wie beispielsweise die Erschließung von Öl- oder Kohlefeldern eine gewisse Zeitlang — unter statischem Gesichtspunkt — Verluste, bevor Kapitalzuwächse eintreten, die diese „periodischen" Verluste kompensieren und gegebenenfalls sogar zu absoluten[33] Kapitalgewinnen führen. Steht in solchen Fällen nicht genügend Eigenkapital zur Abdeckung der „Verluste"[34] zur Verfügung, entfällt auf Grund erforderlicher

---

[32] Vgl. M. Kalecki, Theorie of Economic Dynamics, London (1954) S. 92; Lohmann, Einführung, 2. A., a.a.O., S. 178; J. Dean, Capital Budgeting, New York 1951, S. 50; G. Terborgh, Business Investment Policy. A MAPI Study and Mannual, Washington 1958, S. 207.

[33] d. h., nicht nur periodisch betrachtet, sondern im Hinblick auf die während des gesamten bisherigen Produktionsprozesses investierten und — statisch gesehen — u. U. verlorenen Kapitalbeträge.

[34] Unter investitionstheoretischem, dynamischem Aspekt würden wir hier noch nicht von Verlusten, sondern im Hinblick auf die Chance der Kapital-

Zwangsliquidation des Betriebes die Möglichkeit späterer Kapitalwiedergewinnung oder gar Gewinnerzielung.

Auch dieser Art der Abstimmung zwischen Investition und Finanzierung können andere betriebswirtschaftliche Interessen, wie etwa das Rentabilitätsstreben[35] entgegenstehen, so daß es gegebenenfalls zu gewissen Kompromissen zwischen den verschiedenen Interessen kommen muß. Im allgemeinen aber erzwingt das Sicherheitsbedürfnis der betriebsfremden Kreditkapitalgeber bei der Durchführung von Investitionen — wie wir oben dargelegt haben — die Beschaffung einer gewissen Mindestmenge an risikobereitem Beteiligungskapital.

III. Grenzen einer generellen Aussage über das erforderliche Verhältnis von Beteiligungs- zu Kreditkapitalmenge in den Betrieben

Wie groß das zur Absicherung des Risikos von Kapitalverlusten in den Investitionen erforderliche Garantiekapital im Vergleich zur gesamten Investitionssumme mindestens sein muß bzw. sein soll, darüber lassen sich allgemeine Angaben nicht machen. Zu sehr ist die hierfür maßgebliche Risikoschätzung von der allgemeinen sowie der besonderen Konjunkturlage, von der Art der Leistungserstellung, der Liquidierbarkeit der Investitionsobjekte, den subjektiven Erwartungen sowohl der Investoren als auch der Kreditkapitalgeber und vielen anderen, von Investition zu Investition wechselnden Daten abhängig, als daß sich ein schematischer Maßstab für das „richtige“ Verhältnis von Beteiligungs- zu Kreditkapitalmenge finden ließe. Und wir können der Meinung von Sellien[36] nur beipflichten, wenn er in diesem Zusammenhang auf „das Unsinnige des Rezeptemachens um jeden Preis“ hinweist. Sellien denkt hier insbesondere an die verschiedentlich in der Literatur vertretenen Prinzipien von „Gleichheit des Eigen- und Fremdkapitals“, „kurzfristiges Fremdkapital = Hälfte des Umlaufvermögens“ oder „Anlagevermögen = Eigenkapital/Umlaufvermögen = Fremdkapital“ und ähnliches. Von einem Prinzip könne man naturgemäß nie sprechen, „wenn es nicht allgemein verbindlich ist, sich also mit Bestimmtheit auf jeden Fall anwenden läßt“[37]. Dies wird aber von Sellien[38] mit Hinweis auch auf die von uns oben angeführten Gründe verneint.

---

wiedergewinnung eher von Investitionen sprechen, wenngleich ihnen im gegenwärtigen Zeitpunkt keine objektiv-realen Werte mehr gegenüberstehen.

[35] Vgl. unten Dritter Teil, Abschn. C., III., 2., b.

[36] Sellien, a.a.O., S. 54.

[37] Ebenda.

[38] Ebenda, S. 53.

Bedenkt man beispielsweise, daß in einem Betrieb ein Großteil der dauerhaften Produktionsmittel eine vielfache Verwendung gestatten, während die zur Zeit damit erstellten und bearbeiteten Güter auf einen bestimmten, u. U. sehr schnell wandelbaren Geschmack zugeschnitten sind (Modeartikel) und daß es andererseits Betriebe gibt, deren Anlagegüter auf eine bestimmte Leistung fixiert sind, während die erstellten bzw. bearbeiteten Umlaufgüter einer Vielzahl von Verwendungsarten zugeführt werden können (wie es z. B. in gewissen Grundstoffindustrien der Fall ist), so wird die Problematik etwa einer generellen Ausrichtung des Verhältnisses von Beteiligungs- zu Kreditkapital an dem Verhältnis von Anlage- zu Umlaufvermögen offenbar.

Generalisierende Aussagen lassen sich höchstens bezüglich der einzelnen Branchen auf Grund dort geübter Usancen machen, wenngleich auch hier nur ein Teil der differierenden Daten ausgeschaltet sind und noch erhebliche Unterschiede von Betrieb zu Betrieb sowie von Zeit zu Zeit möglich sind[38].

Als Ergebnis der vorangegangenen Überlegungen können wir ohne eine weitere kasuistische Behandlung des Problems, die über die hier gestellten Aufgaben hinausginge, nur *die* allgemeine Feststellung treffen, daß in dem, den Investitionen innewohnenden Risiko von Kapitalverlusten die Ursache für bestimmte Beziehungen zwischen den Komplexen Investition und Finanzierung liegt, Beziehungen, die in dem Erfordernis der Beschaffung einer gewissen Mindestmenge von — risikobereitem — Beteiligungskapital zur Durchführung von Investitionen ihren Ausdruck finden. Wo dieses Garantiekapital nicht zu beschaffen ist, wird die Durchführung einer Investition bzw. eines Investitionskomplexes unmöglich, weil damit auch die Möglichkeit der Kreditkapitalbeschaffung entfällt, oder aber, falls dennoch Fremdkapital in der erforderlichen Höhe aufzutreiben ist, geht diese Art der Finanzierungen auf Kosten der betrieblichen Sicherheit[39].

In dem Risiko von Kapitalverlusten bei der Durchführung von Investitionen sehen wir überhaupt die letzte und eigentliche Ursache für die Notwendigkeit des Vorhandenseins von Beteiligungskapital in den

---

[39] Mellerowicz (Die Problematik der Industriefinanzierung, a.a.O., S. 121) bringt diese Beziehungen zwischen Investition und Finanzierung in seinem 5. Finanzierungsgrundsatz zum Ausdruck: „Die Art der Finanzierung muß dem Risiko der Investition gerecht werden. Die ausreichende Sicherung gegen Risiken ist gleichzeitig Voraussetzung der Kreditfähigkeit. Die Forderung nach Sicherheit für Betrieb und Kapitalgeber verlangt, daß besonders risikobelastete Investitionen grundsätzlich mit Eigenkapital finanziert werden (z. B. Entwicklungs- und Forschungsarbeiten). Daneben ist entsprechend den Gegebenheiten der Branche und des Marktes eine bestimmte Eigenkapitalbasis zum Auffangen von Verlusten erforderlich."

Betrieben, und insofern ist auch Sellien[40] zuzustimmen, wenn er sagt: „die Finanzierung einer Unternehmung *ausschließlich* durch Fremdkapital entspricht dem innersten Wesen unserer Wirtschaft ... nicht“, weil eben das Risiko von Kapitalverlusten und seine Übernahme durch eigenverantwortliche Individuen für „unser“ individualistisch-erwerbswirtschaftlich orientiertes Wirtschaftssystem typisch sind[41]. Hingegen erscheint uns die von Sellien[42] gesehene Verknüpfung des Phänomens Beteiligungskapital mit dem Begriff Unternehmer und *von dieser Seite her* auch mit dem der Unternehmung nicht zwingend, da der Unternehmerbegriff im Zuge einer weitverbreiteten Loslösung von Leitungsfunktion und Kapitalbeteiligung in den Betrieben mehr und mehr eine Wandlung vom beteiligten Unternehmensleiter auch zum nicht beteiligten „nur leitenden Unternehmer“ hin erfahren hat[43].

---

40 Sellien, a.a.O., S. 52.

41 Insofern könnte man hier in Anlehnung an Gutenberg von „systembezogenen“ Beziehungen zwischen Investition und Finanzierung sprechen.

42 Sellien, a.a.O., S. 52.

43 Vgl. dazu u. a. Gutenberg, Produktion, 3. A., S. 5 f. und S. 383 ff. Gutenberg widmet sich ausführlich dieser Frage im Zusammenhang mit dem Problem der betrieblichen Willensbildung sowie der Kombination der elementaren Produktionsfaktoren, in der er „schlechthin ... die betriebswirtschaftliche Aufgabe der Unternehmer im marktwirtschaftlichen System“ sieht (S. 5). Ein hieran orientierter Unternehmerbegriff erfordert nicht mehr die Kapitalbeteiligung, ihm entspricht in diesem System unter investitionstheoretischem Aspekt der „Nur-Investor“ ohne *eigenes* Kapitalrisiko. Siehe auch Gutenberg, Zur Frage des Wachstums und der Entwicklung von Unternehmungen, in: Leistungswirtschaft. Festschrift für F. Schmidt. Herausg. von F. Henzel, Berlin-Wien 1942, S. 148 ff., hier S. 151 f.

Dritter Teil

Der Einfluß der Finanzierung auf die Wirtschaftlichkeit der Investitionen

Die Durchführung einer Investition bedingt nicht nur eine entsprechende Finanzierung, sie ist im allgemeinen auch an die Voraussetzung geknüpft, daß die Investition wirtschaftlich, d. h. für die Erfüllung betrieblicher Aufgaben geeignet ist. Die Wirtschaftlichkeit — bzw. Unwirtschaftlichkeit — einer Investition aber ist neben anderen Faktoren auch wiederum abhängig von der Art der zugrunde liegenden Finanzierung. Diese Zusammenhänge zwischen Investition und Finanzierung zu klären und die entsprechenden Konsequenzen aufzuzeigen, soll in den nun folgenden Kapiteln versucht werden.

A. Die Wirtschaftlichkeit der Investitionen als Ausdruck ihrer Zweckerfüllung

Jede betriebliche Leistungserstellung ist, so haben wir festgestellt, notwendig mit der Durchführung von Investitionen verbunden. Die Investitionssumme, also die Menge der an die einzelnen wirtschaftlichen Güter gebundenen Kaufkraft, stellt dabei den wertmäßigen Ausdruck jener zur Leistungserstellung im Betrieb eingesetzten Güter — auf der Basis von Anschaffungspreisen — dar[1]. Sofern sich diese Güter im Prozeß der Leistungserstellung verbrauchen, werden die entsprechenden Werte zu Kosten. Darüber hinaus aber verursachen *alle* Investitionen — auch solche in nicht verbrauchliche Güter — Kosten für den Verbrauch von Kapitalnutzungen, die selbst wieder zu Investitionen werden können[2]. Außerdem können sich Kapitalminderungen an nicht verbrauchlichen sowie nur teilweise verbrauchten, abnutzbaren Gütern durch Marktwertänderungen ergeben, welche als Nutzungskosten solcher Güter im weiten Sinne anzusehen sind[3].

---

[1] Vgl. B. M. Gerbel, Rentabilität. Fehlinvestitionen, ihre Ursache und ihre Verhütung, Wien 1955, S. 29 f.

[2] Vgl. oben S. 47 f.

[3] Schließlich ist die Bindung von Kaufkraft an solche Investitionsobjekte durch die Nutzung derselben im Leistungsprozeß bedingt, so daß auch jene

Die Erstellung betrieblicher Leistungen ist in den meisten Fällen nicht an die Durchführung bestimmter Investitionen gebunden, sondern läßt — technisch gesehen — mehrere oder gar viele unterschiedliche Investitionen (Verfahren im weitesten Sinne) zu. Entsprechend den verschieden hohen Investitionssummen und (oder) den andersartigen Investitionsobjekten dürften im allgemeinen die bei der Leistungserstellung anfallenden Kosten von Verfahren zu Verfahren divergieren. Nach dem ökonomischen Prinzip[4] sollen die Kosten als bewerteter Verbrauch von wirtschaftlichen Gütern[5], bezogen auf die betriebliche Endleistung, minimal sein, und es ist nun klar, daß auch unter den verschieden möglichen Investitionen in jedem Wirtschaftssystem die Auswahl zugunsten *der* Investition getroffen werden muß, welche unter den gegebenen Umständen zu einem Minimum an Kosten bei der bezweckten Leistungserstellung führt[6]. Sie ist die im einzelwirtschaftlich-technischen Sinne *wirtschaftliche* Investition.

Häufig auch wird die Betriebsleitung vor die Frage gestellt, ob eine bereits getätigte Investition zugunsten einer Neuinvestition abgebrochen werden soll (Ersatzproblem). In diesem Falle ist die „herausfordernde" Investition („challenger" nach Terborgh[7]) nur wirtschaftlich, wenn sie bei der beabsichtigten Leistungserstellung zu niedrigeren Kosten führt als die laufende Investition („defender" nach Terborgh[7]).

In Betrieben, die das Prinzip der Gewinnmaximierung verfolgen oder — auf Grund des gegebenen marktwirtschaftlichen Wirtschaftssystems — wenigstens verfolgen sollten[8], dürfen darüber hinaus nur solche Investitionen getätigt werden, deren ausgegebene Investitionssumme zuzüglich darauf zu zahlender Zinskosten[9] durch die aus der Leistungserstellung mittels der entsprechenden Investitionsobjekte resultierenden Einnahmen mindestens gedeckt werden oder, kurz, bei denen mit Abschluß der Investition die Summe der Einnahmen min-

---

wirtschaftlichen Wertminderungen der Nutzung dieser Güter bzw. der Leistungserstellung als Aufwand zuzurechnen sind.

[4] Vgl. oben Erster Teil, Abschn. A., II., 1.

[5] Im weitesten Sinne, also auch inklusive o. a. marktbedingter Wertminderungen als Nutzungskosten.

[6] Auch hier gilt das bereits oben bezüglich der Determinierung des Minimums Gesagte, nämlich, daß es sich dabei nicht um ein absolutes Minimum handeln muß, sondern dieses Minimum immer in Relation zu den jeweils gegebenen betrieblichen und marktlichen Umständen gesehen und erstrebt werden muß.

[7] G. Terborgh, Dynamic Ecquipment Policy, New York-Toronto-London 1949, S. 54. Terborgh hat sich diesem Problem besonders eingehend gewidmet. Siehe auch ders., Business Investment Policy, a.a.O., S. 49 ff.; Schneider, Wirtschaftlichkeitsrechnung, a.a.O., S. 75 ff.; H. v. Briel, Die Ermittlung der wirtschaftlichen Nutzungsdauer von Anlagegütern, Diss. Zürich 1955; Albach, Wirtschaftlichkeitsrechnung ..., a.a.O., insbes. S. 60 ff.

[8] Vgl. oben Erster Teil, Abschn. A., II., 2.

[9] Sofern solche nicht ebenfalls investiert sind; vgl. oben S. 47 f.

destens gleich der Summe der getätigten Ausgaben ist. Diese Bedingung ist gleichbedeutend mit der Forderung, daß nach Durchführung einer Investition bzw. eines Investitionskomplexes den o. a. Kosten mindestens gleich hohe Erträge aus dem entsprechenden Leistungsprozeß gegenüberstehen müssen[10].

In diesem Falle kommen für die Beurteilung der Wirtschaftlichkeit von Investitionen nicht nur bewerteter Aufwand einerseits sowie der mit der Investition bezweckte sachliche Erfolg — die Leistung — andererseits in Betracht, sondern weiterhin interessiert hier der *wertmäßige* Erfolg, d. h. der bei der Verwertung der Leistung erzielte oder erzielbare *Ertrag*. Hier werden allein *Werte* — bewerteter Aufwand sowie bewerteter Nutzen — gegenübergestellt, und nur, wenn außer dem in allen Wirtschaftssystemen zu verfolgenden Kostenminimum die letztgenannte Bedingung erfüllt ist, kann bezüglich der entsprechenden Investitionen von wirtschaftlichen Investitionen auch im *erwerbswirtschaftlichen Sinne* gesprochen werden. Sind mehrere solcher Investitionen *alternativ* möglich, so ist von ihnen nur die wirtschaftlich, welche zu einem maximalen Überschuß des Ertrags über die Kosten, d. h. zu einem maximalen Gewinn führt.

Kostenminimum oder Gewinnmaximum, wobei letzteres das erstere naturgemäß umfaßt, sind demnach je nach der Zweckbestimmung der Betriebe die Kriterien für die Wirtschaftlichkeit betrieblicher Investitionen, und insofern kommt in der Wirtschaftlichkeit von Investitionen ihre Eignung, der Erfüllung betrieblicher Aufgaben zu dienen, zum Ausdruck.

Wenn also hier von der Wirtschaftlichkeit einer Investition gesprochen wird, so ist keinesfalls nur an gewinnbringende bzw. nicht verlustbringende Investitionen gedacht, wie es vielfach der Fall ist[11]. Unter diesen Umständen wäre kein Raum zur Beurteilung der Vielzahl nicht zu Erwerbs- bzw. Gewinnzwecken durchgeführter Investitionen, die wir in planwirtschaftlichen Wirtschaftssystemen, aber auch — als nicht typische Investitionen — in mehr marktwirtschaftlich orientierten Wirtschaftssystemen finden[12]. Nach unseren obigen Erörterungen[13] über die Aufgaben der Betriebe in der Gesamtwirtschaft dürfte es klar sein, daß Kostenminimum bzw. Gewinnmaximum als Maßstab auch für die gemeinwirtschaftliche Wirtschaftlichkeit der getätigten Investitionen im Sinne einer optimalen Güterversorgung der

---

10 Zum Unterschied gegenüber der erstformulierten Bedingung sind in diesem Falle die *wiedergewonnenen* Investitionssummen in nicht verbrauchliche bzw. nur teilweise verbrauchte, abnutzbare Güter, welche nur „durchlaufende Posten" darstellen, aus den Vergleichsgrößen eliminiert.

11 Siehe beispielsweise Schneider, Wirtschaftlichkeitsrechnung, S. 21 ff.

12 Vgl. oben S. 24.

13 Vgl. Erster Teil. Abschn. A.

Gesamtheit nur dann gelten können, wenn die Preise der Güter ihre tatsächlichen Knappheitsverhältnisse widerspiegeln, wir also eine grundsätzlich freie Preisbildung auf den Märkten vorfinden.

Das gilt auch dann, wenn man den von Schmalenbach in Anlehnung an die subjektive Wertlehre[14] entwickelten „Kalkulationswert"[15] oder den „Nutzwert ... in der letzten noch wirklich werdenden, nach Nutzwerten geordneten Verwendung" von Mellerowicz[16] zugrunde legt, da eben hier nur die Verhältnisse in einem Betrieb in Betracht gezogen werden, demgegenüber in anderen Betrieben durchaus ein gesamtwirtschaftlich nützlicherer Einsatz dieser Güter möglich sein kann, wofür aber infolge falscher Preisbildung kein Maßstab vorhanden ist. Die Behauptung, daß nur das Rechnen mit jenem, seltsamerweise — da es de facto doch ein sehr subjektiver, jeweils auf den einzelnen Betrieb bezogener Wert ist — „objektiv" genannten[17] Betriebswert bzw. dem Mellerowiczschen Grenz-Nutzwert zu einem wirtschaftlichen Einsatz von Gütern mit gehemmter Beschaffungsmöglichkeit im Betrieb führe[18], ist unhaltbar, da nach dem ökonomischen Prinzip diese Güter sowieso auf die gewinnbringendsten Verwendungsarten innerhalb des Betriebes aufgeteilt werden müssen — auch auf der Basis gesamtwirtschaftlich falscher Preise.

Bezüglich der Kapitalnutzungskosten entspricht jenem Betriebswert in der Investitionsrechnung die sogenannte interne Verzinsung des eingesetzten Kapitals in der nächstbesten, nicht mehr zum Zuge kommenden Verwendungsart, während der Grenz-Nutzwert von Mellerowicz, auch „reale Kosten" genannt (ebenda), in diesem Falle die interne Verzinsung des angesetzten Kapitals in der schlechtesten, noch zum Zuge kommenden Verwendungsart darstellen würde[19].

Ungeachtet dieserhalb möglicher Diskrepanzen, für die nicht der einzelne Betrieb verantwortlich ist, können sich die Betriebe in ihrer Investitionspolitik nur an den genannten einzelwirtschaftlichen Kriterien auf der Basis von Marktpreisen orientieren, und wir beschränken auch unsere Betrachtung im folgenden hier auf etwa mögliche Einflüsse der Finanzierung auf jene einzelwirtschaftliche Wirtschaftlichkeit entweder im einzelwirtschaftlich-technischen oder aber im erwerbswirtschaftlichen Sinne[20].

---

[14] Siehe vor allem F. v. Wieser, Theorie der gesellschaftlichen Wirtschaft — Grundriß der Sozialökonomik, I. Abt., 2. Teil — 2. Aufl. Tübingen 1924, S. 73 ff.; E. v. Böhm-Bawerk, Grundzüge der Theorie des wirtschaftlichen Güterwertes, JbfNuSt, N. F. Bd. 13 (1886), S. 1 ff. und S. 477 ff., hier insbes. S. 515 ff.

[15] E. Schmalenbach, Die Selbstkostenrechnung, ZfhF, 13. Jg. (1919), S. 257 ff. und S. 321 ff. Später bezeichnet Schmalenbach diesen Wert auch als Betriebswert —. Selbstkostenrechnung und Preispolitik, 6. Aufl. Leipzig 1934, S. 24.

[16] Mellerowicz, Kosten und Kostenrechnung, Bd. I: Theorie der Kosten, 3., veränderte Aufl. Berlin 1957, S. 201.

[17] Vgl. A. Meier, Der objektive Kostenbegriff, „Die Wirtschaftsprüfung", 1. Jg. (1948), S. 43 ff.; E. Heinen, Die Kosten. Ihr Begriff und ihr Wesen, Saarbrücken 1956, S. 41.

[18] Vgl. Schmalenbach, Die Selbstkostenrechnung, a.a.O., S. 278; Mellerowicz, Theorie der Kosten, a.a.O., S. 201.

[19] Vgl. unten S. 155 f.

[20] Vgl. oben Erster Teil, Abschn. A., II.

B. Investitionsrechnung zur Ermittlung der Wirtschaftlichkeit von Investitionen

I. Grundsätzliche Bemerkungen über Wesen und Zweck der Investitionsrechnung

Die Ermittlung von Kostenminima, Gewinnen bzw. Gewinnmaxima als Kriterien zur Beurteilung der Wirtschaftlichkeit von Investitionen erfordert zunächst eine Feststellung der zugrunde liegenden Quantitäten, Kosten und Erträge, in ihrer absoluten Höhe je betrachteter Investition. Während die Erträge sich im allgemeinen ohne besondere Schwierigkeiten aus den erzielten Erlösen bzw. den Leistungsmengen zu erwarteten Verkaufspreisen ergeben, bedarf es zur Ermittlung der Kosten schon komplizierterer Berechnungen. Das gilt insbesondere bezüglich der Kapitalnutzungskosten, welche vom Zinssatz, der Menge des gebundenen Kapitals sowie der für die einzelnen Kapitalteile häufig — bei dauerhaften abnutzbaren Investitionsgütern — unterschiedlichen Bindungszeit abhängig sind.

Wo es um das Kostenminimum alternativer, an der Erstellung unterschiedlicher Leistungsmengen beteiligter Investitionen geht, ist es darüber hinaus erforderlich, die anfallenden Kosten und gegebenenfalls Erträge auf die Leistungseinheit oder gleiche Leistungsmengen zu beziehen, da nur so eine Vergleichbarkeit der Werte und damit auch der entsprechenden Investitionen bzw. Investitionsketten gegeben ist.

Sind im Vergleich zu gewinnbringenden Investitionsgelegenheiten nur begrenzte Kapitalnutzungen verfügbar, oder befinden sich andere Produktionsfaktoren in der Minimumposition, so müssen zur Ermittlung des absoluten Gewinnmaximums die Gewinne bei den alternativen Investitionen bzw. Investitionskombinationen festgestellt und durch Beziehung auf einen einheitlichen Zeitraum vergleichbar gemacht werden. Das erfordert je nach den Umständen mehr oder minder komplizierte Rechenoperationen.

All jene Rechnungen bezeichnet man im Hinblick auf ihre Zielsetzung als Investitionsrechnungen. Da sie sich auch allein auf die Ermittlung von Kostenminima bzw. auf Kostenvergleiche beschränken können, kann der Auffassung H. K. Schneiders[1] nicht beigepflichtet werden, wenn er meint: „In der Investitionsrechnung hingegen erscheint die Gewinnorientierung betriebswirtschaftlich *und* volkswirtschaftlich notwendig."

---

[1] H. K. Schneider, Aufgabenstellung und Verfahren der Investitionsrechnung, in: Beiträge zur Wirtschaftsrechnung in der Energieversorgung. Tagungsberichte des Energiewirtschaftlichen Instituts an der Universität Köln, H. 7, München 1955, S. 73 ff., hier S. 75.

Die Investitionsrechnungen werden zweckmäßigerweise zunächst vor Beginn der Investitionen durchgeführt und können als Kontrollrechnungen während oder nach Ablauf der Investitionen angestellt werden. Entsprechend könnte man zwischen ex ante- und ex post-Investitionsrechnungen unterscheiden. Da die Investitionsrechnung zu möglichst sicheren Aussagen über Wirtschaftlichkeit oder Unwirtschaftlichkeit von Investitionen gelangen soll, beinhaltet sie neben den genannten Rechnungen auch noch jene mathematischen Verfahren, welche darauf gerichtet sind, die Unsicherheiten, die den erwarteten, im Investitionskalkül zu berücksichtigenden Daten anhaften, zu minimieren bzw. selbst in das Kalkül einzubeziehen[2].

Von größerer Bedeutung ist naturgemäß die ex ante-Investitionsrechnung, da sie dem Unternehmer die Kriterien für die Investitionsentscheidungen und damit die Gestaltung des zukünftigen Betriebsablaufes liefert, während bei der ex post-Investitionsrechnung die Investitionen bereits getätigt sind und nur einer nachträglichen Beurteilung bezüglich ihrer Wirtschaftlichkeit unterzogen werden. Im allgemeinen versteht man jedoch unter der Investitionsrechnung jene Art der Vorschaurechnung.

Wir ziehen den Begriff „Investitionsrechnung" dem ebenfalls für solche Rechnungen gebrauchten Begriff der „Wirtschaftlichkeitsrechnung" vor, weil Wirtschaftlichkeitsüberlegungen und entsprechende Berechnungen auch im Zusammenhang mit betrieblichen Dispositionen angestellt werden, die nicht — jedenfalls primär — die Durchführung von Investitionen betreffen. Zu denken ist hier beispielsweise an die Berechnungen zur Ermittlung der optimalen Preis- und Verkaufspolitik, die je nach der Marktsituation, in der sich die Unternehmung befindet, äußerst kompliziert sein können[3]. Demgegenüber ist die vorgenannte Investitionsrechnung auf die Ermittlung der Wirtschaftlichkeit erwogener oder getätigter *Investitionen* bzw. *Investitionskombinationen* abgestellt und bildet somit einen Spezialfall der umfassenderen Wirtschaftlichkeitsrechnung. Wir glauben daher, daß man auch bei der oben gewählten weiten Fassung des Investitionsbegriffes den Ausdruck „Investitionsrechnung" nicht ohne weiteres durch das Wort

---

[2] Auf diese Verfahren soll hier nicht weiter eingegangen werden, da es zur Darstellung der genannten Beziehungen genügt, wenn wir im folgenden von der Voraussetzung sicherer Erwartungen ausgehen. Näheres dazu siehe Albach, Wirtschaftlichkeitsrechnung ..., a.a.O., S. 73 ff., sowie die dort angeführte zahlreiche Literatur.

[3] Vgl. T. P. Frenckner, Betriebswirtschaftslehre und Verfahrensforschung. Operations Research, ZfhF, N. F. 9. Jg. (1957), S. 65 ff., hier S. 85 f. sowie die dort angef. Spezialliteratur zur Spieltheorie. Siehe auch Albach, Wirtschaftlichkeitsrechnungen ..., a.a.O., S. 183 ff., wo Albach auch für Investitionsprobleme spieltheoretische Lösungen darstellt.

„Wirtschaftlichkeitsrechnung“ ersetzen kann[4]. Entsprechend diesem Investitionsbegriff sehen wir die Investitionsrechnung allerdings nicht auf Anlageinvestitionen beschränkt, wie es z. B. bei Ballmann[5] der Fall ist, sondern wir verstehen darunter sämtliche Rechnungen, welche auf die Ermittlung der Wirtschaftlichkeit irgendwelcher Investitionen abzielen. Insofern dürfte ein Großteil der von Frenckner[6] außer der „Wirtschaftlichkeitsrechnung“ genannten operationsanalytischen Methoden, wie etwa die Queutheorie, die lineare Programmierung, die Informationstheorie, die Monte-Carlo-Methode u. a. auch als Investitionsrechnungen oder wenigstens als Teile einer solchen gelten.

Es kann im Rahmen dieser Arbeit nicht unsere Aufgabe sein, auf die verschiedenen Arten von Investitionsrechnungen einzugehen[7]. Soweit wir uns im folgenden mit der Investitionsrechnung befassen müssen, dürfte es zur Sichtbarmachung der hier zu untersuchenden Beziehungen genügen und auch zweckmäßig sein, wenn wir von möglichst einfachen Voraussetzungen ausgehen, wie sie etwa der von Schneider[8] dargestellten „Wirtschaftlichkeitsrechnung“ zugrunde liegen.

II. Zusammenfassung komplementärer Investitionen im Investitionskalkül

Wie wir an anderer Stelle[9] bereits dargetan haben, ist die Erstellung einer betrieblichen Endleistung im allgemeinen nicht mit der Durchführung nur einer einzelnen Investition verbunden, sondern es sind dazu meist mehrere, häufig eine Vielzahl von Investitionen erforderlich. Es ist ja das Wesen der *betrieblichen* Leistungserstellung, daß dort Produktionselemente zu neuen Sachgütern oder Dienstleistungen *kombiniert* werden, und entsprechend gehören auch die

---

4 Vgl. Gutenberg, Zur neueren Entwicklung der Wirtschaftlichkeitsrechnung, a.a.O., S. 644. Auch Albach (Wirtschaftlichkeitsrechnung ..., a.a.O., S. 13 ff.) gebraucht beide Begriffe synonym, was seiner weiten Fassung des Investitionsbegriffes (siehe oben S. 55 f.) entspricht.

5 Ballmann, a.a.O., S. 4.

6 Frenckner, a.a.O., S. 77 ff.

7 Näheres dazu siehe Frenckner, a.a.O., S. 77 ff.; Albach, Wirtschaftlichkeitsrechnung ..., a.a.O.; ders., Investitionspolitik in Theorie und Praxis, a.a.O., S. 767 ff.; ders., Die Berechnung der Wirtschaftlichkeit betrieblicher Investitionen, ZfB, 29. Jg. (1959), S. 419 ff.; H. Schindler, Investitionsrechnungen in Theorie und Praxis, Diss. Freiburg 1955; ders., Investitionsrechnungen auf der Basis neuer theoretischer Erkenntnisse, ZfhF, N. F. 8. Jg. (1956), S. 462 ff.; v. Briel, a.a.O., insbesondere S. 27 ff. sowie die weitere dort angeführte Literatur zu diesem Gebiet.

8 Schneider, Wirtschaftlichkeitsrechnung, a.a.O.; siehe auch ders., Einführung II, a.a.O., S. 166 ff.; Gutenberg, Zur neueren Entwicklung der Wirtschaftlichkeitsrechnung, a.a.O.; ders., Der Stand der wissenschaftlichen Forschung auf dem Gebiet der betrieblichen Investitionsplanung, a.a.O.; Lutz, The Theory of Investment of the Firm, a.a.O.

9 Vgl. oben Zweiter Teil, Abschn. A., I., 2.

sich aus dem Einsatz dieser Produktionselemente einerseits und dem Zeitverbrauch bei der Leistungserstellung andererseits resultierenden einzelnen Investitionen zusammen. Sie sind genau so wie die Produktionselemente und gegebenenfalls auch die nicht produktiven Elemente *komplementär* im Hinblick auf die erstellte und abgelieferte Endleistung.

Die „Eigentümlichkeit des menschlichen Geistes, daß er Wirkungen, die von mehreren Faktoren abhängig sind, nicht auf diese Faktoren aufzuteilen in der Lage ist“[10], bringt es mit sich, daß eine Beurteilung der Wirtschaftlichkeit einer Investition im Sinne der Gewinnmaximierung immer nur im Rahmen des Komplexes aller am Endertrag beteiligter Investitionen erfolgen kann. Es gibt keine Möglichkeit, über „Teilerträge“ und die feststellbaren Kosten bei den einzelnen Investitionen zu „Teilgewinnen“ zu kommen[11], die zu maximieren wären. Das bedeutet aber, daß man auch in der Investitionsrechnung, die auf die Ermittlung des Gewinnmaximums abgestellt ist, komplementäre Investitionen — die Summe ihrer „Einzelkosten“ auf der einen, ihren „Gesamtertrag“ auf der anderen Seite — zusammenfassen muß[12].

Nicht so bei Investitionsrechnungen, die zur Ermittlung des Kostenminimums im Hinblick auf eine bestimmte Leistung oder einen Ertrag angestellt werden — sei es, daß ein Gewinn überhaupt nicht erstrebt wird oder aber nach früheren Berechnungen gewiß ist. Hier können auch einzelne Investitionen aus einem Investitionskomplex betrachtet und gegebenenfalls mit alternativen Investitionen verglichen werden. Sofern jedoch alternative Investitionen unterschiedliche Komplementärinvestitionen bzw. Kosten bei diesen bedingen, darf der „Verfahrensvergleich“ wiederum nicht mehr nur auf die einzelnen substituierbaren Investitionen beschränkt bleiben, sondern es müssen auch die entsprechenden variierenden Komplementärinvestitionen in das Investitionskalkül einbezogen werden. Das ergibt sich aus der Tatsache, daß die Wirtschaftlichkeit einer Leistungserstellung und damit der erforderlichen Investitionen stets eine Minimierung der *Gesamt*kosten des Investitionskomplexes und nicht der Kosten bei den einzelnen Investitionen im Hinblick auf die erbrachte Endleistung erfor-

---

10 Waffenschmidt, Technik und Wirtschaft der Gegenwart, a.a.O., S. 214.

11 Auf die in diesem Zusammenhang interessante Zurechnungslehre in der Nationalökonomie und ihre unbefriedigenden Ergebnisse weist Waffenschmidt (Produktion, a.a.O., S. 142 ff., insbes. S. 157 ff.) besonders hin.

12 Das wird ganz deutlich auch von Albach (Wirtschaftlichkeitsrechnung ..., a.a.O., S. 54) zum Ausdruck gebracht: „Einem einzelnen Wirtschaftsgut kommt kein ihm eigener Grad an Wirtschaftlichkeit zu, denn es muß stets im Verbund mit den anderen Gütern einer Unternehmung gesehen werden, und der Grad seiner Vorteilhaftigkeit leitet sich lediglich aus der Veränderung der Gesamtwirtschaftlichkeit ab.“

dert[13]. Mit anderen Worten, die Wirtschaftlichkeit der einzelnen Investition eines Investitionskomplexes leitet sich stets von der Wirtschaftlichkeit des gesamten Komplexes her.

Diesen Zusammenhängen zwischen komplementären Investitionen gilt es beim Wirtschaftlichkeitskalkül Rechnung zu tragen, will man nicht zu Fehlschlüssen und entsprechenden Fehlentscheidungen in der betrieblichen Investitionspolitik gelangen[14].

III. Auszahlungen und Einzahlungen als Ausgangsdaten der Investitionsrechnung

1. Auszahlungen und Einzahlungen in Beziehung zu Ausgaben und Einnahmen sowie Kosten und Erträgen

Aus dem genannten Zweck der Investitionsrechnung folgt, daß zur Bewertung der in die Rechnung eingehenden Kosten und Erträge nur Marktpreise infrage kommen. Bezüglich der Kosten bieten sich als solche Anschaffungs-, Zeit- oder Wiederbeschaffungspreise an. Die Kalkulation auf der Basis von Zeit- und Wiederbeschaffungspreisen entspringt dem Streben nach realer Kapitalerhaltung[15]. So interessant es sein dürfte, der Frage nachzugehen, inwieweit jenes Denken auch beim Investitionskalkül, insbesondere bei zu erwartender allgemeiner Geldwertverschlechterung, seine Berechtigung hat, so sind wir doch genötigt, im Rahmen der vorliegenden Untersuchung dieses Problem auszuklammern und eine nominale Kapitalrechnung zugrunde zu legen. Somit gehen wir hier bezüglich der Kostenbewertung, wie u. W. bisher allgemein bei Investitionsrechnungen üblich, stets von Anschaffungspreisen, d. h. den Preisen der Investitionsgüter im Zeitpunkt ihrer Anschaffung aus.

Wie früher festgestellt, decken sich die Preise der Güter im Anschaffungszeitpunkt mit den für die Beschaffung derselben zu täti-

---

13 Über die Kosten erfolgt ja eine Gleichnamigmachung der mit der Leistungserstellung verbundenen Güterverbräuche (vgl. Waffenschmidt, Technik und Wirtschaft . . ., a.a.O., S. 175 ff.; Gutenberg, Produktion, 3. A., S. 202; H. Koch, Zur Diskussion über den Kostenbegriff, ZfhF, N. F. 10. Jg. (1958), S. 355 ff., hier S. 360 f.), und da es im Wesen des einzelwirtschaftlich-technischen Wirtschaftlichkeitsprinzips liegt, den Gesamtgüterverbrauch zu minimieren, kann als Kriterium für die Wirtschaftlichkeit der Investitionen auch nur das Minimum der Gesamtkosten des Investitionskomplexes dienen, dem die einzelnen Investitionen angehören. Dem entspricht in der statischen Kostentheorie die sog. Minimalkostenkombination aller an der Leistungserstellung beteiligten Produktionsfaktoren, die nicht mit dem Kostenminimum bei den einzelnen Elementen zusammenfallen muß. (Vgl. Schneider, Einführung II, a.a.O., S. 143 ff.; Gutenberg, Produktion, 3. A., a.a.O., S. 206 ff.)

14 Vgl. Albach, Wirtschaftlichkeitsrechnung . . ., a.a.O., S. 49 ff.

15 Vgl. dazu K. Hax, Die Substanzerhaltung der Betriebe, Köln und Opladen 1957, insbes. S. 53 ff.

genden Ausgaben, während die Einnahmen aus dem Verkauf der betrieblichen Endleistungen die gegebenenfalls im Investitionskalkül zu berücksichtigenden Erträge darstellen. Mithin könnten jene, im Zusammenhang mit der Durchführung von Investitionen (Investitionskomplexen) erfolgenden Ausgaben und Einnahmen als Ausgangsdaten für die Ermittlung der Wirtschaftlichkeit der Investitionen in Betracht kommen. Nun hatten wir jedoch früher[16] festgestellt, daß sich die geldmäßigen Äquivalente für die *einzelnen* empfangenen bzw. erbrachten Leistungen nicht immer decken mit den in diesem Zusammenhang erfolgenden Zahlungen. Das ist nur dann der Fall, wenn uno actu mit dem Empfang (der Lieferung) eines Gutes auch die Auszahlung (Einzahlung) der Ausgabe (Einnahme) vorgenommen wird, also bei Barkäufen (Barverkäufen). Wird ein Gut auf Kredit geliefert, so beinhaltet die nach Ablauf der Kreditfrist zu leistende Zahlung nicht nur das wertmäßige Äquivalent für das gelieferte Gut, sondern ebenfalls ein Entgelt für die außerdem in Anspruch genommene Kreditleistung. Wird hingegen ein Investitionsgut unter der Kondition der Vorauszahlung des „Kaufpreises" geliefert, so ist jener bereits ein um die Gegenleistung für die Kaufkraftüberlassung gekürzter Betrag. Der tatsächliche Kaufpreis, die für die Lieferung zu leistende *Ausgabe* bzw. empfangene *Einnahme* ist um die auf Grund der Vorauszahlung beim Abnehmer entgangenen bzw. beim Lieferanten ersparten Zinsen auf den Zahlungsbetrag bis zum Zeitpunkt der Lieferung höher als diese Summe. Dabei ist es unerheblich, ob die Gegenleistung für die finanzielle Nebenleistung ausdrücklich deklariert ist — wie etwa beim Skontoausweis in der Rechnung — oder nicht, entscheidend ist, daß diese Nebenleistung erbracht wurde und daß sie neben der Grundleistung ihren eigenen Wert hat.

Wollte man bei der Wirtschaftlichkeitsrechnung hier von den, die einzelnen Investitionen begleitenden Ausgaben und Einnahmen ausgehen, so wäre man genötigt, zunächst diese Werte durch Auf- bzw. Abzinsung der Zahlungsbeträge auf den effektiven Lieferzeitpunkt zu errechnen. Die Zinskosten für in Anspruch genommenes Zahlungsziel sowie im voraus empfangene Kapitalbeträge müßten, da sie investitionsbedingt sind, dann allerdings in der Investitionsrechnung wieder erfaßt werden, womit der gleiche Effekt erzielt würde, wie wenn man dem Investitionskalkül direkt die geleisteten bzw. empfangenen *Zahlungsbeträge* anstatt der Ausgaben und Einnahmen zugrunde legt. Andererseits stehen geleistete Vorauszahlungen sowie Warenkredite als Finanzinvestitionen[17] in engem Zusammenhang mit den geplanten

---

[16] Vgl. oben Erster Teil, Abschn. D., I., 1., insbes. Anmerkung 5.
[17] Vgl. oben S. 54 f.

bzw. durchgeführten Realinvestitionen; sie sind im Hinblick auf die Erstellung der betrieblichen Endleistung (z. B. Lieferung eines produzierten Gutes auf Kredit) untrennbar miteinander verbunden, so daß sie zweckmäßigerweise auch in der Investitionsrechnung zu einem Komplex zusammengefaßt[18] werden[19]. Insofern ist es angebracht, bei all jenen kombinierten Waren- und Kreditgeschäften die Investitionsrechnung nicht auf Ausgaben und Einnahmen, sondern auf die mit den betrachteten Investitionen im Zusammenhang erfolgenden Auszahlungen und Einzahlungen zu basieren. Da in allen übrigen Fällen, also den Bargeschäften, Ausgaben und Auszahlungen einerseits sowie Einnahmen und Einzahlungen andererseits sowieso identisch sind, läßt sich generell sagen, daß die für die Beschaffung der Investitionsobjekte zu leistenden Auszahlungen und gegebenenfalls die aus ihrer betrieblichen Verwertung resultierenden Einzahlungen die geeigneten Ausgangsdaten für die Berechnung der Wirtschaftlichkeit jener Investitionen darstellen.

Aus dieser Feststellung darf jedoch nicht gefolgert werden, daß bei der Wirtschaftlichkeitsanalyse einer Investition Kosten und Erträge überhaupt keine Rolle spielen, wie Schneider[20] das bezüglich der Kosten behauptet. Sofern sich nämlich die genannten Auszahlungen und Einzahlungen nicht überhaupt mit den Kosten bzw. Erträgen decken (nämlich da, wo man die Investition über die ganze Investitionsdauer betrachtet und das Investitionsobjekt im Produktionsprozeß völlig verbraucht wurde), werden sie, wie später[21] noch deutlicher wird, in der Investitionsrechnung stets eine Transformation zu diesen Werten erfahren oder[22] (und) als Basis zur Erfassung der in-

---

[18] Zum Unterschied gegenüber der o. a., gewissermaßen *vertikalen* Zusammenfassung komplementärer Investitionen (siehe Abschn. B II.) liegt es nahe, hier von einer *horizontalen* Zusammenfassung verbundener Investitionen zu sprechen.

[19] Das schließt nicht aus, daß es dort, wo Dispositionsfreiheiten in den Liefer- bzw. Bezugskonditionen bestehen, im Hinblick auf die günstige Konditionenwahl angebracht ist, die einzelnen Finanzinvestitionen (geleistete Vorauszahlungen/gewährte Warenkredite) sowie Finanzierungen (in Anspruch genommene Warenkredite/empfangene Vorauszahlungen) isoliert von den damit verbundenen, durch Ausgaben und Einnahmen begrenzten *Real*investitionen zu analysieren. Beispielsweise kann der Betrieb vor die Alternativen gestellt werden: Leistung von Vorauszahlung mit entsprechendem Zinsertrag (= Ermäßigung des Kaufpreises für Realgut) oder Barzahlung und Zinsertrag aus anderweitiger Anlage des nicht vorausgezahlten Betrages bis zum Zeitpunkt der Lieferung. Es erweist sich hier die Zweckmäßigkeit der oben vorgenommenen scharfen Trennung zwischen Realinvestition, Finanzinvestition und Finanzierung.

[20] Schneider, Wirtschaftlichkeitsrechnung, a.a.O., S. 7.

[21] Vgl. unten Abschn. C., IV.

[22] Für den Fall, da es sich um Zahlungen für den Kauf bzw. aus dem Verkauf nicht verbrauchlicher Investitionsgüter bzw. den entsprechenden Anteil für nur zum Teil verbrauchte abnutzbare Güter handelt (durchlaufende Posten).

vestitionsbedingten Kapitalnutzungskosten dienen[23]. Das ergibt sich zwangsläufig auch aus der oben wiedergegebenen Zielsetzung der Investitionsrechnung, Kostenminima, Gewinne bzw. Gewinnmaxima als Kriterien zur Beurteilung der Wirtschaftlichkeit von Investitionen (Investitionskomplexen) zu ermitteln.

2. *Fiktive Zahlungen im Investitionskalkül*

Wenn oben von den Zahlungen als Ausgangsdaten der Investitionsrechnung gesprochen wurde, so war zunächst an die effektiven Geldüberführungsvorgänge gedacht, die in direktem Zusammenhang mit dem Kauf von Investitionsobjekten bzw. dem Verkauf betrieblicher Leistungen stattfinden. Diese Zahlungen sind als monetäre Äquivalente für empfangene sowie gelieferte Leistungen gewissermaßen sichtbar und somit unmittelbar festzustellen.

Nun finden aber in Betrieben häufig auch Gütereinsätze sowie -abgänge statt, denen Zahlungsvorgänge überhaupt nicht oder aber nicht unmittelbar gegenüberstehen. Eine Investitionsrechnung mit der genannten Zielsetzung wird in diesen Fällen nicht umhin können, dennoch eine Bewertung solcher eingesetzten Güter bzw. ihres Verbrauches (Kostenfeststellung) vorzunehmen, wie sie andererseits nicht auf eine wertmäßige Erfassung der „nicht bezahlten" Leistungsabgänge (Ertragsermittlung) verzichten kann, sofern nur diese Verbräuche und verwerteten Leistungen mit einer zu analysierenden Investition in Zusammenhang stehen.

Mangels effektiver Zahlungen ist die Investitionsrechnung hier auf die Fiktion von Zahlungsvorgängen angewiesen. Falls die Güterbeschaffung bzw. der Güterabsatz im Wege des mitunter anzutreffenden Realgütertausches vor sich geht, drängt sich diese Fiktion geradezu auf: Als gezahlt gilt der Betrag, mit dem das im Tausch hingegebene bzw. im Tausch empfangene Gut abgerechnet wurde, da als Wertmesser auch in diesen Fällen im allgemeinen das Geld dient. Aber auch in den Fällen, da dem Gütereinsatz im Betrieb weder geldliche noch reale Gegenleistungen seitens des Betriebes unmittelbar gegenüberstehen — entsprechende Erscheinungen auf der Absatzseite sind u. E. nur bei Wohlfahrtsbetrieben anzutreffen, bei Betrieben also, deren Investitionsrechnungen sich sowieso nur auf die Kostenseite erstrecken[24] —, werden für die Investitionsrechnung Zahlungen fingiert. Zu denken ist hierbei in erster Linie an den Einsatz von Arbeits-

---

[23] Schneider greift in seiner „Wirtschaftlichkeitsrechnung" (vgl. a.a.O., S. 80 ff.) verschiedentlich selbst auf den Begriff „Kosten" zurück. Siehe in diesem Zusammenhang auch W. Lücke, Investitionsrechnungen auf der Grundlage von Ausgaben oder Kosten? ZfhF, N. F. 7. Jg. (1955), S. 310 ff.

[24] Vgl. oben S. 24.

leistungen und Kapitalnutzungen der Unternehmenseigner im eigenen Betrieb, jenen Gutsverbrauch also, der in der Kostenrechnung durch den kalkulatorischen Unternehmerlohn sowie die kalkulatorischen Eigenkapitalzinsen erfaßt wird[25].

Es wurde an anderer Stelle[26] bereits darauf hingewiesen, daß es jenen am Unternehmen Beteiligten zukommt, für das grundsätzlich in allen Investitionen liegende Risiko des Kapitalverlustes primär einzutreten. Es ist nun häufig üblich, diesen Beteiligten die Vergütung für ihre Leistungen erst nach Ablauf der auf ihre Verantwortung getätigten Investitionen oder aber nach einer gewissen Periode, innerhalb der sich ein Erfolg dieser Investitionen absehen läßt, aus dem eventuell erzielten Überschuß der Erträge über die sonstigen Kosten zu zahlen. Praktisch erbringen die Unternehmenseigner damit ihre Leistungen auf Kredit, d. h., neben ihrer Grundleistung überlassen sie dem Betrieb eine Zeitlang auch noch den als Gegenleistung für ihre Grundleistung zu beanspruchenden Kapitalbetrag. Wird mit den Investitionen ein Überschuß der Erträge über die sonstigen Kosten nicht erzielt, so entfällt eine Vergütung häufig überhaupt; in diesem Fall findet gewissermaßen eine Verrechnung des eigentlich zustehenden Entgeltes für die erbrachten Leistungen mit dem durch eben die Beteiligten abzudeckenden Verlust aus der Investitionsdurchführung statt[27]. In dem allen Investitionen innewohnenden Risiko von Kapitalverlusten einerseits sowie der Verpflichtung der Unternehmenseigner zur Übernahme dieses Risikos andererseits liegt u. E. die eigentliche Ursache für die zunächst bzw. überhaupt unentgeltliche Darbringung von Leistungen seitens der Beteiligten.

Bei der Erfassung des wertmäßigen Verbrauches dieser Unternehmerleistungen wird demgegenüber unterstellt, daß für ihre Inanspruchnahme ebenso ein Entgelt gezahlt werden muß wie für die entsprechenden Leistungen seitens Betriebsfremder. In die Einzahlungen und Auszahlungen als Ausgangsdaten der Investitionsrechnung müssen somit auch jene fiktiven Zahlungen einbezogen werden.

C. Die Kapitalnutzungskosten im Investitionskalkül

Setzt man voraus, daß der reibungslose Ablauf der betrieblichen Investitionskomplexe von der finanziellen Seite her gesichert ist[1], so

---

25 Werden von Unternehmenseignern auch Betriebsmittel, Werkstoffe oder sonstige Dienstleistungen dem Betrieb zur Verfügung gestellt, so gilt entsprechendes auch für diese Produktionsfaktoren.

26 Vgl. oben Zweiter Teil, Abschn. B., II.

27 Vgl. Schwantag, Zinsen als Kostenfaktor, a.a.O., S. 490.

1 Siehe Zweiter Teil.

kann die Finanzierung einen Einfluß auf die Wirtschaftlichkeit der Investitionen nur über die Nutzungskosten des durch die Finanzierung beschafften Kapitals ausüben. Im folgenden sollen daher die Kapitalnutzungskosten im betrieblichen Investitionskalkül einer näheren Erörterung unterzogen werden, wobei vor allem ihr Einfluß auf das Ergebnis der Wirtschaftlichkeitsrechnung sowie ihre Abhängigkeit von der Art der Finanzierung von Interesse sind.

I. Die Notwendigkeit der Berücksichtigung des Verbrauchs an Kapitalnutzungen im Investitionskalkül

Eine Investition ist ex definitione nicht ohne den Verbrauch von Kapitalnutzungen möglich. Diese Kapitalnutzungen aber stellen, wie wir oben[2] erkannt haben, knappe und nützliche und damit wirtschaftliche Güter dar. Da sie also einen Wert haben, führt ihr Verbrauch im Betrieb notwendig zu Kosten ebenso wie etwa der Verbrauch von Arbeitsleistungen oder Materialien[3]. Die Investitionsrechnung, innerhalb der der gesamte wertmäßige Gutsverbrauch ein entscheidendes Datum darstellt, wird also auch den mit der Durchführung der jeweils betrachteten Investition verbundenen Verbrauch an Kapitalnutzungen zu berücksichtigen haben. Zu den Gründen für den echten Kostencharakter des wertmäßigen Verbrauchs an Kapitalnutzungen und der Notwendigkeit seiner Erfassung im Wirtschaftlichkeitskalkül bemerkt Walther u. E. sehr treffend: „Auch die Zeit, während der das Vermögen durch den Vorgang der Leistungserstellung gebunden ist, muß in den Kosten zur Geltung kommen, damit wir die Summe der Kosten als einziges Maß der Wirtschaftlichkeit verwenden können. Mit anderen Worten: Nicht nur der Verbrauch des Vermögens — sei es allmählich wie beim Anlagevermögen oder unmittelbar wie beim Umlaufvermögen — kostet, sondern auch die *Benutzungszeit dieses Vermögens,* und zwar des Anlage- wie des Umlaufvermögens verursacht Kosten[4].“

Während der Kostencharakter verbrauchter Kreditkapitalnutzungen und entsprechend ihre Berücksichtigung im Investitionskalkül in der Betriebswirtschaftslehre im allgemeinen anerkannt ist, wird eine solche Auffassung bezüglich der Beteiligungskapitalnutzungen von

[2] Vgl. Erster Teil, Abschn. D., I., 2.

[3] Vgl. Schwantag, Zinsen als Kostenfaktor, a.a.O., S. 490.

[4] Walther, Einführung in die Wirtschaftslehre der Unternehmung, I. Bd., a.a.O., S. 158. Siehe auch Schnettler, a.a.O., S. 2. Im übrigen verweisen wir auf unsere diesbezüglichen Ausführungen im Ersten Teil, Abschn. D., I., 2., sowie die dort angeführten Veröffentlichungen.

verschiedenen Seiten bestritten. So sieht Seischab[5] in der Behandlung des wertmäßigen Verbrauchs von Eigenkapitalnutzungen als Kosten eine „Demontage des Gewinns". Davon kann u. E. jedoch nur gesprochen werden, wenn man dem Gewinnbegriff jene weite, auch noch Kostenbestandteile umfassende Deutung gibt, wie das Seischab tut, wenn man also den gesamten „‚Residualbetrag' zwischen den kontraktbestimmten oder gesetzlich festgelegten Einnahmen und Ausgaben" als Gewinn bezeichnet[6]. Deutet man hingegen den Gewinn als Differenz zwischen Ertrag und Kosten, wobei die Kosten *sämtlichen,* in Geld bewerteten, zur Erbringung jenes Ertrages notwendigen Verbrauch an wirtschaftlichen Gütern beinhalten[7], so kann in der Berücksichtigung auch des wertmäßigen Verbrauchs von Unternehmerleistungen in den Kosten nicht mehr eine Aushöhlung des *Gewinn*begriffes gesehen werden. Insoweit handelt es sich im vorliegenden Falle lediglich um eine definitorische Diskrepanz. Wenn dann allerdings von Seischab[8] die Erfassung von kalkulierten Unternehmerleistungen, also auch der Überlassung von Beteiligungskapital, unter den Kosten als eine *unzulässige* Ausweitung des Kostenbegriffes und damit *unzulässige* Einengung des Gewinnes bezeichnet wird, so bedarf es u. E. zu dieser wertenden Meinung überzeugenderer Argumente als des Hinweises auf einen Widerspruch zu „anerkannten betriebswirtschaftlichen Tatsachen" und „Gewohnheiten der Praxis"[9] oder der Behauptung, daß durch diese Usance „imaginäre Wertbewegungen vorgetäuscht" und der Versuch gemacht würde, „fingierte Vermögensdispositionen" zu reellen zu machen[10]. Letztere Argumente erscheinen uns geradezu als eine Verkehrung der Tatsache. Nicht um Vermögens- bzw. Wert*fiktionen* handelt es sich, wenn die Leistungen am Unternehmen Beteiligter in den Kosten kalkuliert werden, vielmehr werden *echte* Vermögenseinsätze und *tatsächliche* Wertbewegungen in den Kosten erfaßt, bei deren Ermittlung, d. h. der Bewertung des zugrunde liegenden Verbrauches, man mangels effektiver Zahlungen lediglich zur *Zahlungsfiktion* greift. Es ist unverständlich, und die vorgebrachten Argumente geben keine Erklärung dafür, wieso die gleichen Leistungen, wenn sie einmal dem Betrieb von Betriebsfremden erbracht werden, Vermögenseinsätze und ihr Verbrauch Kosten darstellen, wenn sie hingegen von den Unternehmenseignern stammen, keinen

5 H. Seischab, Demontage des Gewinns durch unzulässige Ausweitung des Kostenbegriffes, ZfB, 22. Jg. (1952), S. 19 ff.

6 Vgl. Schwantag, Zinsen als Kostenfaktor, a.a.O., S. 484.

7 Vgl. Mellerowicz, Kosten und Kostenrechnung, Bd. I, a.a.O., S. 4; Schmalenbach, Selbstkostenrechnung und Preispolitik, a.a.O., S. 113; Schneider, Wirtschaftlichkeitsrechnung, a.a.O., S. 7.

8 Seischab, Demontage des Gewinns ..., a.a.O., S. 19.

9 Seischab, Demontage des Gewinns ..., a.a.O., S. 26 f.

10 Ebenda, S. 22.

Vermögens- und Wertcharakter mehr haben sollen und ihrem Verbrauch im Betrieb eine Berücksichtigung in den Kosten versagt wird. Aus der Tatsache, daß die Eigenkapitalgeber eine Vergütung für ihre Leistungen überhaupt nicht oder erst aus einem gegebenenfalls erzielten Überschuß des Ertrages über alle sonstigen Kosten erhalten, kann eine solche Handhabung nicht hergeleitet werden. Dieses Phänomen hat seine Ursache, wie wir oben[11] bereits nachzuweisen versuchten, in der besonderen Einstellung der Eigenkapitalgeber zum Investitionsrisiko, wodurch jedoch der Wertcharakter der von ihnen dargebrachten und im Betrieb verbrauchten Leistungen in keiner Weise betroffen wird.

Immerhin tauchen jene Unternehmerleistungen bei Seischab wiederum im „Gewinnzuschlag" auf[12], womit sie also doch irgendwie kalkuliert werden, so daß man annehmen könnte, die Differenzen seien letztlich doch nur definitorischer Art. Dennoch dürften die Meinungsverschiedenheiten tiefer wurzeln, was insbesondere die Behauptung Seischabs[13] erhellt, von einer „Nutzung des Eigenkapitals durch den Betrieb" könne nicht gesprochen werden. Nur das betriebliche Vermögen stehe in der Nutzung des Betriebes, während das im Vermögen investierte Kapital selbst stets und ausschließlich in der Nutzung der Kapitalgeber stehe und bleibe. Was aber, so müßte man dann fragen, bezahlt der Betrieb mit den in den Kosten zulässigen Fremdkapitalzinsen, wenn nicht eine Kapitalnutzung, die sich in ihrer *produktiven* Funktion[14] durch nichts von der Eigenkapitalnutzung unterscheidet?

Es ist daher Meier[15] voll und ganz zuzustimmen, der in diesem Zusammenhang bemerkt: „Richtig ist es, den Kostencharakter *unabhängig von der Herkunft des Kapitals* zu beurteilen, also keinen Unterschied zwischen Eigen- und Fremdkapital zu machen." Und bei Schmalenbach[16] finden sich diese Gedanken schon wesentlich früher in den Worten: „Nicht das, was gekostet hat, sind Kosten. Nicht auf die Ausgabe von Geld kommt es an, sondern darauf, ob durch einen Erzeugungs- oder Vertriebsvorgang Güter verzehrt wurden. Das Verzehren, nicht das Geldausgeben entscheidet[17]."

---

[11] Vgl. S. 129.

[12] Seischab, Demontage des Gewinns ..., a.a.O., S. 26.

[13] Ebenda, S. 27.

[14] Vgl. oben Erster Teil, Abschn. D., I., 2. Siehe auch Schwantag, Zinsen als Kostenfaktor, a.a.O., S. 485.

[15] Meier, Der objektive Kostenbegriff, a.a.O., S. 49.

[16] Schmalenbach, Selbstkostenrechnung, a.a.O., S. 268.

[17] Vgl. auch Schwantag, Zinsen als Kostenfaktor, a.a.O., insbes. S. 489 f.; E. L. Grant, Principles ob Engineering Economics, 2nd. ed. New York 1938, S. 72; Schnettler, a.a.O., S. 11 ff. und S. 127; E. Schmalenbach, Zinskosten in der Buchführung, ZfhF, 7. Jg. (1912/13), S. 249 ff., hier insbes. S. 252; H. K. Schneider, a.a.O., S. 76; Th. Beste, Die Verrechnungspreise in der Selbstkostenrechnung industrieller Betriebe, Berlin 1924, S. 24.

In jüngster Zeit hat auch Koch[18], ausgehend von dem pagatorischen Kostenbegriff, die Berechtigung, den Eigenkapitalzins — sowie den Unternehmerlohn — in den Kosten zu erfassen, entschieden bestritten. Seine Kritik gründet dabei im wesentlichen auf der Ansicht, „daß die Prämisse, die Unternehmung sei ein Wirtschaftssubjekt, mit dem Grundaxiom der Wirtschaftswissenschaften, daß die Menschen zur Erreichung ihrer Ziele in arbeitsteiliger Weise Güter bereitstellen, nicht in Einklang zu bringen (sei)“[19]. Folglich könne von einer „Unternehmung an sich“ im Bereich der Wirtschaftswissenschaft nicht gesprochen werden; Wirtschaftssubjekt sei stets nur die Person bzw. die Gesellschaft, die sich unternehmerisch betätigt. Die Unternehmung, die „nur als ein System von Handlungen des Unternehmers, nicht aber als ein menschlicher Verband oder dgl. begriffen werden darf“[20], könne daher niemals von dem eigenen Unternehmer Arbeitskraft und Kapital nachfragen und dafür dem Unternehmer ein Entgelt, eben den Unternehmerlohn und den Eigenkapitalzins, zahlen. Dem Unternehmer selbst aber stünden Arbeitskraft und Eigenkapital „von vornherein zur Verfügung“ und würden somit auf den Märkten nicht gegen Lohn und Zins nachgefragt, so daß ihre Verwendung auch niemals zu Kosten führen könne[21]. Dieser Auffassung begegnet Engelmann[22] in seiner Replik im wesentlichen mit den auch von uns oben vorgebrachten Gründen für eine Berücksichtigung von Unternehmerleistungen in den Kosten sowie mit dem Hinweis, daß die Verneinung der „Unternehmung an sich“ gegen „elementare Erkenntnisse der Betriebswirtschaftslehre“ verstieße. Es handele sich bei diesem Begriff um „eine gedankliche Konstruktion, die eine unentbehrliche und kaum noch von irgendeiner Seite bestrittene betriebswirtschaftliche Grundanschauung ausmacht und heute trotz mancher Auffassungsverschiedenheiten in anderen Fragen fast gleichartig in allen wirtschaftswissenschaftlich fortgeschrittenen Teilen der Welt als Denkmodell benutzt wird“[23]. Wir müssen Engelmann zustimmen, wenn er[24] darüber hinaus bemerkt: „Es erscheint schwer einzusehen, inwiefern das von Koch formulierte ‚Grundaxiom‘ der Anschauung widersprechen soll, daß eine Unternehmung, gleichviel welcher Form und Art, im arbeitsteiligen Prozeß

---

[18] Koch, Zur Diskussion über den Kostenbegriff, a.a.O., S. 384 ff.; ders., Zur Frage des pagatorischen Kostenbegriffes, ZfB, 29. Jg. (1959), S. 8 ff., hier S. 14 ff.

[19] Koch, Zur Diskussion über den Kostenbegriff, a.a.O., S. 387. Vgl. auch ders., Zur Frage des pagatorischen Kostenbegriffes, a.a.O., S. 15 f.

[20] Koch, Zur Diskussion ..., a.a.O., S. 387.

[21] Ebenda, S. 386 f.; ders., Zur Frage ..., a.a.O., S. 14 ff.

[22] K. Engelmann, Einwände gegen den pagatorischen Kostenbegriff, ZfB, 28. Jg. (1958), S. 558 ff., hier S. 561 ff.

[23] Ebenda, S. 563.

[24] Ebenda, S. 564.

als geschlossene Einheit auftritt und demgemäß als ‚Wirtschaftssubjekt' in der wissenschaftlichen Betrachtung angesehen werden kann." Dem Engelmann gegenüber nicht unberechtigten Einwand Kochs[25], eine Berufung auf die elementaren Erkenntnisse der Betriebswirtschaftslehre könne als Argument im wissenschaftlichen Raum so lange nicht hingenommen werden, als dieser Generaleinwand nicht hinlänglich begründet sei, setzt Held[26] in einer Stellungnahme eine u. E. sehr fundierte und schlüssige Begründung entgegen. Held führt die Frage nach der „Unternehmung an sich" letztlich zurück auf die Frage, welches überhaupt das Objekt der Betriebswirtschaftslehre sei, ein Problem, das in diesem Zusammenhang auch bereits bei Koch anklang. Bezüglich dieses Objektes der Betriebswirtschaftslehre bestehe nun aber keine Voraussetzungslosigkeit in der Betriebswirtschaftslehre selbst, wie überhaupt die Voraussetzungslosigkeit entgegen der Meinung Kochs[27] nicht das „elementare Prinzip aller Wissenschaft" sei[28]. Objekt der Betriebswirtschaftslehre sei „die Lehre von den Betrieben als den direkt geleiteten Wirtschaftseinheiten im Bereich der in der Regel gemischtwirtschaftlich organisierten, also sowohl erwerbswirtschaftlich orientierten als auch auf Bedarfsdeckung abgestellten Sozialwirtschaft, und die Unternehmungen sind eben die nach marktwirtschaftlichen Grundsätzen handelnden Betriebe erwerbswirtschaftlichen Charakters"[29]. Die Frage, was primär gelte, „die soziale Gestalt oder die einzelmenschliche Beziehung", ein Problem, das nach Meinung Helds[30] heute als gelöst betrachtet werden kann, beantwortet er nach einem Exkurs in die dafür zuständige Soziologie analog auch für den Bereich der Betriebswirtschaftslehre: „Nicht die Gesamtheit von Handlungen sind das Primäre, sondern der Betrieb als das im Gegensatz zur Natur von Menschen gestaltete Gebilde mit dem prozessualen Geschehen der kausal-finalen Gesetzlichkeit[31]."

Ein weiteres Eingehen auf diese für die Betriebswirtschaftslehre sehr interessante Kontroverse verbietet sich uns im Rahmen der vor-

---

[25] Koch, Zur Frage . . ., a.a.O., S. 8 f. sowie S. 16.

[26] G. Held, Traditioneller oder pagatorischer Kostenbegriff? ZfB, 29. Jg. (1959), S. 170 ff., hier insbes. S. 175 ff.

[27] Koch, Zur Frage . . ., a.a.O., S. 9.

[28] Held, a.a.O., S. 175. Held verweist dabei auf Max Weber (Wissenschaft als Beruf, in: M. Weber, Gesammelte Aufsätze zur Wissenschaftslehre, 2. durchg. und erg. Aufl., Tübingen 1951, S. 566 ff., hier bes. S. 582 ff. sowie die „Objektivität" sozialwissenschaftlicher und sozialpolitischer Erkenntnis, ebenda, S. 146 ff., hier bes. S. 192 ff.), den Koch hier offenbar mißverstanden habe.

[29] Held, a.a.O., S. 175.

[30] Ebenda.

[31] Ebenda, S. 176. In diesem Zusammenhang verweist Held auch auf Nicklisch (Die Betriebswirtschaft, a.a.O., S. 6 ff.), der diese Meinung im Grundsätzlichen bereits vertreten habe.

liegenden Untersuchung[32]. Es dürfte klar sein, daß unseren bisherigen Betrachtungen die Auffassung vom Betrieb als Wirtschaftssubjekt zugrunde lag, wie sie in der vorerwähnten Weise von Engelmann und Held bestätigt bzw. begründet wurde. Entsprechend ist es unabdingbar, daß auch der im Rahmen des betrieblichen Leistungsprozesses stattfindende wertmäßige Verzehr von Unternehmerleistungen[33], auch wenn diesen unmittelbare Gegenleistungen seitens des Betriebes nicht gegenüberstehen[34], in den Kosten erfaßt werden muß. Das gilt insbesondere für die Investitionsrechnung, ist doch der wertmäßige Verbrauch an Gütern, ganz gleich welcher Herkunft, stets eine Komponente der erstrebten Wirtschaftlichkeit[35]. Wie sollen Investitionen vergleichbar, ihre Wirtschaftlichkeit oder Unwirtschaftlichkeit sichtbar werden, wenn nicht sämtlicher, dem Investitionsertrag gegenüberstehender wertmäßiger Gutsverbrauch erfaßt wird, wenn — mit anderen Worten — nur ein Teil der Investitionen, die *zusammen* zu einem bestimmten Ertrag geführt haben, mit in die Wirtschaftlichkeitsbetrachtung einbezogen werden[36].

Koch[37] wendet sich gegen eine Berücksichtigung von Kosten für Unternehmerleistungen gerade in der Wirtschaftlichkeitsrechnung, da ein solches Vorgehen zu unrichtigen Ergebnissen und Fehlentscheidungen führen könne. Zur Begründung führt er eine Investitionsrechnung aus Anlaß einer Entscheidungsfrage zwischen zwei möglichen Fertigungsverfahren in einem Industrieunternehmen an. Diese „herkömmliche Planungsrechnung“, wie Koch[38] sie nennt, ist jedoch in ihrem *Ansatz* unlogisch und daher falsch, so daß aus ihrem unrichtigen Ergebnis nicht eine Ablehnung der Berücksichtigung von Unternehmerlohn und Eigenkapitalzins, sondern vielmehr das Er-

---

[32] Näheres dazu siehe bei den vorgenannten Veröffentlichungen sowie bei K. Engelmann, Vom „Gelddenken“ in der Betriebswirtschaft, ZfB, 29. Jg. (1959), S. 166 ff.

[33] Mit Ausnahme der Übernahme des Unternehmungswagnisses, die grundsätzlich keinen Anspruch auf Gegenleistung seitens des Betriebes begründet, sondern lediglich die *Chance* der Erlangung eventuell erzielter Kapitalüberschüsse mit sich bringt. Vgl. oben Zweiter Teil, Abschn. B., II.

[34] „Es kommt eben auf den Gutsverbrauch (Kraft und Zeit) an, nicht auf die Ausgabe!“ (Mellerowicz, Kosten- und Kostenrechnung, Bd. I, a.a.O., S. 16).

[35] Vgl. oben Abschn. A. Siehe auch Schwantag, Zinsen als Kostenfaktor, a.a.O., S. 487 f.; Schnettler, Der Zins im Wirtschaftsbetrieb, a.a.O., S. 16.

[36] Der Einsatz von Unternehmerleistungen bedingt ja ebenfalls Investitionen, auch wenn die Gegenleistung erst nach einer gewissen Kreditdauer erfolgt oder gegen Verluste aufgerechnet wird. Wir erinnern in diesem Zusammenhang an unsere frühere Feststellung, wonach es für das Investitionsphänomen unerheblich ist, wann die Gegenleistung für einen Gutsbezug bezahlt wird, welcher Herkunft also das beim Einsatz des Gutes gebundene Kapital ist, was eine Finanzierungsfrage ist. Vgl. oben S. 44.

[37] Koch, Zur Diskussion . . ., a.a.O., S. 391 ff.

[38] Koch, Zur Diskussion über den Kostenbegriff, a.a.O., S. 393.

fordernis einer verbesserten Investitionsrechnung hergeleitet werden kann. Bei der von Koch dann sinnvoller durchgeführten Investitionsrechnung kann der Eigenkapitalzins nur darum außer Ansatz bleiben, weil in diesem *spezifischen* Fall die beiden tatsächlichen Alternativen (nämlich Fertigungsverfahren A einerseits sowie Fertigungsverfahren B und eine Investition in Höhe der Differenz zwischen dem Eigenkapitaleinsatz von A und B andererseits[39] den gleichen Eigenkapitaleinsatz beinhalten. Auch damit läßt sich eine generelle Außerachtlassung von Eigenkapitalkosten und analog von Unternehmerlohn nicht rechtfertigen, sind die Verhältnisse in vielen Fällen doch grundsätzlich anders gelagert.

Die Frage, ob es erforderlich ist, den wertmäßigen Verbrauch an Kapitalnutzungen im Investitionskalkül zu berücksichtigen, müssen wir somit grundsätzlich bejahen, und zwar sowohl für den Fall der Kreditkapitalnutzung als auch für den der Nutzung von Eigenkapital. Eine andere Frage ist es, wie man zu einer angemessenen Bewertung dieser Leistungen für die Zwecke der Investitionsrechnung kommt, ein Problem, mit dem wir uns unten[40] noch auseinanderzusetzen haben.

II. Die investitionsbedingten Kapitalnutzungen

Die investitionsbedingten Kapitalnutzungen, und nur diese können naturgemäß in das Investitionskalkül eingehen, bemessen sich einmal nach der Menge und Bindungsdauer des zur Durchführung der Investitionen benötigten Kapitals und zum anderen nach den gezahlten oder als gezahlt angenommenen[41] Preisen für die Überlassung dieses Kapitals. Bevor wir uns den Preisen und damit der Bewertung der Kapitalnutzungen in ihrer Abhängigkeit von der Art der Finanzierung zuwenden, sei hier zunächst kurz auf die andere Komponente der im Investitionskalkül zu berücksichtigenden Kapitalnutzungskosten eingegangen, also auf den Umfang der investitionsbedingten Kapitalnutzungen.

Unzweifelhaft ist investitionsbedingt die Nutzung des Kapitals, das unmittelbar investiert, also in den einzelnen produktiven oder auch nicht produktiven Investitionsobjekten bzw. daraus erstellten Gütern gebunden ist, und zwar so lange, bis dieses wiedergewonnen oder aber uno actu in eine neue Investition übergewechselt ist. Daneben aber findet sich in den Betrieben im allgemeinen auch noch Kapital in ungebundener Form, wie in Kassenbeständen, Bank- und Postscheckguthaben u. ä., dessen Überlassung an den Betrieb ebenfalls Kosten verursacht.

---

39 Vgl. ebenda, S. 392.

40 Siehe Abschn. C., III.

Diese Geldbestände können nun verschiedene Ursachen haben[42]: Einmal können sie die Folgen einer falschen Finanzierung sein, einer Finanzierung, die sich bezüglich der Menge und (oder) Überlassungsdauer des beschafften Kapitals nicht der Kapitalmenge und (oder) Bindungsdauer geplanter bzw. möglicher Investitionskomplexe angepaßt hat, und zwar dergestalt, daß mehr Kapitalnutzungen im Betrieb eingesetzt wurden, als unter den gegebenen Umständen zum reibungslosen Ablauf der betrieblichen Investitionen benötigt wurden. In diesem Falle spricht man von einer *Überfinanzierung* (1). Zum anderen kann es sich bei den Barbeständen um jene Mittel handeln, die bei vorsichtiger Finanzierung im Sinne der Sicherung eines planmäßigen Ablaufes komplementärer Investitionen zur Deckung des voraussehbaren laufenden Bedarfs beschafft wurden[43], für die Freisetzungs- und Reinvestitionszeitpunkt jedoch nicht unmittelbar zusammenfallen und eine zwischenzeitliche, lohnende Anlage nicht möglich ist (2). Auch für das zur Deckung der voraussehbaren Bedarfsspitzen aus den gleichen Gründen langfristig beschaffte Kapital[44] bieten sich zwischenzeitliche lohnende Investitionen häufig nicht an, so daß es sich vorübergehend in Kassenbeständen niederschlagen kann (3). Ferner ist es möglich, daß ein Betrieb Kapital nur für eine Überlassungsdauer erhalten konnte, die über die Bindungsdauer dieses Kapitals in der beabsichtigten und — dennoch — durchgeführten Investition hinausgeht. Sofern keine zwischenzeitliche Anlagemöglichkeit besteht, ergibt sich auch hier ein Überhang an Kapitalnutzungsmöglichkeiten in Form von Geldbeständen (4). Schließlich werden Barreserven häufig auch zur Deckung eines mengenmäßig und vor allem zeitlich nicht voraussehbaren Kapitalbedarfs gehalten[45], um auch in diesem Falle einen reibungslosen Ablauf der Investitionskomplexe zu gewährleisten (5).

Während es sich im Falle 1, also bei der Überfinanzierung, eindeutig um eine Unwirtschaftlichkeit im Finanzbereich des Betriebes handelt, die nicht irgendwie mit der Investitionsseite zusammenhängt, sind die Barbestände in den übrigen Fällen sämtlich *investitionsbedingt,* d. h., sie sind zur reibungslosen Durchführung der entsprechenden Investitionen unter den gegebenen Umständen unumgänglich. Folglich müssen auch die Kosten für die Haltung solchen Kapitals, wenngleich es im eigentlichen Sinne nicht *investiert* ist, in den Wirtschaftlichkeitsrechnungen der Investitionen (Investitionskomplexe) an-

---

[41] Vgl. oben Abschn. B., III., 2.

[42] Vgl. dazu auch die eingehenden Erörterungen von Friedr. und Vera Lutz (The Theory of Investment of the Firm, a.a.O., S. 205 ff.).

[43] Vgl. oben Zweiter Teil, Abschn. A., IV., 2., insbesondere S. 100, Punkt 1.

[44] Vgl. oben S. 100, Punkt 2.

[45] Vgl. oben S. 100, Punkt 2.

teilig berücksichtigt werden, die diese Bestände an Barmitteln verursacht haben.

Investitionsrechnungen, die bei der Ermittlung der Zinskosten lediglich von den effektiven Zahlungszeitpunkten ausgehen[46], gehen insofern also an den Realitäten des betrieblichen Geschehens vorbei[47], was auch in der beispielsweise von Schneider[48] gesetzten Prämisse zum Ausdruck kommt, zum kalkulierten Zinsfuß könnten beliebige Mengen an Kapital geliehen und ausgeliehen werden. Gerade diese Voraussetzung ist aber wie vorerwähnt[49] in der Praxis im allgemeinen nicht gegeben. In diesem Zusammenhang ist der Hinweis von Lutz[50] von Interesse: „Das Halten von Kasse kann nur erklärt werden, wenn man die Mühe und Kosten der kurzfristigen Investierung mit in den Kreis der Betrachtung einbezieht", wobei als zweite Komponente noch die möglichen Schwierigkeiten einer kurzfristigen Kapitalbeschaffung[51] zu ergänzen wären.

Eine exakte Zurechnung des durch — investitionsbedingte — Kassenhaltung verursachten Verbrauchs an Kapitalnutzungen auf die einzelnen Investitionskomplexe wird in der Praxis, insbesondere bei totaler Finanzierung des Betriebes auf erhebliche Schwierigkeiten stoßen, doch dürfte im allgemeinen eine grobere Berücksichtigung durch Zu- bzw. Abschläge zu den erwarteten Zahlungszeitpunkten oder durch Erhöhung der Zinskosten direkt ausreichend sein, wobei etwa die Zahlungshäufigkeit sowie die durchschnittliche Kapitalbindung innerhalb der einzelnen Investitionskomplexe als Anhaltspunkte dienen könnten.

Mit der Tatsache, daß ein Teil der betrieblichen Kassenhaltung die Folge einer vorsichtigen Investitions- und Finanzpolitik zur Sicherung eines reibungslosen Ablaufs der Investitionskomplexe ist, wird hier zugleich eine Beziehung offenbar zwischen der Höhe der investitionsbedingten Kapitalnutzungskosten und der Art, wie Investition und Finanzierung aufeinander abgestimmt sind. Eine vorsichtige Abstimmung zwischen beiden Bereichen führt zu einem höheren Verbrauch an Kapitalnutzungen und damit größerem Zinsaufwand als eine weniger vorsichtige[52], wobei letzterer das Risiko eines vorzeitigen Abbruchs der Investitionen auf Grund eintretender Liquiditätsschwierigkeiten anhaftet. Im Hinblick auf dieses Risiko wurde oben[53] eine vor-

46 Vgl. z. B. Schneider, Wirtschaftlichkeitsrechnung, a.a.O.; Lutz, The Theory of Investment of the Firm, a.a.O., S. 11 ff.

47 Vgl. H. K. Schneider, Aufgabenstellung und Verfahren der Investitionsrechnung, a.a.O., S. 92 ff.

48 Schneider, Wirtschaftlichkeitsrechnung, a.a.O., S. 38.

49 Siehe auch Lutz, The Theory of Investment of the Firm, a.a.O., S. 205 ff.

50 Lutz, F.: Zinstheorie, Zürich-Tübingen 1956, S. 160.

51 Vgl. oben Zweiter Teil, Abschn. A., III., 1.

52 Siehe oben S. 98 f.

53 Siehe Zweiter Teil, Abschn. A., III., 2.

sichtige Anpassung der Finanzierung an den Investitionsbereich bzw. umgekehrt gefordert, womit auch das Ausmaß der investitionsbedingten Kassenhaltung determiniert ist.

III. Die Kapitalnutzungskosten in Abhängigkeit von der Finanzierungsart

1. *Die Kapitalnutzungskosten bei Kreditfinanzierung*

Wir kommen nunmehr zu der Frage nach der Bewertung der investitionsbedingten Kapitalnutzungen und damit der Höhe der im Investitionskalkül zu erfassenden Kapitalnutzungskosten bei den verschiedenen Arten der Kapitalbeschaffung. Dabei ist in erster Linie zu unterscheiden zwischen der Kreditfinanzierung (Fremdkapitalfinanzierung) und der Beteiligungsfinanzierung (Eigenkapitalfinanzierung). Wenden wir uns zunächst den Kapitalnutzungskosten bei Kreditfinanzierung zu.

Wie wir oben[54] in Anlehnung an Gutenberg ausgeführt haben, ist die Kreditfinanzierung auf die Beschaffung solchen Kapitals gerichtet, das beim Kapitalgeber einen Anspruch auf Rückzahlung eines bestimmten Geldbetrages (mitunter auch auf die Lieferung einer bestimmten Leistung, wie im Falle der Vorauszahlung) nach einer begrenzten Zeit begründet. Stehen die Kredite nicht im Zusammenhang mit sonstigem Güterverkehr zwischen den Beteiligten, so ist im allgemeinen als Gegenleistung für die Kapitalüberlassung die Zahlung eines bestimmten „Zinssatzes" pro Zeiteinheit auf das überlassene Kapital an den Gläubiger ausbedungen. Dieser Zinssatz stellt, sieht man einmal von den — relativ seltenen — Fällen ab, wo neben einer vergleichsweise (zu den sonst üblichen Preisen für Kapitalnutzungen dieser Art) zu niedrigen festen Verzinsung noch entsprechende gewinnabhängige Vergütungen erfolgen[55], den Preis für die Gewährung einer Kapitalnutzungseinheit — in der Regel DM 100,— pro Jahr — dar[56]. Multipliziert man ihn mit der Menge der bei Durchführung einer Investition verbrauchten Kapitalnutzungseinheiten, so erhält

---

[54] Vgl. S. 66 f.

[55] In diesen Fällen entspricht die Finanzierung, jedenfalls im Hinblick auf die Art der Vergütung für die Kapitalüberlassung, mehr dem Idealtyp der Beteiligungsfinanzierung, für die sich die Kapitalnutzungskosten nach den Gesichtspunkten im folgenden Kapitel bemessen. Gegenüber der hier gewählten idealtypischen Betrachtungsweise werfen jene Mischformen der Finanzierung bezüglich der Kapitalnutzungskosten jedoch keine grundsätzlich neuen Probleme auf.

[56] Vgl. Schwantag, Zins und Kapital in der Kostenrechnung, a.a.O., S. 33 und S. 37 f.

man die entsprechenden Kapitalnutzungskosten[57], denen gegebenenfalls noch anteilige Beschaffungskosten, Kreditnebenkosten (wie etwa Provision und Spesen) sowie anteiliges Disagio zuzurechnen sind. Der Zins einschließlich anteiliger Nebenkosten sowie Disagio — im Gegensatz zu dem vorgenannten *Netto*zins kann man hier vom *Brutto*zins sprechen — ist je nach den Bedingungen, unter denen die Kapitalnutzungen „bezogen" werden, unterschiedlich hoch[58]. Insbesondere die Kreditfrist, die vom Betrieb gebotenen Sicherheiten sowie die Mobilität der Rückzahlungsforderung, aber auch die auf den verschiedenen Teilmärkten bestehenden Angebots- und Nachfragestrukturen sind da von Einfluß. „Der Preis des Kredites stellt also in der Wirklichkeit einen Bruttozins dar, der nach den individuellen Verhältnissen bemessen ist[59]."

Ob also der Kredit als Kontokorrentkredit, als Akzept- oder Lombardkredit, ob er in Form eines Schuldschein- oder Hypothekendarlehens gewährt, oder ob das Kapital durch den Verkauf von Schuld- oder Teilschuldverschreibungen beschafft wird, drückt sich im allgemeinen auch in der Zinshöhe und damit in dem Ausmaß der Kapitalnutzungskosten aus. Innerhalb des Bereichs der Kreditfinanzierung sind die Kapitalnutzungskosten somit wiederum eine Funktion der verschiedenen Finanzierungsarten. Gemeinsam ist diesen Finanzierungsarten jedoch, daß man sich bei der Ermittlung der Kapitalnutzungskosten stets in der oben genannten Weise an dem effektiv *gezahlten* Preis (Zins) für die beschafften Kapitalnutzungen zu orientieren hat.

Demgegenüber wird verschiedentlich die Ansicht vertreten, die Kapitalnutzungskosten müßten von der jeweiligen Finanzierungsart unabhängig und für das gesamte, im Betrieb eingesetzte Kapital gleich hoch sein[60]. Als Entgegnung sei hier Schwantag[61] zitiert, der dazu ausführt: „Diese Meinung geht von einer zu engen Vorstellung von der Produktion aus. Zur Produktion im *wirtschaftlichen* Sinne gehören nicht nur die Güterumformungen und der Vertrieb, sondern auch die Beschaffung sämtlicher Produktionsmittel. Hierzu gehört aber die Finanzierung, die nichts anderes als die Bereitstellung des Produktionsmittels Kapitalnutzung darstellt. Im Betriebe gibt es daher nicht einen Zinssatz schlechthin, sondern verschiedene Zinssätze entspre-

---

[57] Vgl. E. Kosiol, Kritische Analyse der Wesensmerkmale des Kostenbegriffes, in: „Betriebsökonomisierung". Festschrift für R. Seyffert. Herausg. von E. Kosiol und F. Schlieper, Köln u. Opladen 1958, S. 7 ff., hier S. 34.

[58] Vgl. Schwantag, Zins und Kapital in der Kostenrechnung, a.a.O., S. 38.

[59] Ebenda.

[60] Vgl. z. B. E. Kosiol, Kalkulatorische Buchhaltung (Betriebsbuchhaltung), 5. Aufl., Wiesbaden 1953, S. 99.

[61] Schwantag, Zins und Kapital ..., a.a.O., S. 38.

chend der verschiedenen Preise der Kredite, aus denen die Kapitalgüter beschafft sind." Unter dem Aspekt der Investitionsrechnung ist Schwantag hier durchaus zuzustimmen, wenngleich bei einer anderen Zielsetzung unter Umständen auch ein einheitlicher Ansatz der Kapitalnutzungskosten gelten gelassen werden muß[62].

Hingegen können wir Schwantag für den Bereich der Investitionsrechnung nicht folgen, wenn er sich für den Fall der gehemmten Beschaffbarkeit der Kapitalnutzungen in Anlehnung an Schmalenbach und Mellerowicz von den unrealistischen „Marktpreisen" löst und die Nutzungskosten auf der Basis des Grenznutzenentgangs für den Betrieb kalkuliert. Bei diesem „Kosten"ansatz werden — vom Betrieb aus gesehen — u. U. Gewinnbestandteile mit in die Kosten einbezogen, vor allem aber setzt er bereits Investitionsentscheidungen und somit je nach der Anzahl der Wahlmöglichkeiten mehr oder minder umfangreiche Investitionsrechnungen voraus[63], womit er sich für die Investitionsrechnung selbst als untauglich erweist. Auch bei gehemmter Beschaffungsmöglichkeit werden die Betriebe im Investitionskalkül den gezahlten Zins als Datum berücksichtigen müssen, wollen sie nicht verlustbringende Investitionen riskieren; die wirtschaftliche Verwendungsart *innerhalb des Betriebes* ergibt sich bei konkurrierenden Verwendungsarten dann aus der Wirtschaftlichkeitsrechnung selbst.

Wo die Kredite im Zusammenhang mit sonstigen Geschäften zwischen den Beteiligten stehen, wie bei Warenkrediten und Vorauszahlungen, wird — worauf an anderer Stelle bereits eingegangen wurde[64] — das Entgelt für die empfangene Kreditleistung meistens nicht gesondert ausgewiesen, sondern in dem Kaufpreis für die Grundleistung erfaßt (Warenkredit)[65] bzw. gegen den Verkaufspreis derselben aufgerechnet (Vorauszahlung). Daß in diesen Fällen tatsächlich ein Preis

---

62 Auf die Abhängigkeit des Kostenansatzes vom Zweck der Rechnung weist insbesondere Rummel (K. Rummel, Einheitliche Kostenrechnung, 3., durchges. und erw. Aufl., Düsseldorf 1949, S. 199) hin, wenn er sagt: „Es gibt nur Zweckkosten". Siehe auch Kosiol, Kritische Analyse ..., a.a.O., S. 35; Schnettler, a.a.O., S. 38; Heinen, Die Kosten, a.a.O., S. 42.

63 Die Ermittlung des Grenznutzwertes als des Nutzwertes in der besten, nicht mehr zum Zuge kommenden (Schmalenbach), bzw. der schlechtesten noch wirklich werdenden (Mellerowicz) Verwendungsart bedingt ja ein Wirtschaftlichkeitskalkül für alle möglichen Verwendungsarten und eine Ordnung derselben nach der Höhe ihres Kapitalnutzwertes. (Vgl. Schmalenbach, Die Selbstkostenrechnung, a.a.O., S. 277 ff.; Mellerowicz, Kosten und Kostenrechnung, Bd. I, a.a.O., S. 201.) Insofern ist es unverständlich, wieso bei gehemmter Beschaffung erst das Rechnen mit jenen Grenznutzkosten zu einem wirtschaftlichen Einsatz der Produktionsfaktoren führen soll, ist derselbe doch bereits mit der Feststellung dieses Wertes entschieden. (Vgl. Schmalenbach, ebenda, S. 278; Mellerowicz, ebenda; Heinen, Die Kosten, a.a.O., S. 24 f.)

64 Vgl. oben S. 126.

65 Vgl. Gerbel, a.a.O., S. 214 f.; Schnettler, a.a.O., S. 109.

für die Kaufkraftüberlassung gezahlt wird, spiegeln am deutlichsten die zugestandenen Skontoabzüge vom Rechnungspreis bei Nicht-Inanspruchnahme eines Teiles oder des ganzen angebotenen Zahlungsziels wider. Diese Skonti liegen im allgemeinen weit über den am Geld- oder Kapitalmarkt üblichen Zinssätzen, und es ist ein Kuriosum, daß die Betriebe durchweg bei Einbehaltung von Lieferantenskonti den Bruttorechnungsbetrag erfassen und die Skontobeträge als „Zinserträge", verschiedentlich sogar als „außerordentliche Erträge" ausweisen, anstatt, was entschieden logischer wäre, grundsätzlich als Kaufpreis der Grundleistung den Netto-Rechnungsbetrag zu kalkulieren und bei Inanspruchnahme des Zieles den Skontobetrag als echten, investitionsbedingten Zinsaufwand in Ansatz zu bringen. Mutatis mutandis müßte auf der Absatzseite des Betriebes verfahren werden. Offensichtlich sind die Betriebe bezüglich dieser Praxis hier den psychologischen Tricks ihrer Lieferanten[66] bzw. auf der Absatzseite sogar der Optik ihrer eigenen Rechnungsstellung zum Opfer gefallen.

Für den Fall der empfangenen Anzahlung läßt sich aus dem zu erzielenden Mehrpreis bei Barverkauf oder anderenfalls aus dem an Dritte zu entrichtenden günstigsten Zinssatz für die gleiche Kreditleistung auf die Höhe der entsprechenden Kapitalnutzungskosten schließen. Da jedoch die Investitionsrechnungen auf Zahlungen basieren, in denen gegebenenfalls das Entgelt für jene „Geschäftskredite" berücksichtigt ist[67], erübrigt sich daselbst eine solche isolierte Ermittlung der Zinskosten. Sie ist vor allem da notwendig, wo Warenkredite und Anzahlungen mit anderen Möglichkeiten der Finanzierung konkurrieren, wo es also um die Wahl der *wirtschaftlichen Finanzierungsart* geht, was, wie sich noch zeigen wird, wiederum von Einfluß auf die Wirtschaftlichkeit der entsprechenden Investitionen sein kann.

2. *Die Kapitalnutzungskosten bei Beteiligungsfinanzierung*

a) Ohne Veränderung von Beteiligungsverhältnissen

Bei der Erörterung der investitionsbedingten Nutzungskosten von Kapital, das im Wege der Beteiligungsfinanzierung beschafft wurde, empfiehlt es sich zu unterscheiden zwischen einer Kapitalbeschaffung, durch die bereits bestehende Beteiligungsverhältnisse im Betrieb verändert werden, und einer solchen, die ohne eine Veränderung von Beteiligungsverhältnissen vor sich geht.

---

[66] Wer läßt sich schon nicht lieber etwas „schenken" bei Barzahlung, als einen Aufschlag zu zahlen, wenn er zusätzlich Kreditleistungen seitens des Lieferanten in Anspruch nimmt!

[67] Vgl. oben S. 126.

Letztere Art der Beteiligungsfinanzierung, für die wir zunächst die Kapitalnutzungskosten betrachten möchten, beinhaltet die Fälle, da in der Ausgangssituation entweder ein betrieblich-finanzielles Beteiligungsverhältnis überhaupt nicht existiert — sei es, daß es sich um Erstfinanzierungen oder um die Finanzierung eines Einzelunternehmens handelt —, oder aber bereits vorhandene Kapitaleinlagen von allen Beteiligten im gleichen Verhältnis erhöht werden. Da die Eigenkapitalgeber im allgemeinen eine feste Vergütung speziell für ihre Kapitalüberlassung seitens des Betriebes nicht erhalten, sondern nur einen Anspruch auf Beteiligung an dem gegebenenfalls erzielten Überschuß der Erträge über alle übrigen Kosten haben, ermangelt es hier jener gezahlten Preise, die man — wie bei der Kreditfinanzierung — der Bewertung der verbrauchten Kapitalnutzungen zugrunde legen könnte.

Die Überschüsse können naturgemäß neben den Kosten für die Eigenkapitalnutzung noch Gewinnbestandteile enthalten, wie sie andererseits aber auch einen Saldo aus dem den Beteiligten eigentlich zustehenden Entgelt für die Kapitalüberlassung und dem von ihnen zu tragenden Betriebsverlust darstellen können[68], so daß auch die seitens des Betriebes an die Anteilseigner erfolgenden Zahlungen bzw. Gutschriften keinen Anhaltspunkt für die Bewertung der Eigenkapitalnutzungen im Investitionskalkül bieten.

Einen Ausweg aus diesem Dilemma scheinen folgende Überlegungen zu weisen: Unterstellt man einmal, daß die Eigenkapitalgeber ihr Kapital nicht zur Durchführung der in Frage stehenden Investition zur Verfügung stellen, sondern es einem *anderen* Betrieb für die entsprechende Dauer als *Kreditkapital* zur Nutzung überlassen, so dürfte das mit den Kapitaleignern vereinbarte Entgelt für diese Leistung im allgemeinen weder Gewinnbestandteile enthalten noch um Verlustbeträge gemindert sein. Aus der Sicht der Kapitalverwender (des verwendenden Betriebes) würde es sich bei diesem Entgelt demnach eindeutig um reine Kapitalnutzungskosten handeln. Da die Leistung der eigentlichen Kapitalüberlassung (also ausschließlich Risikohaftung) in beiden Fällen die gleiche wäre, erscheint es gerechtfertigt, jenen Wert auch bei der hier gegebenen Beteiligungsfinanzierung als Kapitalnutzungskosten in Ansatz zu bringen[69].

Bei einer solchen Handhabung würden — jedenfalls in erwerbswirtschaftlich orientierten Betrieben — von vornherein alle die Investitionen ausscheiden, die den Beteiligten nicht mindestens das gleiche Entgelt einbrächten, das sie bei einer vergleichbaren Kredit-

---

[68] Vgl. oben Abschn. B., III., 2. Siehe auch Schwantag, Zinsen als Kostenfaktor, a.a.O., S. 484.

[69] Vgl. Schindler, Investitionsrechnungen, a.a.O., S. 133.

leistung erhielten. Würden die Betriebe demgegenüber, was auch eine gewisse Berechtigung hätte, den Kapitalnutzungskosten im Investitionskalkül den Preis zugrunde legen, den sie *selbst* für entsprechende Fremdkapitalnutzungen zu zahlen hätten, so könnten wegen des in praxi möglichen Auseinanderfallens von Leih- und Entleihzins für die gleiche Kapitalleistung[70] Investitionen als „unwirtschaftlich" unterbleiben, die den beteiligten Kapitalgebern durchaus der Durchführung wert erscheinen. Das wären alle die Investitionen mit einer Kapitalverzinsung, die zwischen dem kalkulierten Entleihzins und dem niedrigeren Leihzins lägen, falls sich keine andere Realinvestition mit einer Verzinsung über dem Entleihzins bietet.

Eine Besonderheit ergibt sich bezüglich der Beteiligungskapitalkosten bei solchen Unternehmen, die einer besonderen „Steuer der Rechtsform"[71] unterliegen, wie z. B. in Deutschland gegenwärtig die Kapitalgesellschaften. Bei der von diesen im Gegensatz zu Personengesellschaften zu entrichtenden Körperschaftsteuer (im weitesten Sinne, also inkl. ähnlicher Steuern, wie etwa des Notopfers Berlin) ist nicht der Gewinn im oben definierten Sinne, sondern der gegebenenfalls erzielte Überschuß ohne Abzug der Eigenkapitalkosten zugrunde zu legen. Soll den Eigenkapitalgebern in solchen Unternehmen ein Entgelt für ihre Kapitalüberlassung zufließen, das mindestens gleich dem Zins aus einer entsprechenden Kreditleistung ist, so erfordert das eine um die Körperschaftsteuer höhere Verzinsung in den Investitionen dieses Betriebes. Beläuft sich beispielsweise der Körperschaftsteuersatz auf 50 %, und sind aus einer vergleichbaren Kreditleistung 8 % Entgelt auf das überlassene Kapital zu erzielen, so müßte der aus den betrieblichen Investitionen resultierende Überschuß mindestens 16 % betragen, welche der Betrieb zur Hälfte an die Kapitaleigner und zur Hälfte an die Finanzbehörde zu zahlen hätte. Vom Betrieb aus gesehen, beliefen sich die Kosten dieser Beteiligungskapitalnutzung also praktisch auf 16 % des investierten Kapitals. Es ist in diesen Fällen daher zweckmäßig, auch im Investitionskalkül als Kapitalnutzungskosten für das investierte Eigenkapital die entsprechend dem geltenden Körperschaftsteuersatz modifizierten „entgangenen Zinsen" zu

---

70 Der Unterschied zwischen Leih- und Entleihzins, wobei letzterer durchweg höher sein wird, dürfte im wesentlichen darin begründet liegen, daß z. B. in dem an Banken und ähnliche Institute zu zahlenden Zins neben der reinen Leistung der Kapitalüberlassung noch Verwaltungskosten, beispielsweise für Vermittlung und Transformation sowie kalkulierte Risiken vergütet werden müssen. Vgl. Lutz, The Theory of Investment of the Firm, a.a.O., S. 172, Anm. 6; E. L. Grant, Principles of Engineering Economy, 3rd. ed., New York 1950, S. 77.

71 Vgl. Schwantag, Zinsen als Kostenfaktor, a.a.O., S. 499.

kalkulieren[72], da andererseits die Gefahr besteht, daß Investitionen getätigt werden, deren Verzinsung nach Abzug der Körperschaftsteuer niedriger ist als die entgangenen Zinsen, was einen relativen Verlust bedeuten würde.

Der Ansatz der entgangenen Zinsen aus einer vergleichbaren Kredit-Finanzinvestition als Kapitalnutzungskosten im Wirtschaftlichkeitskalkül über eine mit Beteiligungskapital durchzuführende Investition ist jedoch nur dann angebracht, wenn in dem vorliegenden Betrieb nicht bereits tilgungsfähiges Fremdkapital arbeitet, dessen Kosten über jenem Kalkulationswert liegen. Ist das nämlich der Fall, so müßten als Kapitalnutzungskosten der neu durchzuführenden Investition die Fremdkapitalzinsen des tilgungsfähigen Kapitals kalkuliert werden[73]. Nur so kann unter Beibehaltung der o. a. Kriterien für die Wirtschaftlichkeit von Investitionen vermieden werden, daß mit Beteiligungskapital Investitionen durchgeführt werden, die eine geringere Verzinsung des investierten Kapitals erbringen, als sie andererseits für Fremdkapital gezahlt werden muß. Das würde, auch wenn die Verzinsung über den o. a. entgangenen Zinsen läge, für den Betrieb als ganzen eindeutig einen Kapitalverlust gegenüber dem Fall bedeuten, da das Eigenkapital zur Ablösung des teuren Fremdkapitals verwendet würde.

Insofern besteht also hier eine Abhängigkeit der Kapitalnutzungskosten einer Investition nicht nur von der Art des für diese Investition beschafften Kapitals, sondern auch von der Finanzierungsart der in parallelen Investitionen gebundenen Mittel.

Auch für den Fall, da die Mittel über eine Beteiligungskapitalfinanzierung beschafft wurden, findet sich in der Theorie vielfach die Forderung, in der Investitionsrechnung den Zinsertrag aus der nächstbesten Verwendungsart zu kalkulieren. Dabei wird im allgemeinen die Einschränkung gemacht, daß die alternativen Verwendungsarten mit dem gleichen Risiko behaftet sein müssen[74]. Hiergegen müssen wir die gleichen Einwendungen erheben, wie wir sie oben[75] gegen eine solche Handhabung bei kreditfinanzierten Investitionen vorbrachten. Auch der Ansatz einer branchenüblichen Verzinsung im Investi-

[72] Vgl. Schwantag, a.a.O., S. 499 f. Siehe auch Terborgh, Dynamic Ecquipment Policy, a.a.O., S. 166; J. Dean, Capital Budgeting, a.a.O., S. 50 f.; H. H. Böhm, Kostenwirkungen der Ertragsbesteuerung in der Investitionsrechnung, in: Führungsentscheidungen und ihre Dispositionshilfen, Deutscher Betriebswirte-Verlag, Berlin 1958.

[73] Vgl. Schindler, Investitionsrechnungen, a.a.O., S. 133.

[74] Vgl. E. L. Grant, Principles of Engineering Economy, 2nd. ed. a.a.O., S. 72 und S. 79; Terborgh, Dynamic Ecquipment Policy, a.a.O., S. 165 ff.; Schneider, Wirtschaftlichkeitsrechnung, a.a.O., S. 67.

[75] Siehe S. 141.

tionskalkül[76] kann nicht gutgeheißen werden, da in ihr Gewinnbestandteile enthalten sein können. Außerdem dürfte sie im allgemeinen kaum eindeutig zu bestimmen sein, es sei denn, man ignoriere die Tatsache, daß es auch innerhalb einer Branche von den intramarginalen über den Grenzbetrieb bis zu den submarginalen Betrieben eine ganze Skala von unterschiedlichen „Verzinsungen“ geben kann[77].

Der Einbeziehung einer Prämie für die Übernahme des Investitionsrisikos in die Kosten und speziell in die Zinskosten für das Eigenkapital[78] können wir nicht zustimmen. Wie an anderer Stelle[79] bereits auseinandergesetzt wurde, steht diesem Risiko des Kapitalverlustes als Äquivalent die Chance einer Gewinnerzielung gegenüber. Die Bereitschaft der Unternehmer, jenes Kapitalrisiko zu übernehmen, kann nicht als ein produktiver Beitrag der *Eigenkapitalnutzung* — den auch Schwantag nur in der Zeitüberbrückungsfunktion sieht[80] — gewertet werden, so daß sich eine Erfassung solcher Risikoprämien unter den Kapitalnutzungskosten vollends verbiete. „It is practically impossible to compensate for a risky investment by increasing the rate of interest as though it were an insurance premium[81].“

Wollte man hingegen solche Prämien als eine Art Versicherungskosten ansehen, welche die Unternehmung an die Unternehmer für die Risikoübernahme zu zahlen hätte, so müßte man sie entsprechend auch bei mit Fremdkapital durchgeführten Investitionen in Ansatz bringen, denn auch in diesen Fällen hätten zunächst die Unternehmer für etwaige Verluste aus den Investitionen einzutreten[82]. Dabei sähe man sich jedoch dem praktisch unlösbaren Problem gegenüber, einen objektiven Wert für das jeweilige Investitionsrisiko ex ante zu bestimmen.

Der Ablehnung einer solchen schematischen Handhabung aus den genannten Gründen steht es nicht entgegen, wenn der Unsicherheit der erwarteten Daten in der Investitionsrechnung von Fall zu Fall durch eine vorsichtige Schätzung derselben Rechnung getragen und so das Risiko von Kapitalverlusten eingeschränkt wird. Es erscheint

76 Vgl. Schneider, ebenda; W. Lücke, Betriebliche Grundsätze und Probleme der Beschaffung und des Einsatzes von Produktionsfaktoren, Diss. Köln 1953, S. 140.

77 Zu der Kritik an dem Ansatz eines solchen „subjektiven“ Kalkulationszinsfußes siehe u. a. die Ausführungen von Schindler, Investitionsrechnungen . . ., a.a.O., S. 132 ff.

78 Vgl. Schwantag, Zinsen als Kostenfaktor, a.a.O., S. 498 f.

79 Vgl. oben Zweiter Teil, Abschn. B., II.

80 Schwantag, ebenda, S. 484 f.

81 J. Fisher, The Nature of Capital and Income, Reprint New York-London 1923, S. 406.

82 Vgl. Terborgh, Dynamic Ecquipment Policy, a.a.O., S. 162 und S. 167; ders., Business Investment Policy, a.a.O., S. 207.

jedoch methodologisch nicht vertretbar, solche „Korrekturen" stets nur über einen Zuschlag auf den Kapitalzins vorzunehmen[83], vielmehr sollte der Kalkulationszinsfuß nur betroffen werden, wenn man Unsicherheiten im Hinblick auf die erwarteten Kapitalnutzungskosten begegnen will. Unsicherheiten, welche andere Daten, seien es Auszahlungs- oder Einzahlungsgrößen, betreffen, werden zweckmäßigerweise bei dem Ansatz dieser und nur dieser Daten im Investitionskalkül berücksichtigt[84]. Abschließend zu diesem Punkte sei hier H. K. Schneider[85] zitiert, der sich in der folgenden Weise gegen eine Subjektivierung des Kalkulationszinsfußes wendet:

„Mit der Einbeziehung einer Risikoprämie und eines Mindestgewinns wird in den Ansatz der Rechnung ein Moment der Willkür getragen, das im konkreten Fall die Ergebnisse sehr stark verschieben kann. Das Risiko, das mit jeder Realinvestition verbunden ist, ergibt sich aus den Unsicherheiten über die künftigen Einnahmen, Ausgaben, Zinsen und nicht zuletzt aus der ungewissen Nutzungsdauer. Ihm kann kaum durch einen entsprechend höheren Ansatz des Kalkulationszinsfußes angemessen Rechnung getragen werden. Vielmehr ist jede Rechengröße für sich zu beurteilen. Nur in einer sorgfältigen Abschätzung aller Umstände des konkreten Falles lassen sich die sicheren oder zumindest wahrscheinlichen Rechendaten finden. Maßgebend muß immer der Rechenzweck sein. Wirtschaftlichkeitsprüfungen streben eine gesicherte Wirtschaftlichkeitsaussage an und bedingen entsprechende Ansätze der Rechengrößen. Einfache Ausgabenvergleiche können im allgemeinen auf der Basis der wahrscheinlichen Größen durchgeführt werden. Es genügt aber in keinem Falle, wenn zum Ausgleich der Unsicherheiten verschiedener Art schematische Zuschläge zum tatsächlichen Aufwandszinsfuß vorgenommen werden. Die von jenen Autoren [siehe oben — der Verfasser] vorgeschlagene Subjektivierung des Kalkulationszinsfußes ist daher prinzipiell abzulehnen."

b) Mit Veränderung bestehender Beteiligungsverhältnisse

Unterstellt man, daß die an einem Unternehmen Beteiligten eine maximale Vergütung für ihre Leistung (Kapitalüberlassung sowie Risikoübernahme) erstreben, wie das bei Unternehmenseignern in marktwirtschaftlichen Wirtschaftssystemen die Regel sein dürfte, so ergeben sich grundsätzlich andere Gesichtspunkte für den Ansatz der Kapitalnutzungskosten im Investitionskalkül, wenn die Beschaffung von Eigenkapital zu einer Veränderung der bestehenden Beteiligungsverhältnisse im Betrieb führt.

---

83 Vgl. Schneider, Wirtschaftlichkeitsrechnung, a.a.O., S. 66 f. Siehe aber ebenda, S. 128, Anm. 2.

84 „Der Wahrscheinlichkeit, daß der Investor die erwarteten Einnahmen und Ausgaben nur zum Teil auch tatsächlich realisieren wird, hat man durch entsprechend vorsichtige Schätzung dieser Größen und nicht durch Zinserhöhung gerecht zu werden." (Schindler, Investitionsrechnungen ..., a.a.O., S. 137 f.)

85 H. K. Schneider, Aufgabenstellung und Verfahren der Investitionsrechnung, a.a.O., S. 91 f.

Bei diesen Betrieben erfolgt im allgemeinen eine Aufteilung des erzielten Einnahmenüberschusses über die Kosten ohne Berücksichtigung der Eigenkapitalkosten[86] — dieser Saldo sei hier zum Unterschied vom Gewinn *Rohgewinn* genannt — auf die Eigenkapitalgeber entsprechend ihrem Anteil an dem gesamten, im Betrieb eingesetzten Beteiligungskapital. Werden die Rohgewinnanteile nicht effektiv ausgezahlt, sondern verbleiben sie zur Nutzung im Betrieb, so schlagen sie sich ceteris paribus in einer Erhöhung der jeweiligen Kapitalbeteiligung nieder.

Verändert sich nun durch die Beschaffung zusätzlichen Eigenkapitals zur Durchführung eines neuen Investitionskomplexes die Beteiligungsverhältnisse im Betrieb, sei es, daß die vorhandenen Teilhaber nicht im gleichen Verhältnis zu ihren bisherigen Anteilen neues Kapital einlegen oder aber die Kapitalerhöhung von dritter Seite bestritten wird, so erfolgt nicht nur eine Aufteilung des aus der zusätzlichen Investition resultierenden Rohgewinns auf die Beteiligten entsprechend dem neuen Beteiligungsverhältnis, sondern es findet ferner eine Verteilung des Rohgewinns auch aus den bisherigen Investitionen nunmehr nach dem neuen Beteiligungsverhältnis statt.

Da bei Kapital-, insbesondere Aktiengesellschaften, die Gewinnverteilung nach dem Beteiligungsverhältnis auf der Basis des Nennwertes der Anteile erfolgt, kann der Rohgewinn-Anspruch der neuen Teilhaber in Relation zur effektiven Kapitalleistung über den Bezugskurs der ausgegebenen Stücke manipuliert werden[87]. Ein Beteiligungsanspruch am *Gesamt*rohgewinn besteht jedoch grundsätzlich immer. Das hat auch insofern seine Berechtigung, als nach der Kapitalerhöhung altes und neues Kapital in gleicher Weise das Risiko für die Wiedergewinnung der mit *sämtlichen* laufenden Investitionen verbundenen Ausgaben tragen. Es bedeutet aber, daß die Teilhaber, deren Beteiligungsverhältnis sich durch die Kapitalerhöhung verschlechtert, in der Zukunft auf einen Teil der Rohgewinne verzichten müssen, welche aus den, auf der Basis des bisherigen Eigenkapitals geplanten und auch durchführbaren Investitionen zu erwarten sind, und zwar zugunsten der Beteiligten, die eine Verbesserung ihres Beteiligungsverhältnisses erreicht haben. Sind diese Beträge höher als der Rohgewinn, der den Beteiligten mit verschlechtertem Beteiligungsverhältnis aus den mit Hilfe des neubeschafften Eigenkapitals getätigten Investitionen zufließt, so führt die Aufnahme dieses Kapitals in Verbindung mit jenen zusätzlichen Investitionen zu einer Einkommensminderung für die genannten Teilhaber. Diese Möglichkeit ist aber durch-

---

86 Vgl. Schwantag, Zinsen als Kostenfaktor, a.a.O., S. 484.
87 Vgl. Lutz, The Theory of Investment of the Firm, a.a.O., S. 200 f.

aus gegeben, auch dann, wenn die neuen Investitionen dem Betrieb im ganzen einen absoluten Kapitalgewinn bringen (bei Ansatz von Eigenkapitalnutzungskosten nach Abschn. 2 a).

Geht man beispielsweise von dem Extremfall aus, daß zusätzliches Eigenkapital ausschließlich über die Aufnahme neuer, bisher nicht beteiligter Teilhaber beschafft wird und die neuen Anteile zu pari ausgegeben werden, wobei ein Bezugsrecht der alten Aktionäre ausgeschlossen ist, so kann sich folgendes Bild ergeben:

Bisheriges Eigenkapital	DM	1 000 000,—
Erwarteter Rohgewinn auf das bisherige Eigenkapital pro Jahr	DM	200 000,—
Erw. interne Verzinsung des bisherigen Eigenkapitals		20 %
Zusätzlich beschafftes Eigenkapital	DM	500 000,—
Erw. zusätzlicher Rohgewinn pro Jahr	DM	50 000,—
Erw. interne Verzinsung des zusätzlich beschafften Eigenkapitals		10 %
Bruttozinssatz für vergleichbare Kreditleistung		8 %
Erw. Betriebsgewinn aus zusätzlichem Investitionskomplex ... 2 % =	DM	10 000,—
Gesamtes Eigenkapital	DM	1 500 000,—
Erw. Rohgewinn insgesamt pro Jahr	DM	250 000,—
Erw. interne Verzinsung des gesamten Eigenkapitals		16,67 %
Einkommen der alten Teilhaber ohne Kapitalerhöhung: 20 % von DM 1 000 000,— =	DM	200 000,—
Einkommen der alten Teilhaber nach Kapitalerhöhung: 16,67 % von DM 1 000 000,— =	DM	166 667,—
Einkommensminderung der alten Teilhaber pro Jahr nach Kapitalerhöhung	DM	33 333,—
Ergibt sich auch wie folgt:		
Anspruch der neuen Teilhaber auf Rohgewinn aus laufenden Investitionen: ein Drittel von DM 200 000,— =	DM	66 666,—
Anspruch der alten Teilhaber auf Rohgewinn aus neuen Investitionen: zwei Drittel von DM 50 000,—	DM	33 333,—
Einkommensminderung der alten Teilhaber pro Jahr nach Kapitalerhöhung	DM	33 333,—

Es zeigt sich also, daß die Maximierung des Betriebsgewinnes nicht mit der Maximierung des Einkommens der Unternehmenseigner aus ihrem Betrieb zusammenfallen muß. Das ist nur dann der Fall, wenn die herrschenden Beteiligungsverhältnisse unverändert bleiben. Wollen die Gruppen, welche letzlich die Durchführung eines Investitionskomplexes und eine entsprechende Beteiligungskapitalbeschaffung beschließen, nicht Gefahr laufen, eine Einkommensminderung zu erleiden, so genügt es unter den genannten Voraussetzungen nicht, wenn sie den Kapitalnutzungskosten neuer bzw. umfinanzierter (wenn Fremdkapital durch neu aufgenommenes Beteiligungskapital ersetzt wird) Investitionen den vergleichbaren Fremdkapitalzins zugrunde legen. Vielmehr stellen sich aus der Sicht der Beteiligten mit relativ sinkendem Kapitalanteil als Kapitalnutzungskosten die Beträge dar, welche der Betrieb als Folge der Aufnahme neuen Beteiligungskapitals aus dem Rohgewinn laufender sowie der neu geplanten Investitionen an die Beteiligten zahlen müssen, deren Beteiligungsverhältnis sich verbessert hat[88]. Im vorgenannten Beispiel beliefe sich dieser Betrag auf DM 83 333,—, und es liegt auf der Hand, daß die in Frage stehende Investition für die bestehenden Teilhaber bei dieser Finanzierungsart unwirtschaftlich ist. Sofern die Anteilseigner, welche auf einen, ihrer bisherigen Kapitalbeteiligung entsprechenden Bezug neuer Anteile verzichten, für die Übertragung dieses „Bezugsrechtes" an Dritte eine Vergütung erhalten, müßten die genannten Kapitalnutzungskosten demgemäß modifiziert werden.

Wird das neue Eigenkapital teilweise auch von den Anteilseignern aufgebracht, deren Beteiligungsverhältnis sich verschlechtert, so müssen in den Kapitalnutzungskosten außer den an die übrigen Teilhaber — gegebenenfalls zusätzlich (wenn sie auch vorher schon beteiligt waren) — fallenden Beträgen noch die Zinsen berücksichtigt werden, welche die ersteren für das von ihnen zusätzlich aufgebrachte Kapital in einer vergleichbaren Fremdkapitalinvestition erzielen könnten. Nur wenn auch dieser Betrag durch den Rohgewinn der neuen bzw. der umfinanzierten Investition[89] mindestens gedeckt wird, ist die Durchführung der in Frage stehenden Investition für jene alten Gesellschafter interessant.

Die Teilhaber eines Unternehmens, deren Beteiligungsverhältnis sich mit der Aufnahme neuen Eigenkapitals verschlechtert, setzen in der Wirtschaftlichkeitsrechnung über die entsprechenden Investitionen daher zweckmäßigerweise jene, gewissermaßen *subjektiven* Kapitalnutzungskosten an. Es liegt in der Natur der Sache, daß in diesem Falle die Kapitalnutzungskosten als Einflußgröße auf die Wirtschaftlichkeit des betreffenden Investitionskomplexes selbst wiederum eine Abhängige von dem erzielbaren Rohgewinn aus diesem sowie allen übrigen laufenden betrieblichen Investitionen darstellen.

Im Interesse der Kapitaleigner, deren Beteiligung auf Grund der Kapitalerhöhung relativ gestiegen ist, können demgegenüber als Nutzungskosten für das zusätzliche Eigenkapital weiterhin die Zinsen aus einer vergleichbaren Kreditleistung in Ansatz kommen, da ihnen der maximale *Betriebsgewinn* auf der Basis dieser *objektiven* Ka-

---

[88] Vgl. Lutz, The Theory of Investment of the Firm, a.a.O., S. 43; Terborgh, Dynamic Ecquipment Policy, a.a.O., S. 162 f.; ders., Business Investment Policy, a.a.O., S. 208; C. A. Dauten, Business Finance, Englewood Cliffs, N. G. 1956, S. 279; Dean, Capital Budgeting, a.a.O., S. 43 ff.

[89] Laufen bei der Umfinanzierung mehrere Investitionen nebeneinander, so ist naturgemäß die Investition mit dem niedrigsten Rohgewinn in Betracht zu ziehen.

pitalnutzungskosten stets auch ein maximales Entgelt für ihre Leistung gegenüber dem verwendenden Betrieb einbringt. Welche der also gegebenenfalls kollidierenden Interessen innerhalb der am Unternehmen beteiligten Gruppen sich im Einzelfall durchsetzen werden, dürfte letztlich durch die jeweils bestehenden Mehrheitsverhältnisse bestimmt sein.

IV. Methoden zur Erfassung der Kapitalnutzungskosten im Investitionskalkül

Nachdem es feststeht, daß im Investitionskalkül grundsätzlich auch die investitionsbedingten Kapitalnutzungskosten berücksichtigt werden müssen und diese je nach Art der Finanzierung differieren können, sei nun noch auf die verschiedenen Methoden der Erfassung der Kapitalnutzungskosten im Investitionskalkül eingegangen. Dabei steht — entsprechend dem hier zu behandelnden Problemkreis — die Frage im Vordergrund, inwieweit jene Methoden geeignet sind, den gegebenenfalls unterschiedlichen „Preisen" der Kapitalnutzungen innerhalb ein und derselben Investition bzw. eines Investitionskomplexes Rechnung zu tragen. Dieses Problem tritt in den gewiß nicht seltenen Fällen auf, wo in eine Investition oder einen Komplex von Investitionen gleichzeitig („vertikale Kapitalzusammenfassung"[90]) oder auch hintereinander („horizontale Kapitalzusammenfassung"[90]) Kapitalbeträge fließen, welche auf verschiedene Weise beschafft wurden und deren Nutzung demzufolge unterschiedliche Kosten bedingen.

Es erscheint zweckmäßig, zunächst auf die traditionellen Methoden der Investitionsrechnung einzugehen, denen anschließend eine, im Hinblick auf die Erfassung der Kapitalnutzungskosten grundsätzlich unterschiedliche Methode gegenübergestellt werden soll.

1. Auf- bzw. Abzinsung der Zahlungen ohne Berücksichtigung von Zinszahlungen

Den traditionellen Methoden der Investitionsrechnung, so wie sie etwa Schneider[91] unter relativ einfachen Bedingungen in seiner „Wirtschaftlichkeitsrechnung" wiedergibt, ist gemeinsam, daß hier von einer Behandlung der Kapitalnutzungskosten als selbständige Auszahlungsströme in den zu vergleichenden Auszahlungs- und Einzahlungsströmen abgesehen wird. Statt dessen kommen die Zinskosten über eine

[90] Vgl. oben Zweiter Teil, Abschn. A., II., 2.

[91] Schneider, Wirtschaftlichkeitsrechnung, a.a.O., insbes. S. 22 ff. Siehe auch Schindler, Investitionsrechnungen ..., a.a.O., S. 49 ff.; Albach, Wirtschaftlichkeitsrechnung ..., a.a.O., S. 20 ff.; Schneider, Aufgabenstellung und Verfahren der Investitionsrechnung, a.a.O., S. 73 ff.; Gutenberg, Zur neueren Entwicklung der Wirtschaftlichkeitsrechnung, a.a.O., insbesondere S. 636 ff.; Brandt, a.a.O., S. 65 ff.

Auf- bzw. Abzinsung der übrigen, mit dem Investitionskomplex verbundenen Auszahlungen und Einzahlungen in das Wirtschaftlichkeitskalkül. Grundsätzlich sind drei Arten dieser Investitionsrechnung zu unterscheiden: die Kapitalwert-, die interne Zinsfuß- und die Annuitätsmethode.

1. *Die Kapitalwertmethode*[92] bezieht sämtliche, mit einem zu analysierenden Investitionskomplex verbundenen Auszahlungen und Einzahlungen mit Ausnahme der Zinsausgaben auf einen einheitlichen Zeitpunkt. Dabei werden Zahlungen nach dem Bezugszeitpunkt auf diesen abgezinst, Zahlungen vor dem Bezugszeitpunkt entsprechend aufgezinst, während die Zahlungen im Bezugszeitpunkt unverändert bleiben. Der Diskontierung bzw. Aufzinsung der Zahlungsposten wird der sogenannte Kalkulationszinsfuß zugrundegelegt. Sieht man einmal davon ab, daß in diesen Kalkulationszinsfuß auch Gewinnbestandteile und Risikoprämien einfließen können[93], so stellt er den Preis für die Nutzung des in die Investition eingegangenen Kapitals, genauer, die Kosten der Nutzung einer Einheit (DM 100,—) dieses Kapitals pro Zeiteinheit (1 Jahr) in dem früher dargelegten Sinne[94] dar.

Da im allgemeinen bei Investitionen bzw. Investitionskomplexen das Zeitzentrum[95] der mit ihnen verbundenen Auszahlungsreihen vor dem Zeitzentrum der entsprechenden Einzahlungsreihen, mit anderen Worten, also die Summe aller Auszahlungen „im ganzen genommen“ vor der Summe aller Einzahlungen liegt[96], muß die Auf- bzw. Abzinsung der Zahlungen auf einen einheitlichen Zeitpunkt stets eine relative Erhöhung der Summe aller Auszahlungen im Vergleich zu der Summe aller Einzahlungen mit sich bringen. Unter der Voraussetzung, daß der kalkulierte Zinssatz tatsächlich den Preis für die Nutzung des in die Investition eingegangenen Kapitals widerspiegelt, entspricht jener Betrag, um den die Summe aller Auszahlungen durch die Auf- oder Abzinsung relativ stärker gestiegen bzw. niedriger gesunken ist als die Summe aller Einzahlungen, den mit der Durchführung der Investitionen verbundenen Kapitalnutzungskosten. Die Kapitalnutzungskosten einer Investition stellen ja nichts anderes dar als die Zinsen

---

92 Vgl. Schneider, Wirtschaftlichkeitsrechnung, a.a.O., S. 22 ff.; ders., Einführung II, S. 171 ff. Siehe u. a. auch J. Fisher, The Nature of Capital and Income, a.a.O., S. 202 ff. und S. 368 ff.; ders., The Theory of Interest, New York 1930, S. 125 ff.; E. Lindahl, Studies in the Theory of Money and Capital, London 1939, S. 96 ff.; Lutz, The Theory of Investment of the Firm, a.a.O., S. 11 ff.; Grant, Principles of Engineering Economy, 3rd. ed., a.a.O., S. 112 ff.; Schindler, Investitionsrechnungen ..., a.a.O., S. 49 ff.

93 Vgl. oben S. 145 ff.

94 Vgl. Abschn. C., III. dieses Teils.

95 Vgl. Schneider, Wirtschaftlichkeitsrechnung, a.a.O., S. 8; Boulding, Time and Investment, Economica, Vol. III (1936), S. 199 f.

96 Vgl. Schneider, ebenda, S. 20.

auf die geleisteten Auszahlungen (= eingesetztes Kapital) für die Zeitdifferenz zwischen Auszahlungszeitpunkt und dem Zeitpunkt, da die ausgezahlten Beträge durch Einzahlungen wiedergewonnen werden bzw. die entsprechende betriebliche Leistung abgeschlossen ist — sieht man einmal von den Zinskosten für eventuelle investitionsbedingte Kassenhaltung[97] ab.

Von der Summe der so auf- bzw. abgezinsten Einnahmen wird die Summe der entsprechend veränderten Ausgaben[98] subtrahiert, womit sich der *Kapitalwert* der Investition ergibt. Dieser Kapitalwert, in dem also auch die Kapitalnutzungskosten berücksichtigt sind, dient als Maßstab für die Wirtschaftlichkeit der betrachteten Investitionen: Ist der Kapitalwert größer als 0, eine Bedingung, die — wie ohne weiteres einleuchtet — gleichbedeutend ist mit einem zu erwartenden Gewinn bei Durchführung dieser Investition, so ist sie, sieht man von eventuell alternativ möglichen Investitionen ab, wirtschaftlich; zeitigt die Investition einen negativen Kapitalwert, d. h., erbringt sie einen Verlust, so ist sie unwirtschaftlich. Das gilt indessen nur für erwerbswirtschaftlich orientierte Investitionen. Bestehen alternative Investitionsmöglichkeiten im Hinblick auf das gesetzte Ziel, so ist die Investition (Kombination von Investitionen) wirtschaftlich, welche den höchsten Kapitalwert hat, was bei erwerbswirtschaftlich orientierten Investitionen stets dem höchsten Gewinn, bei den übrigen Investitionen bereits dem Kostenminimum entspricht[99].

Da die einzelnen alternativen Investitionen und Investitionskomplexe sich in aller Regel bezüglich ihrer Kapital- und Zeitstruktur voneinander unterscheiden, ist es für die Fälle, da eine maximale Gewinnerzielung angestrebt wird, erforderlich, eventuell mögliche Ergänzungs- bzw. Ersatzinvestitionen auf beiden Seiten mit in das Kalkül einzubeziehen. Nur so handelt es sich bei den verglichenen Investitionen bzw. Kombinationen von Investitionen um echte Alternativen[100].

---

[97] Vgl. oben Abschn. C., II.

[98] Wir gebrauchen hier, dem allgemeinen Sprachgebrauch folgend, die Begriffe Einzahlungen und Einnahmen einerseits sowie Auszahlungen und Ausgaben andererseits synonym. Wegen der genaueren Unterscheidung siehe oben Erster Teil, Abschn. D., I., 1., insbes. Anm. 5.

[99] Vgl. oben S. 118.

[100] Vgl. Schneider, Wirtschaftlichkeitsrechnung, a.a.O., S. 33 f. Dieses außerordentlich schwierige Problem wird in der Theorie im allgemeinen durch die — unrealistische — Annahme ausgeklammert, zum Kalkulationszinsfuß könnten beliebige Mengen Kapitals geliehen und entliehen werden. Vgl. dazu ebenda, S. 37 f.; Schindler, Investitionsrechnungen ..., a.a.O., S. 67 ff.; A. Moxter, Der Einfluß der Amortisationsgeschwindigkeit auf die unternehmerische Investitionsentscheidung, ZfhF, N. F. 11. Jg. (1959), S. 541ff., hier S. 541; Albach, Wirtschaftlichkeitsrechnung ..., a.a.O., S. 35.

Da der Investitionsrechnung die größte Bedeutung als ex ante-Rechnung zukommt, ist auch die wichtigste Form der Kapitalwertmethode *die*, bei der die Auszahlungen und Einzahlungen auf einen Zeitpunkt *vor* Beginn der betrachteten Investitionen bezogen werden. Alle Zahlungen, mit Ausnahme derer im Bezugszeitpunkt, müssen in diesem Falle diskontiert werden, weshalb man diese Art der Kapitalwertberechnung auch als *Diskontierungsmethode*[101] bezeichnet. Im allgemeinen wird als Bezugszeitpunkt der Zeitpunkt unmittelbar vor einem eventuellen Ingangsetzen der betrachteten Investition bzw. des Investitionskomplexes gewählt.

Unterstellt man z. B. einen Investitionskomplex, bestehend aus einer Auszahlung A im Zeitpunkt t_0 und damit verbundenen, im jährlichen Abstand erfolgenden Auszahlungen a_0 bis a_{n-1} vom Zeitpunkt t_0 bis zum Zeitpunkt t_{n-1}, denen Einzahlungen e_1—e_n gegenüberstehen, welche im jährlichen Abstand vom Zeitpunkt t_1 bis zum Zeitpunkt t_n anfallen, so ergibt sich der Kapitalwert C_0 dieses Investitionskomplexes im Zeitpunkt t_0 nach folgender Gleichung:

$$\begin{aligned} C_0 = {} & e_1 (1 + i)^{-1} + e_2 (1 + i)^{-2} + \cdots + e_{n-1} (1 + i)^{-(n-1)} \\ & + e_n (1 + i)^{-n} \\ & - \Big[A + a_0 + a_1 (1 + i)^{-1} + a_2 (1 + i)^{-2} \\ & + \cdots + a_{n-1} (1 + i)^{-(n-1)} \Big] \\ = {} & \sum_{t=1}^{n} e_t (1 + i)^{-t} - \Big[A + \sum_{t=0}^{n-1} a_t (1 + i)^{-t} \Big] \end{aligned}$$

Sind die laufenden Auszahlungen und Einzahlungen jeweils gleich, so geht die vorgenannte Gleichung über in:

$$C_0 = e \frac{(1 + i)^n - 1}{(1 + i)^n \; i} - a \frac{(1 + i)^n - 1}{(1 + i)^{n-1} \; i} - A$$

Es dürfte nach den vorangegangenen Überlegungen klar sein, daß der Kapitalwert einer Investition mit steigendem Kalkulationszinsfuß sinkt, während er mit fallendem Zinsfuß wächst.

---

[101] Vgl. Schneider, Wirtschaftlichkeitsrechnung, a.a.O., S. 26.

2. *Die interne Zinsfußmethode*[102] stellt gewissermaßen eine Umkehrung der Kapitalwertmethode dar. Hier geht es nicht mehr darum, den Kapitalwert einer Investition bei einem gegebenen bzw. ermittelten Kalkulationszinsfuß zu errechnen, die Fragestellung lautet vielmehr: Bei welchem Zinsfuß ist der Kapitalwert der betrachteten Investition oder des Investitionskomplexes gerade 0? Der sich so ergebende *interne Zinsfuß* wird mit dem für diese Investition tatsächlich zutreffenden Kalkulationszinsfuß verglichen. Die Bedingungsgleichung, aus der sich der interne Zinsfuß r ergibt, lautet, wenn wir die gleichen Verhältnisse zugrunde legen wie oben:

$$\sum_{t=1}^{n} e_t (1 + r)^{-t} - \left[A + \sum_{t=0}^{n-1} a_t (1 + r)^{-t} \right] = 0$$

Liegt der interne Zinsfuß über dem Kalkulationszinsfuß, so bedeutet dies — da ja der Kapitalwert der Investition mit sinkendem Kalkulationszinsfuß steigt —, daß der effektive Kapitalwert der Investition positiv ist, die Investition also einen Gewinn erbringt. Damit ist also die Investition oder der Investitionskomplex, wenigstens isoliert betrachtet, wirtschaftlich. Im umgekehrten Falle, wenn also der interne Zinsfuß kleiner ist als der Kalkulationszinsfuß, führen die Investitionen zu einem negativen Kapitalwert, zu einem Verlust, und sind damit unwirtschaftlich, sofern man bei den Investoren ein Streben nach Gewinnerzielung voraussetzt. Stehen alternative Investitionen zur Auswahl, so ist bei gewinnorientierter Investitionspolitik die Investition oder die Kombination von Investitionen wirtschaftlich, welche die höchste, über dem effektiven Kalkulationszinsfuß liegende interne Verzinsung zeitigt. Bei nicht gewinnorientierten Investitionen braucht der interne Zinsfuß nicht über dem Kalkulationszinsfuß zu liegen. Auch hier gilt das oben bei der Behandlung der Kapitalwertmethode bezüglich der Vergleichbarmachung alternativer Investitionen Gesagte.

Bei der internen Zinsfußmethode handelt es sich sozusagen um eine Investitionsrechnung auf der Basis eines kritischen Wertes[103]. Dabei stellt der interne Zinsfuß den kritischen Wert des Kalkulationszinsfußes dar, jenseits dessen die zur Gewinnerzielung durchgeführten Investitionen — bei isolierter Betrachtung — wirtschaftlich bzw. unwirtschaftlich werden.

---

[102] Vgl. Schneider, Wirtschaftlichkeitsrechnung, a.a.O., S. 24 ff.; ders., Einführung II, a.a.O., S. 173 ff.; Fisher, The Theory of Interest, a.a.O., S. 155 f.; K. E. Boulding, The Theory of a Single Investment, Quarterly Journal of Economics, Vol. 49 (1934/35), S. 475 ff.; ders., Time and Investment, a.a.O., S. 196 ff.; F. H. Knight, Capital, Time and the Interest Rate, Economica, 1934, S. 257 ff.; Grant, Principles of Engineering Economy, 3rd. ed., a.a.O., S. 132 ff.; Lutz, The Theory of Investment . . ., a.a.O., S. 13 ff.

[103] Vgl. Schneider, Wirtschaftlichkeitsrechnung, a.a.O., S. 42 und S. 62.

Vergleicht man den internen Zinsfuß mit dem früher definierten[104] Rohgewinn einer Investition, so ist festzustellen, daß er sich mit dem durchschnittlichen, jährlichen Rohgewinn in Prozenten des investierten Kapitals deckt. Indem dieser Wert nun mit dem Kalkulationszinsfuß verglichen wird, kommen — vorausgesetzt, daß letztere Größe mindestens gleich dem durchschnittlichen Preis für die jährliche Nutzung einer Einheit des eingesetzten Kapitals ist — auch hier die Kapitalnutzungskosten in das Kalkül. Dabei bleiben indessen die Kosten für eine eventuelle, investitionsbedingte Kassenhaltung ebenso unberücksichtigt wie bei der Kapitalwertmethode.

3. *Bei der Annuitätsmethode*[105] werden aus den gesamten, im Verlaufe des betrachteten Investitionskomplexes anfallendens Zahlungen die durchschnittlichen Einnahmen und Ausgaben für die einzelne Rechnungsperiode — im allgemeinen ein Jahr — unter Berücksichtigung von Zinsen auf das gebundene Kapital ermittelt.

Soweit die Auszahlungen und Einzahlungen in allen Perioden gleich sind und in gleichen Abständen vom Beginn der einzelnen Perioden anfallen, können diese Werte unverändert übernommen werden. Unterstellt man keine Momentanproduktion (im Gegensatz beispielsweise zu Schneider[106]), mit anderen Worten, nimmt man an, daß die Einzahlungen innerhalb einer Periode in einem gewissen Abstand von den Auszahlungen erfolgen, so müssen den Auszahlungen noch die Zinskosten für diese (Umlauf-)Kapitalbindung hinzugerechnet werden.

Fallen die Auszahlungen und Einzahlungen unregelmäßig an, so müssen sie zunächst wie bei der Diskontierungsmethode mittels des Kalkulationszinsfußes auf den Beginn des Investitionskomplexes abgezinst werden. Durch Multiplikation der sich so ergebenden Barwerte mit dem Wiedergewinnungsfaktor für die Dauer des gesamten Investitionskomplexes erhält man dann die durchschnittlichen Einzahlungen und Auszahlungen für die einzelne Periode. In diesen Annuitäten wären dann unter den bekannten Voraussetzungen (nämlich, daß der Kalkulationszinsfuß den echten, durchschnittlichen Preis der verbrauchten Kapitalnutzungen widerspiegelt) auch die Kapitalnutzungskosten berücksichtigt.

Liegen die sich so ergebenden durchschnittlichen, jährlichen Einnahmen über den Ausgaben, ergibt sich also im Durchschnitt ein Gewinn pro Jahr, so ist der Investitionskomplex wirtschaftlich, im umgekehrten Falle erbringt die Investition einen Verlust und wird damit

---

104 Vgl. S. 148.

105 Vgl. Schneider, ebenda, S. 26 ff.; Grant, Principles ..., 3rd. ed., a.a.O., S. 85 ff.

106 Vgl. Schneider, Wirtschaftlichkeitsrechnung, a.a.O., S. 26.

unwirtschaftlich, jedenfalls, soweit die betriebliche Investitionspolitik auf Gewinnerzielung abgestellt ist. Von *vergleichbaren,* alternativen Investitionskomplexen wäre dann der wirtschaftlich, welcher den größten durchschnittlichen Gewinn erbringt bzw. — bei nicht gewinnorientierter Investitionspolitik — bereits den geringsten durchschnittlichen Verlust pro Periode verursacht.

Es liegt auf der Hand, daß sich die Anwendung der Annuitätsmethode nur für solche Investitionskomplexe empfiehlt, bei denen das Gros der Einzahlungen und Auszahlungen jeweils in gleicher Höhe innerhalb der einzelnen Perioden und in gleichen Abständen voneinander anfallen und die unregelmäßigen Zahlungen auf den Beginn des Investitionskomplexes konzentriert sind. Anderenfalls dürfte die Kapitalwert- bzw. interne Zinsfußmethode eine weniger komplizierte Wirtschaftlichkeitsberechnung der Investitionen ermöglichen.

Als praktisches Beispiel für die geeignete Anwendung der Annuitätsmethode bietet sich die Investition in eine dauerhafte Anlage (z. B. Maschine), welche über eine Mehrzahl von Perioden hinweg mit gleichbleibenden Betriebsausgaben verbunden ist, denen gleiche Einnahmen innerhalb der einzelnen Perioden gegenüberstehen. Unterstellt man, daß die Auszahlung für die dauerhafte Anlage sowie die laufenden Betriebsausgaben zu Beginn des Jahres, die Einzahlungen hingegen am Jahresschluß erfolgen, so ergibt sich der durchschnittliche Gewinn (Verlust) pro Jahr nach folgender Gleichung:

$$g = e - \left[A \frac{i\,(1 + i)^n}{(1 + i)^n - 1} + a\,(1 + i) \right]$$

Unter dem Gesichtspunkt, inwieweit die genannten Methoden geeignet sind, gegebenenfalls unterschiedlichen Preisen der Kapitalnutzungen innerhalb eines Investitionskomplexes Rechnung zu tragen, interessiert hier vor allem die Tatsache, daß alle drei Methoden von einem einzigen Zinsfuß, dem Kalkulationszinsfuß ausgehen. Es liegt auch in der Natur dieser Rechnungen, daß sie nur mit einem Kalkulationszinsfuß durchführbar sind bzw. einen brauchbaren Wirtschaftlichkeitsmaßstab liefern[107]. Eine Ausnahme besteht bei der Annuitätsmethode, wo der Zins zur Ermittlung der Umlaufkapitalkosten innerhalb der einzelnen Perioden abweichen kann von dem Zins, der der Errechnung der Annuitäten zugrunde gelegt wird.

---

107 Der Ansatz von unterschiedlichen Kalkulationszinssätzen für Ausgaben und Einnahmen, wie es Lohmann (Einführung, 2. A., a.a.O., S. 165) unter gewissen Umständen für erforderlich hält, muß bei diesen Rechnungsmethoden notwendig zu falschen Ergebnissen führen, da die Veränderung der Relation von Einnahmen und Ausgaben nicht mehr nur dem für die Zinskosten entscheidenden Unterschied in den Zeitzentren entspricht. Vgl. oben S. 152 f. Siehe auch Brandt, a.a.O., S. 148.

Werden an einen Investitionskomplex Kapitalien mit unterschiedlichen Nutzungspreisen gebunden, so ist es zur Anwendbarkeit der dargestellten Methoden daher erforderlich, zunächst einen durchschnittlichen Kalkulationszinsfuß aus den verschiedenen Einzelpreisen zu ermitteln. Insoweit die verschiedenen Kapitalien in dem besagten Investitionskomplex nur vertikal zusammengefaßt sind und über die gesamte Dauer des Komplexes ihre Einsatzmengenrelation nicht verändern, dürfte dies keine größeren Schwierigkeiten bereiten. Die Preise für die Nutzung der verschiedenen Kapitalgruppen müßten jeweils mit der eingesetzten Menge des entsprechenden Kapitals gewogen werden. Der sich so ergebende gewogene Durchschnittspreis entspräche den durchschnittlichen Kosten für die Nutzung einer Einheit des gesamten, eingesetzten Kapitals und wäre somit für die entsprechende Investitionsrechnung geeignet[108]. Sind indessen die einzelnen Kapitalarten in einem Investitionskomplex zeitlich hintereinander geschaltet (horizontale Kapitalzusammenfassung) oder ändert sich während des Ablaufs der Investitionen die Mengenrelation der vertikal zusammengefaßten Kapitalgruppen, so dürfte dieses Verfahren nicht praktikabel sein, da es der unterschiedlichen Bindungsdauer der verschiedenen Kapitalteile bzw. ihrer sich verändernden Einsatzmengenrelation nicht Rechnung trägt. In solchen Fällen müssen die Einzelpreise sowohl mit der jeweils gebundenen Kapitalmenge der entsprechenden Kapitalgruppen als auch mit ihrer Bindungszeit, d. h. also mit der Anzahl der in den einzelnen Kapitalgruppen verbrauchten Kapitalnutzungseinheiten multipliziert werden. Es müssen also praktisch die effektiven, mit der Durchführung des Investitionskomplexes verbundenen Kosten für den Verbrauch der verschieden „teueren" Kapitalnutzungen ermittelt werden. Ausgehend von den Gesamtkapitalnutzungskosten läßt sich dann ein einheitlicher Zinssatz errechnen, der den Einzelpreisen *äquivalent* ist, der also bei der Kapital- und Zeitstruktur des vorliegenden Investitionskomplexes zu den gleichen Kapitalnutzungskosten führt wie die verschiedenen Einzelpreise zusammen[109].

---

108 Vgl. Schneider, Einführung II, S. 169 f.; W. Lücke, Betriebliche Grundsätze und Probleme der Beschaffung und des Einsatzes von Produktionsfaktoren, Diss. Köln 1953, S. 140.

109 Besteht die Investition beispielsweise aus einer Auszahlung a im Zeitpunkt t_0 und stehen ihr Einnahmen gegenüber von e_1 ($e_1 < a$) im Zeitpunkt t_1 am Ende des ersten Jahres sowie von e_2 im Zeitpunkt t_2 nach zwei Jahren, so ergibt sich der äquivalente Zinssatz $i_{ä}$ für eine Verzinsung von i_1 im ersten sowie i_2 im zweiten Jahr über die gesamte Investitionsdauer aus folgender Bedingungsgleichung:

$$a i_1 + \left[a (1 + i_1) e_1 \right] i_2 = a i_{ä} \left[a (1 + i_{ä}) - e_1 \right] i_{ä}$$

Bedenkt man, daß zur Durchführung von Investitionsobjekten häufig eine Mehrzahl von unterschiedlichen Kapitalarten (im Hinblick auf den Nutzungspreis) vertikal sowie horizontal zusammengefaßt werden, so dürfte es klar sein, daß die Ermittlung allein eines äquivalenten, durchschnittlichen Kalkulationszinsfußes gegebenenfalls umfangreiche Rechenoperationen erfordert[110]. Diese setzen naturgemäß eine möglichst genaue Planung der im Zeitablauf in den komplementären Investitionen gebundenen Kapitalmengen sowie einen entsprechenden Finanzierungsplan voraus, da nur so die Nutzungsmengen und -preise der verschiedenen, in ihren Nutzungspreisen unterschiedlichen Kapitalien für den Investitionskomplex festgestellt werden können.

Werden die zur Durchführung eines Investitionskomplexes erforderlichen Kapitalnutzungen im Rahmen einer totalen Finanzierung des Betriebes beschafft, fluktuieren also die im Betrieb eingesetzten Kapitalien ständig von Investitionskomplex zu Investitionskomplex[111], so dürfte die Berechnung eines durchschnittlichen Kalkulationszinsfußes in der oben angeführten Weise für den einzelnen Investitionskomplex an dem Zurechnungsproblem scheitern. Da sich in diesem Falle die im Betrieb eingesetzten Kapitalien unterschiedlicher Nutzungspreise vermischen, ist es nicht mehr auszumachen, welche Kapitalbeträge zu welchen Preisen und wie lange im einzelnen an einen Investitionskomplex gebunden sind. Der Ansatz des jeweils höchsten Preises von im Betrieb arbeitenden Kapital kann kaum als eine befriedigende Lösung angesehen werden. Damit würden die Kapitalnutzungskosten eindeutig zu hoch angesetzt, es sei denn, gerade dieses Kapital könnte im Alternativfall getilgt werden, was indessen der vorausgesetzten totalen Finanzierung zuwiderliefe. Bei dieser Art der Koordination von Investition und Finanzierung läßt sich ein durchschnittlicher Kalkulationszinsfuß, jedenfalls, soweit er die Kapitalnutzungskosten ins Kalkül bringen soll, nur noch für den Betrieb als ganzen festzustellen. Auch dann müssen natürlich die verschiedenen Preise mit den jeweiligen Mengen und der Bindungsdauer der einzelnen, nunmehr im *gesamten Betrieb* eingesetzten Kapitalien gewogen werden. Der sich so ergebende globale Betriebskalkulationszinsfuß ist bei der Wirtschaftlichkeitsrechnung über jeden einzelnen, dem totalen Finanzierungssystem angeschlossenen Investitionskomplex zugrunde zu legen.

Setzt man für die linke Seite k (= Kapitalnutzungskosten), so ergibt sich

$$k = i_{ä}^{2} + 2i_{ä} - \frac{e_1}{a}\, i_{ä}.$$

110 Vgl. Schneider, Aufgabenstellung und Verfahren der Investitionsrechnung, a.a.O., S. 93 f.

111 Vgl. oben Zweiter Teil, Abschn. A., IV., 2.

2. Behandlung der Kapitalnutzungskosten als Auszahlungsposten

Anstatt die Kapitalnutzungskosten durch Auf- bzw. Abzinsung der übrigen Zahlungen nach den vorgenannten Methoden in das Investitionskalkül zu bringen, kann man die Auszahlungen und Einzahlungen auch jeweils unverändert zusammenfassen und die anfallenden Kapitalnutzungskosten als selbständige Zahlungsposten den Auszahlungen hinzurechnen. Eine Gegenüberstellung der so gewonnenen Auszahlungs- und Einzahlungssummen zeigt an, ob die Investition einen Gewinn oder einen Verlust erbringt, ob sie also für die Unternehmung[112] wirtschaftlich oder unwirtschaftlich wäre. Von alternativ möglichen, vergleichbaren Investitionskomplexen wäre wiederum der wirtschaftlich, welcher den größten Gewinn bzw. — bei nicht gewinnorientierter Investitionspolitik — den geringsten Verlust erwarten läßt.

Soweit die Kapitalnutzungskosten nicht mit den Zinszahlungen des Betriebes im Verlaufe des betrachteten Investitionskomplexes zusammenfallen — sei es, daß effektive Zahlungen nicht erfolgen[113], sei es, daß die Zahlungen die Nutzung des Kapitals in verschiedenen Investitionskomplexen betreffen —, müssen sie bei dieser Methode der Investitionsrechnung im einzelnen errechnet werden. Dies erfordert wiederum wie oben bei der Ermittlung eines partialen, durchschnittlichen Kalkulationszinsfußes eine Vorausschätzung der im Zeitablauf in den zu beurteilenden Investitionen gebundenen Kapitalmengen sowie einen Finanzierungsplan, aus dem hervorgeht, zu welchen Preisen die erforderlichen Kapitalnutzungen jeweils beschafft werden können. Zur Berechnung der Zinseszinsen müssen die ermittelten Kapitalkosten zu den Zeitpunkten in Ansatz gebracht werden, da sie gezahlt werden bzw. — bei fiktiven Zahlungen — normalerweise zu zahlen wären. In entsprechender Weise können bei dieser Methode auch die Zinskosten für die investitionsbedingte Kassenhaltung[114] ermittelt werden, welche ebenfalls den Auszahlungen hinzuzurechnen sind. Soweit das Ausmaß dieser Kassenhaltung nicht genau voraussehbar ist, muß den diesbezüglichen Kosten durch einen Zuschlag zu den übrigen Zinskosten bzw. eine entsprechend vorsichtige Schätzung der Kapitalbindungszeiten Rechnung getragen werden.

Die Berechnung eines durchschnittlichen Kalkulationszinsfußes für den Fall, daß Kapitalien unterschiedlicher Nutzungspreise an einen Investitionskomplex gebunden werden, erübrigt sich hier, da die Zin-

---

112 Im Sinne von Gutenberg (vgl. Produktion, 3. A., S. 351) als ein auf Gewinnerzielung ausgerichteter Betrieb.
113 Vgl. oben Abschn. B., III., 2.
114 Vgl. oben Abschn. C., II.

sen als absolute Beträge jeweils für die einzelnen Verbrauchsmengen der im Preis unterschiedlichen Kapitalnutzungen festzustellen sind und den übrigen Auszahlungen hinzugerechnet werden können. Sofern jedoch die erforderlichen Kapitalnutzungen für den einzelnen Investitionskomplex im Rahmen einer totalen Finanzierung des Betriebes beschafft werden[115], wird auch bei dieser Methode die Errechnung eines durchschnittlichen *Betriebs*-Kalkulationszinsfußes nicht zu umgehen sein.

Gegen die vorgenannte Methode könnte der Einwand erhoben werden, es würden Zahlungen, welche zu unterschiedlichen Zeitpunkten anfielen und damit zeitlich nicht gleichwertig seien, zusammengefaßt und verglichen. Die Zeitdifferenz zwischen den einzelnen Zahlungen interessiert für das Wirtschaftlichkeitskalkül indessen nur insoweit, als damit Kosten verbunden sind. Werden diese Kapitalnutzungkosten separat errechnet und den übrigen Auszahlungen zugeschlagen, so sind die Zeitdifferenzen gewissermaßen aufgehoben. Das schließt jedoch nicht aus, daß *das Ergebnis des Kalküls stets in Relation zur Menge und Bindungsdauer des investierten Kapitals gesehen werden muß*. Auch bei den traditionellen Methoden der Investitionsrechnung geht es ja nicht primär um ein Gleichwertigmachen der zu unterschiedlichen Zeitpunkten erfolgenden Zahlungen, als vielmehr in erster Linie um eine Berücksichtigung der Kapitalnutzungskosten, welche als Zahlungsgrößen hier nicht in Erscheinung treten[116]. Der Kalkulationszinsfuß hat nicht die Aufgabe, „zukünftige in verschiedenen Zeitpunkten anfallende Größen in Gegenwartswerte zu verwandeln, also auf einen Zeitpunkt zu beziehen", wie Schindler[117] sagt, sondern er soll die Kapitalnutzungskosten in das Kalkül bringen, wozu die Diskontierung der Investitionszahlungen auf die Gegenwart lediglich als *eine Rechnungsmethode* dient.

Als nicht unberechtigter Einwand gegen die vorgenannte Art der Investitionsrechnung muß gelten gelassen werden, daß das Ergebnis der Rechnung nicht auf einen bestimmten Zeitpunkt oder Zeitraum bezogen ist, was die Vergleichbarkeit verschiedener Investitionen stören dürfte. Indessen sind, wie oben bereits angedeutet wurde[118], auch die nach den traditionellen Methoden der Investitionsrechnung ermittelten Ergebnisse nicht ohne weiteres von Investition zu Investition vergleichbar.

---

115 Vgl. oben Zweiter Teil, Abschn. A., IV., 2.

116 Vgl. Gutenberg, Der Stand der wissenschaftlichen Forschung auf dem Gebiet der betrieblichen Investitionsplanung, a.a.O., S. 569.

117 Schindler, Investitionsrechnungen ..., a.a.O., S. 136.

118 Vgl. S. 153.

Ohne hier näher auf diese grundsätzlichen, investitionstheoretischen Probleme eingehen zu können[119], glauben wir doch den Schluß ziehen zu können, daß die Methode der Investitionsrechnung, welche die Zinsen als Auszahlungsposten behandelt, der Kapitalwert-, der internen Zinsfuß- sowie der Annuitätsmethode, was die Erfassung der Nutzungskosten für die investierten Kapitalbeträge anbetrifft, mindestens gleichwertig gegenübersteht. Ihre Anwendung dürfte sich besonders da empfehlen, wo in jedem Falle — weil Kapitalien unterschiedlicher Nutzungspreise in einen Investitionskomplex fließen — die investitionsbedingten Kapitalnutzungskosten im einzelnen ermittelt werden müssen. Angesichts der Tatsache, daß die Auf- bzw. Abzinsung der übrigen Zahlungen bei den traditionellen Methoden der Investitionsrechnung letztlich den Zweck haben, die investitionsbedingten Kapitalnutzungskosten im Kalkül zu erfassen, würde es eine unnötige Komplizierung der Investitionsrechnung bedeuten, wenn in diesen Fällen zunächst die Kapitalnutzungskosten im einzelnen berechnet würden, für die dann ein äquivalenter Kalkulationszinsfuß zu ermitteln wäre, der wiederum bei Anwendung auf die übrigen Zahlungen die Kapitalnutzungskosten in das Kalkül bringen würde. Werden die festgestellten Kapitalnutzungskosten direkt als absolute Beträge den Auszahlungen zugerechnet, wie das bei der letztgenannten Methode der Fall ist, so erübrigt sich die Errechnung eines durchschnittlichen Kalkulationszinsfußes sowie die Auf- bzw. Abzinsung der einzelnen Zahlungen. Da diese Methode sich bei der Zinsberechnung von den eigentlichen Zahlungszeitpunkten lösen kann, hat sie darüber hinaus den traditionellen Investitionsrechnungen gegenüber den Vorzug, auch die Kapitalnutzungskosten für eventuelle investitionsbedingte Kassenhaltung im Kalkül zu berücksichtigen.

D. Ergebnis

Die vorangegangenen Untersuchungen haben gezeigt, daß die mit der Durchführung einer Investition verbundenen Kapitalnutzungskosten abhängig sind von der Art, wie das in dieser Investition, unter Umständen aber auch in parallelen Investitionen oder im gesamten Betrieb (bei totaler Finanzierung) genutzte Kapital beschafft wurde. Dabei spielen vor allem Herkunft und Überlassungsdauer des eingesetzten Kapitals sowie das Ausmaß der Sicherheitsgarantien gegenüber den Kapitalgebern eine Rolle.

---

[119] Näheres dazu siehe insbes. Albach, Wirtschaftlichkeitsrechnung ..., a.a.O., S. 26 ff.; Brandt, a.a.O., S. 95 ff.

Es hat sich ferner die Notwendigkeit erwiesen, die investitionsbedingten Kapitalnutzungskosten im Investitionskalkül zu erfassen, welches wiederum die Kriterien für die Wirtschaftlichkeit resp. Unwirtschaftlichkeit der betrachteten Investitionen liefert.

Diese Feststellungen führen zu dem Schluß, daß die Finanzierung mittelbar — über die Kapitalnutzungskosten — die Wirtschaftlichkeit der Investitionen beeinflußt. Soweit die betrieblichen Investitionen partial finanziert werden[1], sind solche Beziehungen grundsätzlich auf die einzelnen Investition und „ihre" Finanzierungsart beschränkt. Nur für den Fall, daß in laufenden Investitionen teuereres *rückzahlbares* Kapital gebunden ist als für zusätzlich geplante Investitionen zu beschaffen ist, dehnt sich der Einfluß der Finanzierung ersterer Investitionen auch auf die Wirtschaftlichkeit der anderen Investitionen aus[2].

Werden die zur Durchführung der Investitionen erforderlichen Kapitalien im Zuge einer totalen Finanzierung des Betriebes geschafft, so steht die Wirtschaftlichkeit der einzelnen Investitionen resp. des einzelnen Investitionskomplexes nunmehr — analog den Kapitalnutzungskosten[3] — unter dem Einfluß der Beschaffung sämtlicher im Betrieb eingesetzten Mittel.

Da die Wirtschaftlichkeit hier als eine, unter gegebenen Umständen eindeutig determinierte Eigenschaft betrieblicher Dispositionen und Tatbestände aufgefaßt wird[4], demzufolge es auch keine Varianten der Wirtschaftlichkeit einer Investition geben kann, müßten wir im vorliegenden Falle statt von einem Einfluß der Finanzierung auf die Wirtschaftlichkeit der Investitionen präziser von einem Einfluß der Finanzierung auf das Ergebnis der Investitionsrechnung sprechen[5]. Inwieweit eine Veränderung der Finanzierungsart ceteres paribus auch dafür entscheidend ist, ob ein Investitionskomplex wirtschaftlich oder unwirtschaftlich wird, kann demgegenüber nur im konkreten Einzelfall festgestellt werden. Das Eintreten einer solchen Wirkung hängt einmal von dem Ausmaß der Zinskostenänderung und zum anderen von der Zinsempfindlichkeit des betroffenen Investitionskomplexes ab.

Die Zinsempfindlichkeit der Investitionen, mit anderen Worten, der Grad der Abhängigkeit ihrer Wirtschaftlichkeit resp. Unwirtschaftlichkeit von der Zinshöhe kann von Investitionskomplex zu Investitionskomplex sehr verschieden sein. Allgemein läßt sich sagen, daß die Zinsempfindlichkeit der zwecks Gewinnerzielung durchgeführten

---

1 Vgl. oben Zweiter Teil, Abschn. A., III., 2., a.
2 Vgl. oben S. 145.
3 Vgl. oben S. 159.
4 Vgl. oben Abschn. A.
5 Vgl. Schneider, Wirtschaftlichkeitsrechnung, a.a.O., S. 69.

Investitionen simultan bestimmt ist durch die Umlaufgeschwindigkeit des investierten Kapitals sowie das Verhältnis der zu erwartenden Einnahmen zu den übrigen Ausgaben, das heißt durch das Ausmaß des präsumtiven Rohgewinns des jeweiligen Investitionskomplexes. Außerdem spielt die Möglichkeit, bei gegebener Zielsetzung einen Investitionskomplex durch andere Investitionen substituieren zu können, in Verbindung mit der Struktur jener alternativen Investitionen eine bedeutsame Rolle für die Zinsempfindlichkeit *sämtlicher* Investitionskomplexe.

Bei vergleichsweise niedriger Umlaufgeschwindigkeit des investierten Kapitals, sei es, daß ein relativ hoher Kapitalanteil an dauerhafte Produktionsmittel gebunden ist, sei es, daß der eigentliche Leistungsprozeß relativ langsam vor sich geht, muß der Anteil der Zinskosten an den sonstigen Kosten notwendig höher sein als im umgekehrten Falle. Entsprechend wird eine Veränderung des Kalkulationszinsfußes bei Investitionskomplexen mit relativ niedriger Umlaufgeschwindigkeit des investierten Kapitals stärker zu Buche schlagen als bei solchen mit schnellerem Kapitalumschlag[6]. Indessen kann, worauf Preiser[7] bereits hingewiesen hat, eine Zinsvariation für die Wirtschaftlichkeit resp. Unwirtschaftlichkeit eines Investitionskomplexes auch bei vergleichsweise geringer Kapitalumlaufgeschwindigkeit nur dann entscheidend sein, wenn dieser nicht eine Profitrate erwarten läßt, die jenseits realistischer Zinssätze liegt. Mit anderen Worten: Nur Investitionskomplexe mit relativ niedrigem Rohgewinn können — isoliert betrachtet — als zinsempfindlich gelten.

Stehen im Hinblick auf die zu erfüllende betriebliche Aufgabe verschiedene, alternative Investitionskomplexe in Konkurrenz miteinander, so kann eine Zinsvariation auch ungeachtet eines erwarteten Rohgewinns und gegebenenfalls seiner absoluten Höhe die Wirtschaftlichkeit eines Investitionskomplexes zugunsten eines anderen Komplexes aufheben. Das ist dann der Fall, wenn ein Investitionskomplex, der vor der Zinsänderung den größten Kapitalwert aller zur Wahl stehenden Investitionskomplexe aufwies, bei verändertem Zinssatz einen niedrigeren Kapitalwert erwarten läßt als ein konkurrierender Investitionskomplex. Die Veränderung der Ergebnis-Relationen zwischen den alternativen Investitionskomplexen ist eben auf die differenzierte Kapital- und Zeitstruktur der einzelnen Investitionskomplexe und die daraus folgende unterschiedliche Zinsreagibilität der Einzel-

[6] Vgl. E. Preiser, Investition und Zins, JbfNuSt, Bd. 170 (1958), S. 100 ff., hier S. 124 ff. Siehe auch Schindler, Investitionsrechnungen ..., a.a.O., S. 138 ff.

[7] Preiser, Investition und Zins, a.a.O., S. 106 f.; ders., Nochmals: Investition und Zins. Eine Revision, JbfNuSt, Bd. 171 (1959), S. 241 ff., hier S. 247 ff. Siehe auch Schindler, Investitionsrechnungen ..., a.a.O., S. 138.

ergebnisse zurückzuführen. Ein verhältnismäßig kapitalintensiver Investitionskomplex, der bei einem niedrigen Kalkulationszinsfuß einem weniger kapitalintensiven Investitionskomplex gegenüber im Vorteil ist, kann wegen seiner größeren Zinsanfälligkeit bei einem hohen Zinsfuß zu einem geringeren Gewinn führen als letzterer und damit unwirtschaftlich werden, während der weniger kapitalintensive Investitionskomplex nunmehr in den wirtschaftlichen Bereich fällt. Allgemein besteht daher die Tendenz, bei steigenden Kapitalnutzungskosten ceteris paribus zu Produktionsverfahren mit weniger dauerhaften Produktionsfaktoren überzugehen und umgekehrt, womit dem Zins gewissermaßen auch eine qualitative Lenkungsfunktion in der betrieblichen Investitionspolitik zukommt[8]. Die Zinshöhe für das von den Betrieben erreichbare Kapital bestimmt also gegebenenfalls nicht nur das Ausmaß der Investitionen überhaupt[9], sondern sie entscheidet als Folge des genannten Substitutionseffektes auch über die *Zusammensetzung* des betrieblichen Investitionsvolumens[10].

Die Investitionssubstitution als Folge von Zinsveränderungen findet nicht nur bei Investitionskomplexen, welche zum Zwecke der Gewinnerzielung durchgeführt werden, statt. Sie ist auch da möglich, wo allein ein Kostenminimum bei der Erfüllung betrieblicher Aufgaben angestrebt wird. Im ersteren Falle stehen indessen, wie Abbildung 1 zeigt[11], nur Investitionen mit positivem Kapitalwert in Konkurrenz miteinander, während im letzteren Falle (Abbildung 2) der Schnittpunkt der Kapitalwerte der alternativen Investitionskomplexe auch im negativen Bereich liegen kann. In jedem Falle ist bei gegebenem Zinssatz der Investitionskomplex wirtschaftlich, welcher den höchsten Kapitalwert (= höchsten Gewinn resp. geringsten Verlust) aufweist.

Die Unterlassung resp. Durchführung eines Investitionskomplexes ohne Substitution auf Grund einer veränderten Finanzierungsart dürfte demgegenüber im allgemeinen auf solche Investitionen begrenzt sein, welche zum Zwecke der Gewinnerzielung durchgeführt werden.

---

8 Vgl. Eucken, Kapitaltheoretische Untersuchungen, a.a.O., S. 306; G. Haberler, Prosperität und Depression, Bern 1948, S. 294; M. Lohmann, Einführung in die Betriebswirtschaftslehre, a.a.O., S. 138 f.; Ballmann, a.a.O., S. 68.

9 Vgl. Schneider, Einführung II, a.a.O., S. 175 ff.; Lutz, Zinstheorie, a.a.O., S. 169.

10 Vgl. Albach, Wirtschaftlichkeitsrechnung ..., a.a.O., S. 34, wo Albach in einem anderen Zusammenhang bemerkt: „Damit werden die zu tätigenden Investitionen von dem gewählten Kalkulationszinsfuß abhängig. Es müssen also verschiedene Investitionsprogramme für verschiedene Kalkulationszinsfüße aufgestellt werden." Siehe auch R. N. McKean, Efficiency in Government Through Systems Analysis (Publications in Operations Research, No. 3), New York 1958, S. 86 f.; Lutz, Zinstheorie, a.a.O., S. 171.

11 Vgl. Schneider, Wirtschaftlichkeitsrechnung ..., a.a.O., S. 41 ff.

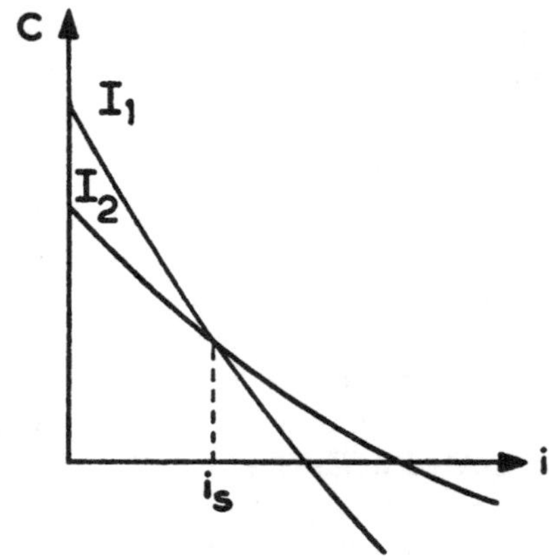

Abb. 1

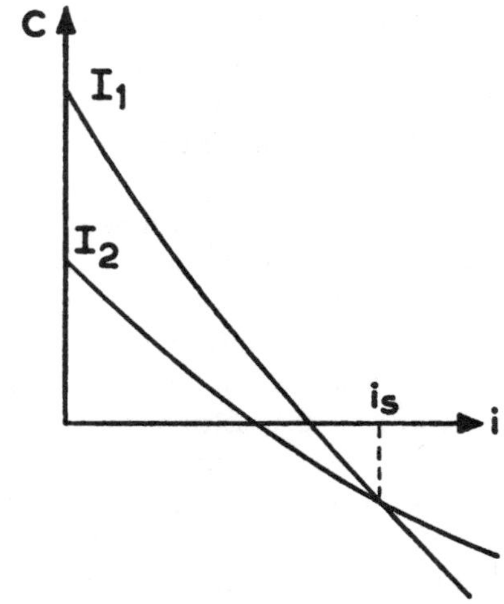

Abb. 2

I = Investition
C = Kapitalwert
i = Kalkulationszinsfuß
i_s = kritischer (Substitutions-)Zinsfuß

Wenngleich der Einfluß des Zinses auf die Wirtschaftlichkeit resp. Unwirtschaftlichkeit der einzelnen — isoliert betrachteten — Investition sowie auf das gesamtwirtschaftliche Investitionsvolumen vielfach als relativ gering erachtet wird[12], so ist doch nicht zu bestreiten, daß insbesondere im Hinblick auf die häufigen Substitutionsmöglichkeiten von Investitionskomplex zu Investitionskomplex im konkreten Einzelfall eine Beziehung zwischen Zins und Wirtschaftlichkeit und damit auch zwischen *Finanzierungsart* und *Wirtschaftlichkeit* eines in Frage stehenden Investitionskomplexes resp. einer einzelnen Investition bestehen kann[13]. In jedem Falle aber beeinflußt die jeweilige Finanzierungsart das Ergebnis der Investitionsrechnung, sofern nur der Zins in die Betrachtung mit einbezogen wird.

Soweit die betrachteten Investitionen im vorerwähnten Sinne zinsempfindlich sind, wird es daher unerläßlich sein, die Frage der Finan-

---

[12] Vgl. u. a. Preiser, Investition und Zins, a.a.O., insbes. S. 107; Lohmann, Kapitalbildung und Kapitalverwendung in der Unternehmung, a.a.O., S. 178; ders., Einführung 2. A., a.a.O., S. 166; Schindler, Investitionsrechnungen ..., a.a.O., S. 140; G. L. S. Shackle, Interest-Rates and the Pace of Investment, The Economic Journal 1946, S. 1 ff., hier S. 12 ff.; F. A. Lutz, The Interest Rate and Investment in a Dynamic Economy, American Economic Review, Vol. 35, 5 (1945), S. 811 ff., hier S. 826. Nach einer Schätzung von Lutz beläuft sich der Anteil der zinsempfindlichen Investitionen auf etwa 25 % aller Bruttoinvestitionen.

[13] Vgl. Schneider, Wirtschaftlichkeitsrechnung, a.a.O., S. 68 f.

zierung mit in das betriebliche Investitionskalkül einzubeziehen. Mit anderen Worten: Die Entscheidung, ob solche erwogenen Investitionskomplexe wirtschaftlich sind oder nicht, setzt eine möglichst genaue Planung der zu erwartenden, günstigsten[14] Finanzierungsmodalitäten voraus, da nur so die in der Wirtschaftlichkeitsrechnung anzusetzenden investitionsbedingten Kapitalnutzungskosten ermittelt werden können.

Es erscheint insofern als ein Widerspruch, wenn Schneider[15] zwar zugesteht, „nur über den Zinsfuß vermag ... die Finanzierungsform das Ergebnis des Kalküls zu beeinflussen", andererseits aber behauptet, die Fragen, ob eine Investition bei einem bestimmten Kalkulationszins vorteilhaft und ob eine auf Grund der Rechnung sich als vorteilhaft erweisende Investition finanzmäßig gesehen durchführbar sei, seien *„indessen scharf voneinander zu trennen, weil sie völlig unabhängig voneinander sind"*. Erst wenn feststeht, *daß* und damit natürlich auch *wie* eine Investition finanziell durchführbar ist, läßt sich eine Aussage über die Höhe des in das Investitionskalkül eingehenden Kalkulationszinsfußes machen. Damit sind aber auch die genannten Fragen untrennbar miteinander verknüpft. Es ist daher auch Lohmann[16] nicht zuzustimmen, wenn er sagt, daß die Unterrichtung über die Kapitalquellen *anschließend* an die Wirtschaftlichkeitsüberlegungen erfolgen müßten. Beide Probleme, so haben unsere Überlegungen gezeigt, können vielmehr nur in der umgekehrten Reihenfolge gelöst werden[17]. Dem steht nicht entgegen, daß es sinnvoll sein kann, sich anbietende Investitionsmöglichkeiten zunächst einmal auf ihren präsumtiven Bruttoerfolg hin, also ohne Berücksichtigung von Zinskosten zu untersuchen. Ein endgültiges Urteil über Wirtschaftlichkeit oder Unwirtschaftlichkeit solcher Projekte kann, jedenfalls soweit es sich dabei um zinsempfindliche Investitionen handelt, indessen nur nach Klärung der Finanzierungsfrage gefällt werden.

Im Verlaufe unserer Betrachtung ergab sich, daß außer einem Einfluß der Finanzierungsart im vorgenannten Sinne auf die Höhe der investitionsbedingten Kapitalnutzungskosten noch ein solcher im Hinblick auf die Art besteht, wie die Finanzierung mengenmäßig und zeitlich auf die Investition ausgerichtet ist. Eine vorsichtige Abstimmung zwischen Kapitalbindung und Kapitalbeschaffung zum Zwecke der Sicherung eines reibungslosen Ablaufes der Investitionskomplexe,

---

[14] Im Rahmen der im Teil 2 dargelegten Finanzierungsregeln.

[15] Schneider, Wirtschaftlichkeitsrechnung, a.a.O., S. 69. Siehe auch Ballmann, a.a.O., S. 52; L. P. Alford and J. R. Bangs, Production Handbook, New York 1950, S. 847.

[16] Lohmann, Einführung, 2. A., a.a.O., S. 176.

[17] Vgl. Lutz, Zinstheorie, a.a.O., S. 164 ff.; Albach, Investitionspolitik in Theorie und Praxis, a.a.O., S. 782.

so hat sich gezeigt[18], führt zu höheren Kapitalnutzungskosten als eine weniger vorsichtige. Die Wirtschaftlichkeit resp. Unwirtschaftlichkeit eines Investitionskomplexes könnte daher im Extremfalle von der Art, wie Investition und Finanzierung koordiniert sind, abhängen, so daß man auch in diesem Sinne von einer Beziehung zwischen der Wirtschaftlichkeit einer Investition und ihrer Finanzierung sprechen kann.

Die Wirtschaftlichkeit des Investitionskomplexes — sofern er überhaupt zu Ende geführt werden kann — müßte in einem solche Falle jedoch um den Preis des Risikos eines vorzeitigen Abbruchs der Investitionen und damit des Kapitalverlustes erkauft werden, womit sich ihre Durchführung dann von dieser Seite her grundsätzlich verbietet.

[18] Vgl. oben S. 138 f.

Literaturverzeichnis

A. Bücher und Dissertationen

Albach, H.: Wirtschaftlichkeitsrechnung bei unsicheren Erwartungen, Köln und Opladen 1959.

Alford, L. P. and J. R. *Bangs:* Production Handbook, New York 1950.

Ballmann, W.: Beitrag zur Klärung des betriebswirtschaftlichen Investitionsbegriffes und zur Entwicklung einer Investitionspolitik der Unternehmung, Diss. Mannheim 1954.

Beckmann, L.: Die betriebswirtschaftliche Finanzierung, 2. Aufl. Stuttgart 1956.

Beste, Th.: Die Verrechnungspreise in der Selbstkostenrechnung industrieller Betriebe, Berlin 1924.

— Die optimale Betriebsgröße als betriebswirtschaftliches Problem, Leipzig 1933.

Böhm-Bawerk, E. von: Kapital und Kapitalzins, 2. Abteilung: Positive Theorie des Kapitals, 1. Bd., 4. Aufl. Jena 1921.

Brandt, H.: Investitionspolitik des Industriebetriebes, Wiesbaden 1959.

Bredt, O.: Die Krise der Betriebswirtschaftslehre, Düsseldorf 1956.

Briel, H. von: Die Ermittlung der wirtschaftlichen Nutzungsdauer von Anlagegütern, Diss. Zürich 1955.

Cassel, G.: The Nature and Necessity of Interest, London 1903.

— Theoretische Sozialökonomie, 4. Aufl. Leipzig 1927.

Clark, J. B.: The Distribution of Wealth, New York 1924.

Dauten, C. A.: Business Finance, Englewood Cliffes, New York 1956.

Davenport, H. J.: The Economic of Enterprise, New York 1923.

Dean, J.: Capital Budgeting, New York 1951.

— Managerial Economies, New York 1951.

Diehl, K.: Theoretische Nationalökonomie, 2. Bd.: Die Lehre von der Produktion, Jena 1924.

Eisendraht, E.: Anlagevermögen und Dekapitalisation in der deutschen Industrie, Berlin 1950.

Eucken, W.: Die Grundlagen der Nationalökonomie, 5. Aufl. Godesberg 1947.

— Grundsätze der Wirtschaftspolitik, Bern-Tübingen 1952.

— Kapitaltheoretische Untersuchungen, 2. Aufl. Tübingen-Zürich 1954.

Fisher, I.: The Nature of Capital and Income, Reprint, New York-London 1923.

— The Theory of Interest, New York 1930.

Forster, K. H.: Finanzierung durch Abschreibungen nach den Ergebnissen von D-Mark-Bilanzen, Stuttgart 1953.

Fowler, R. F.: The Depreciation of Capital, London 1934.

Gerbel, B. M.: Rentabilität, Fehlinvestitionen, ihre Ursache und ihre Verhütung, Wien 1955.

Gerstner, P.: Bilanz-Analyse, Berlin 1921.

Gerwig, E.: Organisation und Führung industrieller Unternehmungen, 2. Aufl. Stuttgart 1955.

Goldschmidt, H. O.: Financial Planing in Industry, Leiden 1956.

Grant, E. L.: Principles of Engineering Economy, 2nd. ed. New York 1938.

— Principles of Engineering Ecocnomy, 3rd. ed. New York 1950.

Gutenberg, E.: Die Unternehmung als Gegenstand betriebswirtschaftlicher Theorie, Berlin-Wien 1929.

— Grundlagen der Betriebswirtschaftslehre, 1. Bd.: Die Produktion, 2. Aufl. Berlin-Göttingen-Heidelberg 1955.

— Grundlagen der Betriebswirtschaftslehre, 2. Bd.: Der Absatz, 2. Aufl. Berlin-Göttingen-Heidelberg 1956.

— Grundlagen der Betriebswirtschaftslehre, 1. Bd.: Die Produktion, 3. Aufl. Berlin-Göttingen-Heidelberg 1957.

— Betriebswirtschaftslehre als Wissenschaft (Kölner Universitätsreden, Nr. 18), Krefeld 1957.

— Einführung in die Betriebswirtschaftslehre („Die Wirtschaftswissenschaften". Hrsg.: E. Gutenberg, Reihe A, 1. Beitrag), Wiesbaden 1958.

— Untersuchungen über die Investitionsentscheidungen industrieller Unternehmen, Köln und Opladen 1959.

Haberler, G.: Prosperität und Depression, Bern 1948.

Hagest, K.: Selbstfinanzierung des Betriebes, Stuttgart 1952.

Halberstaedter, H.: Die Problematik des wirtschaftlichen Prinzips, Berlin und Leipzig 1925.

Hansen, A. H.: Monetary Theory and Fiscal Policy, New York-Toronto London 1949.

Hax, K.: Die Substanzerhaltung der Betriebe, Köln und Opladen 1957.

Heinen, E.: Die Kosten. Ihr Begriff und ihr Wesen, Saarbrücken 1956.

Hicks, J. R.: Value and Capital, 2nd. ed. Oxford o. J.

Horn, A.: Betriebsgröße und Ktpitalbedarf, Frankfurt a. M. 1957.

Jevons, W. St.: The Theory of Political Economy, 4th ed. London 1924.

— Die Theorie der politischen Ökonomie. Aus d. Engl. (4. Aufl.) übertr. von O. Weinsberger, Jena 1924.

Kalecki, M.: Theory of Economic Dynamics, London (1954).

Keller, J.: Die Liquidität der industriellen Unternehmung, Diss. Zürich 1946.

Keynes, J. M.: Vom Gelde. Aus d. Engl. übertr. von C. Krämer, München-Leipzig 1932.

— Allgemeine Theorie der Beschäftigung, des Zinses und des Geldes. Aus d. Engl. übertr. von F. Waeger, München und Leipzig 1936.

Kolbe, K.: Der Finanzbedarf, Düsseldorf 1956.

Kortzfleisch, G. von: Die Grundlagen der Finanzplanung, Berlin 1957.

Kosiol, E.: Kalkulatorische Buchhaltung (Betriebsbuchhaltung), 5. Aufl. Wiesbaden 1953.

Krahnen, J.: Investitionsfinanzierung und Investitionspolitik in der sozialen Marktwirtschaft Westdeutschlands, Diss. Köln 1951.

Lehmann, M. R.: Die Wirtschaftlichkeit des Betriebes und der Unternehmung, Nürnberg 1928.

— Allgemeine Betriebswirtschaftslehre, 3. Aufl. Wiesbaden 1956.

Leitner, F.: Privatwirtschaftslehre der Unternehmung, 3. Aufl. Berlin 1921.

— Bilanztechnik und Bilanzkritik, Berlin-Leipzig 1932.

Liefmann, R.: Beteiligungs- und Finanzierungsgesellschaften, 3. Aufl. Jena 1921.

Lindahl, E.: Studies in the Theory of Money and Capital, London 1939.

Lohmann, M.: Einführung in die Betriebswirtschaftslehre, Tübingen 1949.
— Einführung in die Betriebswirtschaftslehre, 2. Aufl. Tübingen 1955.
Lücke, W.: Betriebliche Grundsätze und Probleme der Beschaffung und des Einsatzes von Produktionsfaktoren, Diss. Köln 1953.
Lutz, Fr. and V.: The Theory of Investment of the Firm, Princeton 1951.
Lutz, F. A.: Zinstheorie, Zürich-Tübingen 1956.
Marshall, A.: Principles of Economics, 8. ed. London 1920.
Massmann, G.: Das Problem des finanziellen Gleichgewichts in der Unternehmung, Diss. Köln 1959.
Mayer, G.: Die Auftragsgröße in Produktions- und Absatzwirtschaft, Leipzig 1941.
Mayer, L.: Bilanzanalyse, Wiesbaden (o. J.).
McKean, R. N.: Efficienccy in Government Through System Analysis (Publications in Operations Research, No. 3), New York 1958.
Mellerowicz, K.: Allgemeine Betriebswirtschaftslehre, 7. Aufl. Berlin 1952.
— Kosten- und Kostenrechnung, Bd. I: Theorie der Kosten, 3. veränd. Aufl. Berlin 1957.
— Betriebswirtschaftslehre der Industrie, Freiburg 1957.
Menger, C.: Grundsätze der Volkswirtschaftslehre, 2. Aufl. Wien-Leipzig 1923.
Meyer, J. R. and E. *Kuh:* The Investment, Cambridge, Massachusetts 1957.
Moxter, A.: Methodologische Grundfragen der Betriebswirtschaftslehre, Köln und Opladen 1957.
Nicklisch, H.: Wirtschaftliche Betriebslehre, 5. Aufl. Stuttgart 1922.
— Die Betriebswirtschaft, 7. Aufl. Stuttgart 1932.
Pack, L.: Betriebliche Investition, Wiesbaden 1959.
Pareto, V.: Traite de Sociologie Generale, Vol. I, Paris-Lausanne 1917.
Paulsen, A.: Liquidität und Risiko in der wirtschaftlichen Entwicklung, Frankfurt-Berlin 1950.
— Neue Wirtschaftslehre, Berlin-Frankfurt 1950.
Polack, N. J.: Grundzüge der Finanzierung mit Rücksicht auf die Kreditdauer. Aus dem Holl. übers. von R. Philips, Berlin-Wien 1926.
Preiser, E.: Gestalt und Gestaltung der Wirtschaft, Tübingen 1934.
Prion, W.: Die Lehre vom Wirtschaftsbetrieb, 2. Buch: Der Wirtschaftsbetrieb als Wirtschaft (Unternehmung), Berlin 1935.
— Die Lehre vom Wirtschaftsbetrieb, 3. Buch: Der Wirtschaftsbetrieb als Betrieb (Arbeit), Berlin 1936.
Riebel, P.: Die Elastizität des Betriebes, Köln und Opladen 1954.
Rieger, W.: Einführung in die Privatwirtschaftslehre, Nürnberg 1928.
Rittershausen, H.: Wirtschaft (Das Fischer Lexikon, Bd. 8), Frankfurt a. M. 1958.
Röpke, W.: Die Lehre von der Wirtschaft, 6. Aufl. Erlenbach-Zürich 1951.
Rössle, K.: Allgemeine Betriebswirtschaftslehre, 3. Aufl. Stuttgart 1953.
Rose, G.: Die Synchronisation von Anlagenerweiterung und technischem Fortschritt, Diss. Köln 1954.
Ruchti, H.: Die Bedeutung der Abschreibung für den Betrieb, Berlin 1942.
— Die Abschreibung, Stuttgart 1953.
Rummel, K.: Einheitliche Kostenrechnung, 3. durchges. und erw. Aufl. Düsseldorf 1949.
Sandig, C.: Finanzierung mit Fremdkapital, Stuttgart 1930.
Schäfer, E.: Die Unternehmung, Köln und Opladen (1956).
— Die Aufgabe der Absatzwirtschaft, 2. Aufl. Köln und Opladen (o. J.).

Scheler, M.: Christentum und Gesellschaft, II. Teil: Arbeits- und Bevölkerungsprobleme, Leipzig 1924.

Schindler, H.: Investitionsrechnung in Theorie und Praxis, Diss. Freiburg 1955.

Schmalenbach, E.: Grundlagen Dynamischer Bilanzlehre, Leipzig 1925.

— Dynamische Bilanz, 12. Aufl. Köln und Opladen 1956.

— Finanzierungen, 1. Teil: Beteiligungs - Finanzierungen, 5. Aufl. Leipzig 1932.

— Kapital, Kredit und Zins in betriebswirtschaftlicher Beleuchtung, Leipzig 1933.

— Selbstkostenrechnung und Preispolitik, 6. Aufl. Leipzig 1934.

— Kostenrechnung und Preispolitik, 7. Aufl. Köln und Opladen 1956.

— Die Aufstellung von Finanzplänen, 3. Aufl. Leipzig 1939.

— Der freien Wirtschaft zum Gedächtnis, Köln und Opladen 1949.

— Die Finanzierung der Betriebe, Bd. 1: Kapital, Kredit und Zins in betriebswirtschaftlicher Beleuchtung, 3. verb. Aufl. Köln und Opladen 1951.

— Die Finanzierung der Betriebe, Bd. 2: Die Beteiligungsfinanzierung, 8. verb. Aufl. Köln und Opladen 1954.

Schmölders, G.: Geld und Kredit, Leipzig (1938).

Schneider, E.: Theorie der Produktion, Wien 1934.

— Einführung in die Wirtschaftstheorie, I. Teil: Theorie des Wirtschaftskreislaufes, 2. durchges. Aufl. Tübingen 1950.

— Einführung in die Wirtschaftstheorie, II. Teil: Wirtschaftspläne und wirtschaftliches Gleichgewicht in der Verkehrswirtschaft, 2. verb. Aufl. Tübingen 1953.

— Einführung in die Wirtschaftstheorie, III. Teil: Geld, Kredit, Volkseinkommen und Beschäftigung, 3. umgearb. und erw. Aufl. Tübingen 1955.

— Wirtschaftlichkeitsrechnung, Bern-Tübingen 1951.

Schnettler, A.: Der Zins im Wirtschaftsbetrieb, Stuttgart 1939.

— Betriebsanalyse, Stuttgart 1958.

Schumpeter, J.: Theorie der wirtschaftlichen Entwicklung, 5. Aufl. Berlin (1952).

Schramm, W.: Die betrieblichen Funktionen und ihre Organisation, Berlin-Leipzig 1936.

Schwantag, K.: Zins und Kapital in der Kostenrechnung, Frankfurt a. M. (o. J.).

Schweizer, B.: Die Liquidität in Bank und Industrie, Bern 1949.

Sellien, H.: Finanzierung und Finanzplanung, Wiesbaden (o. J.).

Seyffert, R.: Wirtschaftslehre des Handels, 2. überarb. und erw. Aufl. Köln und Opladen 1955.

Sommerfeld, H.: Der Unternehmer als Verwalter von Volksvermögen, Hamburg 1934.

Stackelberg, H. von: Grundlagen einer reinen Kostentheorie, Wien 1932.

— Grundlagen der theoretischen Volkswirtschaftslehre, 2. Aufl. Bern-Tübingen 1951.

Strobel, A.: Die Liquidität, Methoden ihrer Berechnung, 2. Aufl. Stuttgart 1953.

Stucken, R.: Liquidität der Banken, Berlin 1940.

Taylor, W. B.: Financial Policies of Business Enterprise, New York-London (1942).

Terborgh, G.: Dynamic Equipment Policy, New York-Toronto-London 1949.

— Business Investment Policy, A MAPI Study and Manual, Washington 1958.
Thiess, E.: Kurz- und mittelfristige Finanzierung („Die Wirtschaftswissenschaften", Hrsg.: E. Gutenberg, Reihe A, 24. Beitrag), Wiesbaden 1958.
Töndury, H. und E. *Gsell*: Finanzierungen, Zürich 1948.
Waffenschmidt, W.: Technik und Wirtschaft der Gegenwart, Berlin-Göttingen-Heidelberg 1952.
— Produktion, Meisenheim/Glan 1955.
Walb, E.: Finanzwirtschaftliche Bilanz, 2. Aufl. Duisburg (1947).
Walther, A.: Einführung in die Wirtschaftslehre der Unternehmung, 1. Bd.: Der Betrieb, Zürich 1947.
— Einführung in die Wirtschaftslehre der Unternehmung, 2. Bd.: Die Unternehmung, Zürich 1953.
Weinstock, E.: Das Liquiditätsproblem bei Handels- und Fabriksunternehmungen („Betriebswirtschaft". Eine Schriftenreihe, H. 26), Berlin-Wien-Zürich 1937.
Wicksell, K.: Vorlesungen über Nationalökonomie. Theoretischer Teil. Bd. 1, Jena 1913.
Wieser, F. von: Theorie der gesellschaftlichen Wirtschaft — Grundriß der Sozialökonomik, I. Abteilung, 2. Teil —, 2. Aufl. Tübingen 1924.
Wittmann, W.: Der Wertbegriff in der Betriebswirtschaftslehre, Köln und Opladen 1956.
Zwiedineck-Südenhorst, O. von: Allgemeine Volkswirtschaftslehre, 2. Aufl. (neu bearb.) Berlin-Göttingen-Heidelberg 1948.
Wirtschaftsprüfer-Jahrbuch 1954: Hrsg. vom Institut der Wirtschaftsprüfer, Düsseldorf 1954.

B. Aufsätze und Handwörterbuchartikel

Albach, H.: Investitionspolitik in Theorie und Praxis, ZfB, 28. Jg. (1958), S. 767 ff.
— Die Berechnung der Wirtschaftlichkeit betrieblicher Investitionen, ZfB, 29. Jg. (1959), S. 419 ff.
Albert, H.: Der Trugschluß der Lehre vom Gütermaximum, Zeitschrift für Nationalökonomie, Bd. 14 (1953), S. 90 ff.
Beckmann, L.: Art. Finanzierung, Handwörterbuch der Betriebswirtschaft, 3. Aufl. Stuttgart Bd. II (1958), Sp. 1830 ff.
Beste, Th.: Das Zwischenlager, ZfhF 37. Jg. (1943), S. 82 ff.
— Was ist Leistung in der Betriebswirtschaftslehre? ZfhF, 38. Jg. (1944), S. 1 ff.
Böhm, H. H.: Kostenwirkungen der Ertragsbesteuerung in der Investitionsrechnung, in: Führungsentscheidungen und ihre Dispositionshilfen, Deutscher Betriebswirte-Verlag, Berlin 1958.
Böhm-Bawerk, E. von: Grundzüge der Theorie des wirtschaftlichen Güterwertes, JbfNuSt, N. F. Bd. 13 (1886), S. 1 ff. und S. 477 ff.
Bouffier, W.: Diskussionsbeitrag zum Thema: Kapitalbildung und Kapitalverwendung in der Unternehmung, in: Kapitalbildung und Kapitalverwendung. Schriften des Vereins für Sozialpolitik. Hrsg. von G. Albrecht und H. Arndt. N. F. Bd. 5 (Berlin 1953), S. 186 ff.
Boulding, K. E.: The Theory of a Single Investment, Quarterly Journal of Economics, Vol. 49 (1934/35), S. 475 ff.

— Time and Investment, Economica, Vol. III (1936), S. 196 ff.

Bredt, O.: Produktion, Beschäftigung, Leistung und Kapazität, in: Technik und Wirtschaft, 36. Jg. (Berlin 1943), S. 89 ff., 105 ff., 121 ff., 134 ff., 141 ff.

Chazeau, M. G. de: Regularisation of Fixed Capital Investment by the Individual Firm, in: Regularisation of Business Investment, Princeton 1954, S. 75 ff.

Eisfeld, C.: Art. Finanzierung, Handwörterbuch der Betriebswirtschaft, Stuttgart, Bd. 2 (1926), Sp. 931 ff.

Engelmann, K.: Einwände gegen den pagatorischen Kostenbegriff, ZfB, 28. Jg. (1958), S. 558 ff.

— Vom „Gelddenken" in der Betriebswirtschaft, ZfB, 29. Jg. (1959), S. 166 ff.

Eucken, W.: Der Wirtschaftsprozeß als zeitlicher Hergang, JbfNuSt, Bd. 152 (1940), S. 113 ff.

Frenckner, T. P.: Betriebswirtschaftslehre und Verfahrensforschung. Operations Research, ZfhF, N. F. 9. Jg. (1957), S. 65 ff.

Giannessi, E.: Die Finanzbedarfsgleichung im Produktionsbetrieb und die Möglichkeit ihrer Darstellung, ZfhF, N. F. 6. Jg. (1954), S. 461 ff.

Grunau, J.: Rationalprinzip, Wirtschaftsrechnung und Wirtschaftssystem, Weltwirtschaftliches Archiv, Bd. 64 (1950 I), H. 2.

Günther, H.: Planung und Kontrolle betrieblicher Investitionen aus der Sicht des Finanzkaufmanns, in: Planung und Kontrolle betrieblicher Investitionen, ZfhF, N. F. 6. Jg. (1954), S. 574 ff.

Gutenberg, E.: Die Kreditquellen in der Finanzierung, ZfB, 4. Jg. (1927), S. 683 ff. und S. 763 ff.

— Art. Finanzierung und Sanierung, Handwörterbuch der Betriebswirtschaft, 2. Aufl. Stuttgart, Bd. 1 (1938), Sp. 1739 ff.

— Zur Frage des Wachstums und der Entwicklung von Unternehmungen, in: „Leistungswirtschaft". Festschrift für F. Schmidt, Hrsg. von F. Henzel, Berlin-Wien 1942, S. 148 ff.

— Zur neueren Entwicklung der Wirtschaftlichkeitsrechnung, ZfdgSt, Bd. 108 (1952), S. 630 ff.

— Planung im Betrieb, in: Planungsrechnung und Rationalisierung. Hrsg. von d. Arbeitsgemeinschaft Planungsrechnung e. V. (AGPLAN), Wiesbaden 1953, S. 13 ff.

— Der Stand der wissenschaftlichen Forschung auf dem Gebiet der betrieblichen Investitionsplanung, in: Planung und Kontrolle betrieblicher Investitionen. Bericht über die Arbeitstagung der Schmalenbach-Gesellschaft in Dortmund am 29. Okt. 1954, ZfhF, N. F. 6. Jg. (1954), S. 557 ff.

— Art. Abschreibungen. Handwörterbuch der Sozialwissenschaften, Stuttgart-Tübingen-Göttingen Bd. 1 (1956), S. 20 ff.

— Offene Fragen der Produktions- und Kostentheorie, ZfhF, N. F. 8. Jg. (1956), S. 429 ff.

— Die Stellung der Betriebswirtschaftslehre im Rahmen der Wirtschaftswissenschaft, in: Ansprachen anläßlich der feierlichen Ehrenpromotion von Dr. Eleanor Dulles, Prof. Dr. Erich Gutenberg, Prof. Dr. Erich Schneider durch die Wirtschafts- und Sozialwissenschaftliche Fakultät der Freien Universität Berlin am 23. Febr. 1957, Veröffentlichung der Freien Universität Berlin, S. 16 ff.

— Art. Betriebswirtschaftslehre (II) System. Handwörterbuch der Sozialwissenschaften, Stuttgart-Tübingen-Göttingen, Bd. 2 (1959), S. 120 ff.

Hasenack, W.: Finanzierungsform und Kapitalfehlleitung, in: Bankwissenschaft, 9. Jg. (1932/33 II), S. 385 ff.

— Finanz- und Finanzierungsprobleme der gesteuerten Wirtschaft, in: Der praktische Betriebswirt, 21. Jg. (1941), S. 471 ff.
— Selbstfinanzierung, Dividendenpolitik und überbetriebliche Kapitallenkung, in: Der praktische Betriebswirt, 21. Jg. (1941), S. 539 ff.
— Grundlagen der Betriebswirtschaft — „Deutsche Versicherungswirtschaft“, Unterrichtsbrief 45, Berlin-Wilmersdorf, o. J., S. 101 h.
Hax, K.: Betriebswirtschaftlicher Erfolg und Wirtschaftlichkeitsmessung, in: Die Wirtschaftsprüfung, 1. Jg. (1948), S. 4 ff.
— Besprechung von: L. Beckmann, Die betriebswirtschaftliche Finanzierung, 2. Aufl. Stuttgart 1956, ZfhF, N. F. 9. Jg. (1957), S. 408 ff.
— Abschreibung und Finanzierung. Weitere Anmerkungen zum „Lohmann-Ruchti-Effekt“, ZfhF, N. F. 7. Jg. (1955), S. 141 ff.
— Karl Marx und Friedrich Engels über den „Kapazitätserweiterungs-Effekt“, ZfhF, N. F. 10. Jg. (1958), S. 222 ff.
— Die Bedeutung der betrieblichen Abschreibungs- und Investitionspolitik für das wirtschaftliche Wachstum der modernen Industriestaaten, ZfhF, N. F. 10. Jg. (1958), S. 247 ff.
— Die langfristigen Finanzdispositionen, in: Handbuch der Wirtschaftswissenschaften. Hrsg. von K. Hax und Th. Wessels, Bd. I, Köln und Opladen 1958.
Heinen, E.: Zum Begriff und Wesen der betriebswirtschaftlichen Investition, BFuP, 9. Jg. (1957), S. 16 ff. und S. 85 ff.
Held, G.: Traditioneller oder pagatorischer Kostenbegriff? ZfB, 29. Jg. (1959), S. 170 ff.
Henzel, F.: Der Beschäftigungsgrad, ZfB, 5. Jg. (1928), S. 673 ff. und S. 721 ff.
Hertlein, A.: Zur Problematik der Wirtschaftlichkeit, in: Festschrift zum 25jährigen Bestehen des Oskar von Miller-Polytechnikums. Hrsg. von F. Westrich, München 1949, S. 357 ff.
Horn, A.: Das Zeitmoment in der Wert- und Einkommensbildung, JbfNuSt, Bd. 167 (1955), S. 359 ff.
Hotelling, H.: A General Mathematical Theory of Depreciation, Journal of the American Statistical Association, Vol. 20 (1925), S. 340 ff.
Kalveram, W.: Finanzierung der Unternehmung. Versuch einer Systematik, Zeitschrift für Handelsforschung und Handelspraxis, 17. Jg. (1924), S. 103 ff.
— Finanzierung der Unternehmung, in: Die Deutsche Bankwirtschaft, Bd. 5 (Berlin 1937), Kap. 6, S. 1 ff.
Keller, J.: Investition und Finanzierung in der industriellen Unternehmung, in: Die Unternehmung, 5. Jg. (Bern 1951), S. 33 ff.
Klinger, K.: Investierung der Abschreibungsbeträge, in: Neue Betriebswirtschaft, Jg. 1950, S. 114 ff.
— Abschreibungen als Finanzierungsquelle, in: Neue Betriebswirtschaft, Jg. 1952, S. 24 ff.
Knight, F. H.: Capital, Time and the Interest Rate, Economica 1934, S. 257 ff.
Koch, H.: Das Wirtschaftlichkeitsprinzip als betriebswirtschaftliche Maxime, ZfhF, N. F. 3. Jg. (1951), S. 160 ff.
— Besprechung von: A. Strobel, Die Liquidität. Methoden ihrer Berechnung, 2. Aufl. Stuttgart 1953, ZfhF, N. F. 6. Jg. (1954), S. 307 ff.
— Zur Diskussion über den Kostenbegriff, ZfhF, N. F. 10. Jg. (1958), S. 355 ff.
— Zur Frage des pagatorischen Kostenbegriffes, ZfB, 29. Jg. (1959), S. 8 ff.
Kosiol, E.: Die Beziehungen zwischen Kostengestaltung und Betriebsgröße im Warenhandel, in: Die Betriebswirtschaft, 23. Jg. (1930), S. 331 ff.

— Kritische Analyse der Wesensmerkmale des Kostenbegriffes, in: Betriebsökonomisierung. Festschrift für R. Seyffert. Hrsg. von E. Kosiol und F. Schlieper, Köln und Opladen 1958, S. 7 ff.

Langen, H.: Die Kapazitätsausweitung durch Reinvestierung liquider Mittel aus Abschreibungen, ZfhF, N. F. 5. Jg. (1953), S. 49 ff.

Lehmann, M. R.: Der Begriff der Wirtschaftlichkeit in Volkswirtschaft, Betrieb und Haushalt, ZfB, 3. Jg. (1926), S. 165 ff.

— Liquidität und Liquiditätsbilanz, Annalen der Betriebswirtschaft, Bd. 1 (1927), S. 329 ff. und S. 480 ff.

— Das Wesen des Kapitals als Produktionsmittel, ZfB, 6. Jg. (1929), S. 401 ff.

— Die Produktivität der Arbeit und deren Messung als betriebswirtschaftliches, wirtschaftspolitisches und sozialpolitisches Problemgebiet, ZfB 27. Jg. (1957), S. 321 ff., S. 385 ff., S. 629 ff., S. 678 ff.

Lohmann, M.: Besprechung von: „Leistungswirtschaft", Festschrift für Fritz Schmidt. Hrsg. von F. Henzel, Berlin-Wien 1942, ZfhF, 37. Jg. (1943), S. 71 ff.

— Abschreibungen, was sie sind und was sie nicht sind. In: Der Wirtschaftsprüfer, 2. Jg. (1949), S. 353 ff.

— Kapitalbildung und Kapitalverwendung in der Unternehmung, in: Kapitalbildung und Kapitalverwendung. Schriften des Vereins für Sozialpolitik. Hrsg. von G. Albrecht und H. Arndt, N. F. Bd. 5 (Berlin 1953), S. 169 ff.

Lücke, W.: Investitionsrechnungen auf der Grundlage von Ausgaben oder Kosten? ZfhF, N. F. 7. Jg. (1955), S. 310 ff.

Lutz, F. A.: The Interest Rate and Investment in a Dynamic Economy, American Economic Review, Vol. 35, 5 (1945), S. 811 ff.

— Bemerkungen zum Monopolproblem, in: ORDO, Jahrbuch für die Ordnung von Wirtschaft und Gesellschaft. Hrsg. von F. Böhm, F. A. Lutz, F. W. Meyer, Bd. 8, Düsseldorf und München 1956, S. 19 ff.

Marx, A.: Der Wert in der Betriebswirtschaft, ZfB, 28. Jg. (1958), S. 65 ff.

Meier, A.: Der objektive Kostenbegriff, in: Die Wirtschaftsprüfung, 1. Jg. (1948), S. 43 ff.

Mellerowicz, K.: Eine neue Richtung in der Betriebswirtschaftslehre? ZfB, 22. Jg. (1952), S. 145 ff.

— Die Problematik der Industriefinanzierung, Zeitschrift für das gesamte Kreditwesen, 11. Jg. (1958 I), S. 121 ff.

Mey, J. L.: Kritische Bemerkungen zur Finanzierungslehre, ZfhF, N. F. 9. Jg. (1957), S. 521 ff.

Möller, H.: Die Rationalität der wirtschaftlichen Handlungen, JbfNuSt, Bd. 156 (1942), S. 246 ff.

Moxter, A.: Der Einfluß der Amortisationsgeschwindigkeit auf die unternehmerische Investitionsentscheidung, ZfhF, N. F. 11. Jg. (1959), S. 541 ff.

Neubert, H.: Anlagenfinanzierung aus Abschreibungen, ZfhF, N. F. 3. Jg. (1951), S. 367 ff. und S. 415 ff.

Nicklisch, H.: Die großen Organisationsgesetze, Zeitschrift für Handelsforschung und Handelspraxis, 13. Jg. (1920/21), S. 169 ff.

— Art. Leistung. Handwörterbuch der Betriebswirtschaft, 2. Aufl. Stuttgart, Bd. 2 (1939), Sp. 867 ff.

Preiser, E.: Das Rationalprinzip in der Wirtschaft und in der Wirtschaftspolitik, JbfNuSt, Bd. 158 (1943), S. 3 ff.

— Der Kapitalbegriff und die neuere Theorie, in: Die Unternehmung im Markt. Festschrift für Wilhelm Rieger, Stuttgart-Köln 1953, S. 14 ff.

— Investition und Zins, JbfNuSt, Bd. 170 (1958), S. 100 ff.

— Nochmals: Investition und Zins. Eine Revision, JbfNuSt, Bd. 171 (1959), S. 241 ff.

Ruchti, H.: Die Abschreibung als Finanzierungsmittel, in: Die Betriebswirtschaft, 35. Jg. (1942), S. 45 ff., S. 75 ff., S. 90 ff.

Rummel, K.: Wirtschaftlichkeitsrechnung, Archiv für das Eisenhüttenwesen, 10. Jg. (1936/37), S. 73 ff.

Sauermann, H.: Kapitalbildung und Kapitalverwendung im volkswirtschaftlichen Wachstumsprozeß, in: Kapitalbildung und Kapitalverwendung, Schriften des Vereins für Sozialpolitik. Hrsg. von G. Albrecht und H. Arndt, N. F. Bd. 5 (Berlin 1953), S. 25 ff.

Schäfer, E.: Zur Finanzierungsfunktion der Abschreibungen. Anmerkungen zum „Lohmann-Ruchti-Effekt", ZfhF, N. F. 7. Jg. (1955), S. 137 ff.

Schindler, H.: Investitionsrechnungen auf der Basis neuer theoretischer Erkenntnisse, ZfhF, N. F. 8. Jg. (1956), S. 462 ff.

Schmalenbach, E.: Zinskosten in der Buchführung, ZfhF, 7. Jg. (1912/13), S. 249 ff.

— Grundlagen dynamischer Bilanzlehre, ZfhF, 13. Jg. (1919), S. 1 ff.

— Die Selbstkostenrechnung, ZfhF, 13. Jg. (1919), S. 257 ff. und S. 321 ff.

Schmaltz, K.: Der Vermögens- und Kapitalaufbau in seinen Beziehungen zum Wertumlauf, in: Neues betriebswirtschaftliches Quellenbuch. Hrsg. von P. Deutsch und Hirai Yasutaro, Leipzig 1938, S. 94 ff.

Schmaltz, K. und A. *Richter:* Art. Produktionsprozeß, betriebswirtschaftlicher. Handwörterbuch der Betriebswirtschaft, Stuttgart, Bd. 4 (1928), Sp. 599 ff.

Schneider, E.: Das Zeitmoment in der Theorie der Produktion, JbfNuSt, 1. Teil: Bd. 142 (1935), S. 271 ff.; 2. Teil: Bd. 143 (1936), S. 45 ff.; 3. Teil: Bd. 144 (1936), S. 129 ff.

Schneider, H. K.: Das Investitionsproblem in der Energiewirtschaft, in: Planung und Kontrolle betrieblicher Investitionen, ZfhF, N. F. 6. Jg. (1954), S. 595 ff.

— Aufgabenstellung und Verfahren der Investitionsrechnung, in: Beiträge zur Wirtschaftsrechnung in der Energieversorgung. Tagungsberichte des Energiewirtschaftlichen Instituts an der Universität Köln, H. 7, München 1955, S. 73 ff.

Schwantag, K.: Zinsen als Kostenfaktor, ZfB, 23. Jg. (1953), S. 483 ff.

Schweitzer, R.: Art. Liquidität. Handwörterbuch der Betriebswirtschaft, 2. Aufl. Stuttgart Bd. 2 (1939), Sp. 891 ff.

Seischab, H.: Demontage des Gewinns durch unzulässige Ausweitung des Kostenbegriffs, ZfB, 22. Jg. (1952), S. 19 ff.

— Über Wirtschaftlichkeit und Wirtschaftlichkeitsrechnungen, in: Aktuelle Betriebswirtschaft, Festschrift für K. Mellerowicz, Berlin 1952, S. 103 ff.

Shackle, G. L. S.: Interest-Rates and the Pace of Investment, The Economic Journal, 1946, S. 1 ff.

Sieber, E.: Wirtschaftlichkeit und Wirtschaftlichkeitsmessung, in: Die Unternehmung im Markt. Festschrift für W. Rieger, Stuttgart und Köln 1953, S. 170 ff.

Stackelberg, H. von: Kapital und Zins in der stationären Verkehrswirtschaft, Zeitschrift für Nationalökonomie, Bd. 10 (1940), S. 25 ff.

Theisinger, K.: Selbstfinanzierung, in: Leistungswirtschaft. Festschrift für F. Schmidt. Hrsg. von F. Henzel, Berlin-Wien 1942, S. 242 ff.

Weber, M.: Die „Objektivität" sozialwissenschaftlicher und sozialpolitischer Erkenntnis, in: M. Weber, Gesammelte Aufsätze zur Wissenschaftslehre. 2. durchges. und erg. Aufl. Tübingen 1951, S. 146 ff.

— Wissenschaft als Beruf, in: M. Weber, Gesammelte Aufsätze zur Wissenschaftslehre, 2. durchges. und erg. Aufl. Tübingen 1951, S. 566 ff.
N. N.: Investment oder „Investiv"? Zeitschrift für das gesamte Kreditwesen, 11. Jg. (1958 I), S. 223 ff.

Namenverzeichnis

Stichwortverzeichnis

FSC
www.fsc.org
MIX
Papier | Fördert
gute Waldnutzung
FSC® C083411

Zeitfracht Medien GmbH
Ferdinand-Jühlke-Straße 7
99095 Erfurt, Deutschland
produktsicherheit@kolibri360.de

Druck:
CPI Druckdienstleistungen GmbH
im Auftrag der
Zeitfracht Medien GmbH
Ein Unternehmen der Zeitfracht - Gruppe
Ferdinand-Jühlke-Str. 7
99095 Erfurt